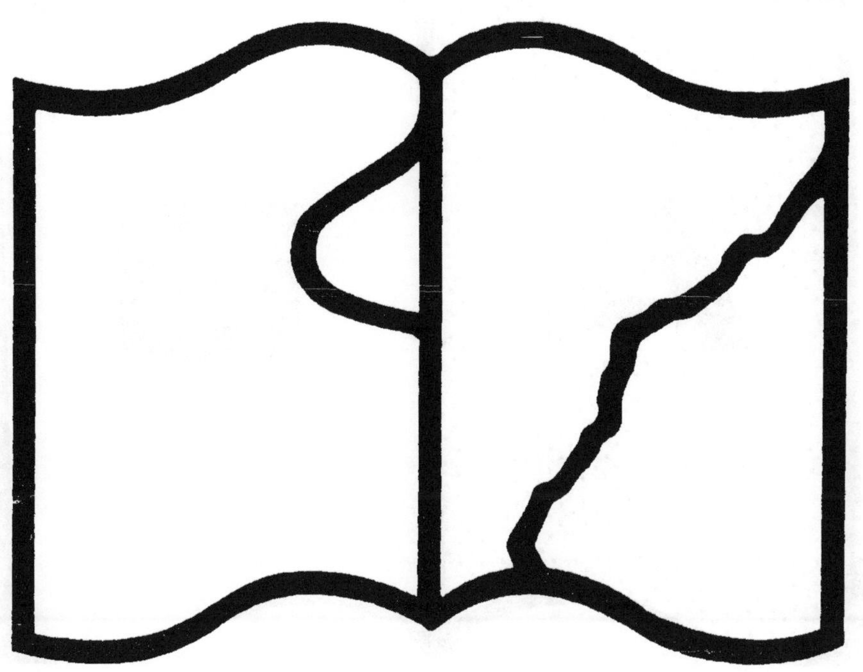

Texte détérioré — reliure défectueuse

NF Z 43-120-11

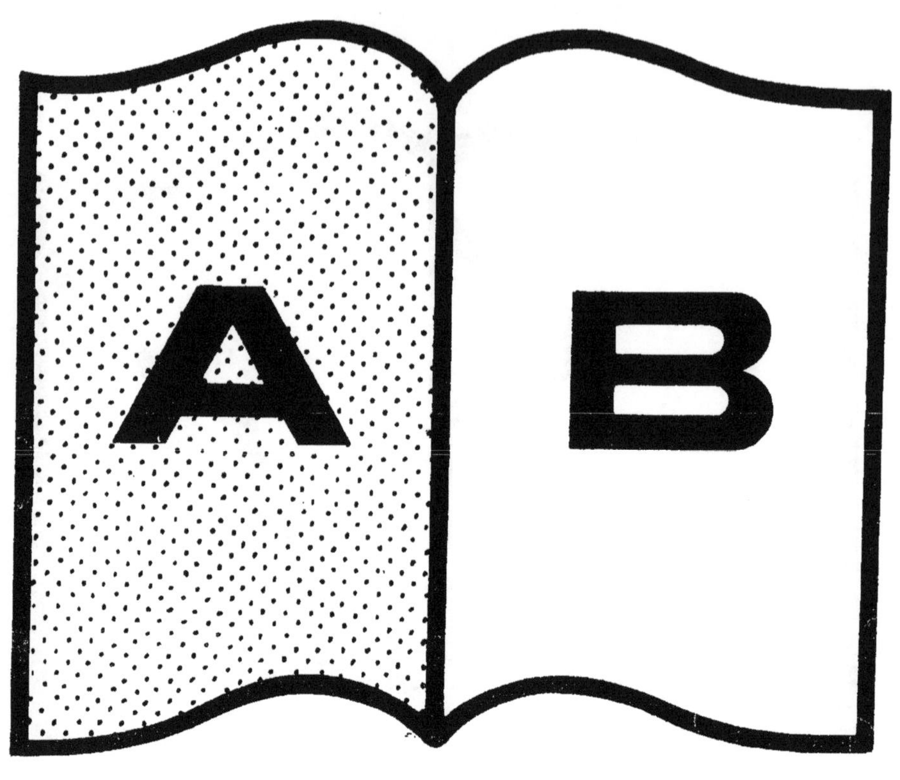
A
B

LES FRANÇAIS A TERRE-NEUVE

ET SUR LES COTES DE L'AMÉRIQUE DU NORD

La Grande Pêche de la Morue A TERRE-NEUVE

Depuis la découverte du Nouveau Monde par les Basques

AU XIVe SIÈCLE

PAR

Adolphe BELLET, ✠ C. ✿ A.

Président de la Chambre de commerce de Fécamp,
Conseiller du Commerce extérieur de la France,
Armateur à la Grande-Pêche à Terre-Neuve.

PARIS

AUGUSTIN CHALLAMEL, ÉDITEUR

RUE JACOB, 17

Librairie Maritime et Coloniale.

1901

LA GRANDE PÊCHE DE LA MORUE

A TERRE-NEUVE

MACON, PROTAT FRÈRES, IMPRIMEURS.

LES FRANÇAIS A TERRE-NEUVE

ET SUR LES COTES DE L'AMÉRIQUE DU NORD

La Grande Pêche

de la Morue A TERRE-NEUVE

Depuis la découverte du Nouveau Monde par les Basques

AU XIVe SIÈCLE

PAR

Adolphe BELLET, ✠ C. ✿ A.

Président de la Chambre de commerce de Fécamp,
Conseiller du Commerce extérieur de la France,
Armateur à la Grande-Pêche à Terre-Neuve.

PARIS

AUGUSTIN CHALLAMEL, ÉDITEUR

RUE JACOB, 17

Librairie Maritime et Coloniale.

1901

OUVRAGE

Offert par l'Auteur

A LA

CHAMBRE DE COMMERCE DE FÉCAMP

et tiré par les soins de cette Compagnie

à 150 Exemplaires

AVANT-PROPOS

I. — Aussi vieille que le Monde

Voilà véritablement l'industrie de laquelle on peut dire, sans crainte d'être taxé d'exagération, qu'elle est aussi vieille que le monde !

En effet, aussitôt que le premier être humain eut fait son apparition sur notre planète, et bien avant qu'il songeât à se vêtir, il ressentit les atteintes de la faim, et sa première préoccupation a été sans nul doute celle de se procurer la nourriture qui lui est nécessaire pour conserver son existence. Or, bien que l'homme puisse s'accommoder en certaines régions des ressources que lui offre le règne végétal, il est impossible de nier que son organisation comme ses goûts en font un être essentiellement carnivore. Son premier acte a donc été nécessairement une déclaration de guerre à tous les êtres du règne animal susceptibles de lui servir d'aliments et qu'il a pourchassés partout où il les a rencontrés, sur terre, dans les airs, comme au sein des eaux douces ou salées qui couvrent plus des trois quarts de son domaine.

Par suite, si les historiens ont pu chercher à attribuer l'invention de l'agriculture et des autres industries primitives à tel ou tel autre peuple en particulier, on est obligé de reconnaître que la pêche comme la chasse sont contemporaines de l'arrivée de l'homme sur la terre. L'homme a toujours chassé et il a toujours pêché comme il a toujours mangé ; mais la pêche comme la chasse se sont profondément modifiées avec le temps comme avec les besoins des individus ; au fur et à mesure que la société s'est formée, que les familles sont devenues des peuples et que le commerce s'est développé. Le poisson est devenu un objet d'échange comme le froment et le riz, une véritable marchandise qu'on a trafiquée de pays à pays, et la pêche qu'on en fit pour se le procurer se transforma progressivement en une industrie de premier ordre. L'habitant des côtes n'a plus pêché seulement pour se nourrir avec sa famille, comme il se contentait de le faire primitivement ; il s'est constitué insensiblement le pourvoyeur de ceux qui vivent à l'intérieur des terres ; puis, comme certains poissons ne se montrent qu'à des époques déterminées, où on les trouve alors en grande abondance, pour disparaître ensuite pendant de longs mois, il a cherché les moyens de conserver, pour les jours de disette, les produits qu'il trouvait en excès dans les jours d'abondance.

La préparation du poisson pour sa conservation devint donc le corollaire obligé de la pêche. Une autre conséquence, et non la moins importante, avait été la création de la navigation, comme elle en est toujours restée la branche principale.

Il est hors de conteste en effet, que c'est pour poursuivre la proie convoitée, quelque gros poisson qu'il voyait lui échapper, que le premier marinier osa quitter le rivage où il était impuissant pour se risquer sur un tronc d'arbre ou tout autre objet flottant qui le rapprochait de son gibier. Ce fut là évidemment le premier bateau monté par le premier navigateur.

Malgré tout l'intérêt que pourrait présenter l'étude d'une pareille question, nous avons la ferme conviction qu'il serait matériellement impossible d'établir d'une manière même approximative l'époque, le lieu et le peuple auxquels nous devons rapporter l'élévation de la pratique de la pêche au rang d'industrie telle que nous venons de l'exposer et qui nécessita dès lors des associations de bras et des réunions de capitaux. Il y a lieu de croire au contraire que la transformation s'est faite lentement et progressivement comme toutes les modifications apportées aux anciennes pratiques populaires.

Le champ d'exploration qui s'offre à nos recherches dans la matière est aussi vaste que le domaine des pêcheurs est immense et que les espèces exploitées sont nombreuses et variées. Le terme général de pêche comprend en effet toute opération qui a pour but de capturer les animaux qui vivent habituellement dans l'eau sans appartenir pour cela à la classe des poissons. Tels sont, par exemple, dans l'ordre des cétacés, les baleines, cachalots, marsouins, etc., puis les phoques et les morses qui, comme les précédents, appartiennent aux mammifères. Les tortues et les grenouilles ont aussi reçu les honneurs de la pêche, ainsi que les crustacés comme le homard et un grand nombre de mollusques dont les principaux représentants sont les huîtres et les moules pour aller jusqu'au corail qui tient presque autant du minéral que de l'animal. Si l'on y joint les variétés innombrables des poissons proprement dits, on comprend qu'il faudrait des volumes pour décrire les transformations successives apportées aux différents modes de les prendre et de les préparer pour les livrer à la consommation. Notre ambition ne va pas aussi loin et nous nous proposons uniquement de tracer ici une esquisse à grands traits de l'histoire de la pêche de la morue à Terre-Neuve où nos nationaux la pratiquent sans interruption depuis plus de cinq siècles et où Fécamp maintient vaillamment notre vieille réputation normande en face de la concurrence étrangère.

Si la France n'est pas le premier pays du monde où l'on ait élevé la pêche de la morue à l'état d'industrie nationale, elle a su, en tout cas, s'élever au premier rang des nations maritimes qui s'y sont livrées, et, malgré toutes ses tempêtes politiques, malgré les sombres jours de deuil qu'elle a traversés, les désastres qu'elle a essuyés, et qui, à plusieurs reprises, ont ruiné de fond en comble et sa marine nationale et les immenses empires coloniaux qu'elle avait fondés, cette industrie déjà florissante, il y a quatre ou cinq siècles, s'est perpétuée à travers les âges et est restée aussi vivace qu'au premier jour.

C'est précisément cette extraordinaire vitalité que rien n'a encore pu atteindre jusqu'à ce jour, qui exaspère et met en rage tous nos concurrents étrangers et surtout les Anglais ; c'est elle qui a amené la question du *French-Shore*, car ils savent que le maintien de nos droits de pêche sur les côtes de la colonie qu'ils nous ont enlevée en 1713, est la condition *sine qua non* de l'existence de notre industrie morutière.

II. — La Morue et ses Habitudes.

PRINCIPAUX LIEUX DE PÊCHE

En dehors du monde spécial des pêcheurs et des habitants du littoral où l'on prend encore de temps en temps quelques morues franches, grêlins, merluches et autres variétés du même genre, bien peu de gens connaissent sous sa véritable forme le poisson qui nous occupe ; le plus grand nombre ignore même totalement ses habitudes, de sorte que la majorité de ceux qui entendent parler de la pêche de Terre-Neuve ou d'Islande et de ses besoins, envisagent sous un jour tout à fait faux les diverses faces du problème si complexe de cette industrie maritime.

Cette ignorance si complète d'un poisson que nos bateaux rapportent cependant par millions tous les ans en France tient à ce que la morue livrée à la consommation est privée de sa tête, fendue, vidée, parée et habillée sur les lieux mêmes où elle a été prise avant d'être rapportée en France et vendue aux marchands en détail qui la tailladent à leur tour suivant les besoins de leur clientèle. Nous en dirons donc quelques mots ici afin que l'on puisse suivre avec plus de clarté les explications théoriques dont nous pourrons avoir besoin d'entremêler notre récit.

Toutes proportions gardées, on peut dire que la morue ressemble beaucoup au merlan, que tout le monde connaît, et qui appartient à la même famille ; mais elle est beaucoup plus grosse, puisque avec l'âge elle peut atteindre une longueur de 1 mètre à 1 m. 50 et un poids de 40 à 50 kilog. Quelques marins assurent même qu'on en a pêché sur le

Fig. 1. — Morue franche.

grand banc de Terre-Neuve qui mesuraient jusqu'à 2 mètres de longueur et pesaient environ 200 kilog. Il y a peut-être un peu d'exagération dans ces récits de pêche, mais en faisant la part de cette exagération, il n'en reste pas moins établi, — et les grands naturalistes ont admis cette thèse, — que les individus arrivés à leur complet développement présentent le poids et les dimensions des plus gros poissons. Au bout de combien de temps parviennent-ils à ces proportions démesurées ? On n'en sait rien encore : tout ce que nous pouvons dire c'est que ces morues monstres sont excessivement rares dans les parages où s'exerce l'industrie de nos marins, ou bien elles passent dédaigneusement à côté de l'appât qui garnit leurs haims et que l'expérience de l'âge leur a appris à mépriser. En tout cas, le poisson que pêchent couramment nos terre-neuviers ne pèse guère plus de 2 à 3 kilog. au sortir de l'eau avant d'être vidé et étêté ou décollé. Il est juste d'ajouter que le poids moyen du poisson pêché sur le Grand Banc et tous les autres parages de Terre-Neuve va en diminuant d'année en année et qu'il n'atteint pas aujourd'hui la moitié de ce qu'il était il y a cent ans.

La morue est très vorace et fait une guerre acharnée à toutes les autres espèces de poissons, ainsi qu'aux mollusques et crustacés qu'elle rencontre sur son passage. Elle est servie en cela par des dents très aiguës dont le nombre, l'agencement et la mobilité rappellent les terribles mâchoires des requins contre lesquels elle a d'ailleurs à se défendre; son estomac, qui atteint des proportions considérables si on le compare à la taille de l'individu, possède des facultés digestives si actives qu'un crabe englouti tout vivant avec sa carapace y est réduit en bouillie en moins de six heures. Il résulte de là que toutes les proies lui sont bonnes, quoiqu'elle ait des préférences bien marquées et dont les pêcheurs doivent tenir compte dans le choix de l'appât dont ils boëttent leur ligne.

Habitant toutes les mers et s'accommodant de tous les climats, la morue est essentiellement un poisson de fond qui vit de préférence au milieu des roches dont elle parcourt incessamment les sombres méandres en quête continuelle de nouvelles proies qu'elle dévore avidement sans pouvoir jamais assouvir une faim perpétuelle. La conformation particulière de ses yeux lui permet d'habiter les profondeurs les plus considérables aussi bien que les sommets des hauts plateaux sous-marins que les navigateurs désignent sous le nom de Bancs. C'est donc au fond des mers qu'il faut l'aller chercher, car ce n'est qu'exceptionnellement qu'elle quitte ces fonds où elle séjourne habituellement pour suivre à l'occasion des bancs de harengs, de capelans ou d'encornets dont elle est très friande et qui viennent de temps à autre passer au-dessus d'elle, semblant ainsi l'inviter à quitter ses sombres retraites; mais elle redescend aussitôt que le banc est passé.

Il ne faut cependant pas conclure de là que ce poisson aime à séjourner toujours dans les mêmes lieux sans jamais s'en écarter d'une façon notable. Bien au contraire, car, sans être un poisson véritablement migrateur que les variations de température poussent d'une région dans une autre, en suivant des routes immuables qui le ramènent au point de départ quand les conditions climatologiques qui lui conviennent s'y sont produites à nouveau, la morue aime beaucoup à se déplacer. Elle voyage par bandes innombrables qui quittent un fond pour un autre chaque fois qu'elle ne trouve plus dans le premier la qualité et la quantité de nourriture qui conviennent à ses goûts ou que nécessitent les besoins d'une pareille multitude d'êtres voraces et toujours affamés.

Ces habitudes ambulatoires lui font ainsi visiter successivement presque toutes les régions sous-marines qu'elle parcourt dans tous les sens sans qu'il ait été possible, jusqu'à présent, de découvrir la véritable loi à laquelle elle obéit dans ses pérégrinations qui la conduisent cependant à peu près aux mêmes époques dans les mêmes parages.

Toutes ces considérations, sur lesquelles nous ne nous étendrons pas davantage nous conduisent à déterminer d'une façon à peu près mathématique les régions où peut s'exercer l'industrie de la pêche morutière.

Il est établi par l'expérience et les recherches de naturalistes que l'on trouve la morue dans toutes les mers du globe qui s'ouvrent librement dans les grands Océans et qui n'ont pas été dépeuplées par une pratique immodérée et souvent même peu rationnelle de la pêche au filet traînant qui détruit jusqu'au fretin et bouleverse les roches où il pourrait trouver un abri salutaire pour s'y développer en toute sécurité.

Mais dans cette immense étendue d'eau salée dont les richesses poissonneuses sont incalculables, il nous faut tout d'abord renoncer à l'exploitation de toutes les régions intertropicales dont les eaux sont si chaudes et l'atmosphère toujours si chargée d'électricité que les germes de la corruption se développeraient dans les produits de la pêche avant même qu'on ait eu le temps de leur faire subir la préparation qui leur convient. Ce sont d'ailleurs ces raisons qui ont empêché de donner suite à différents projets qui avaient été formés d'aller pêcher la morue sur les bancs d'Arguin, du Cap Blanc et les parages des îles du Cap Vert sur les côtes septentrionales d'Afrique où l'on avait rencontré ce poisson en aussi grande quantité qu'à Terre-Neuve ou sur les côtes de Norvège.

Pour une raison toute opposée mais non moins péremptoire, nous sommes également chassés des mers glaciales où les banquises, les ice-bergs, les glaces de toutes sortes et les tourmentes de neige presque continuelles y rendent la navigation extrêmement périlleuse et la pêche matériellement impossible, malgré l'abondance extraordinaire du poisson qui s'y donne rendez-vous. Les lignes qu'on filerait dans ces eaux ne ramèneraient que d'énormes glaçons et les hommes ne pourraient résister bien longtemps aux rigueurs de la température, si leur bâtiment lui-même ne se trouvait pas quelque nuit broyé entre deux montagnes de glace, comme cela est arrivé tant de fois à nos malheureux baleiniers quand ils exploraient ces parages inhospitaliers.

Il ne nous reste donc plus, pour exercer notre activité, que les régions tempérées des mers comprises entre les eaux chaudes des tropiques et les glaces polaires. Ce serait encore là une étendue très respectable sur laquelle toutes les flottes du monde pourraient se mettre à pêcher sans crainte de se gêner, si la trop grande profondeur ne venait à son tour y apporter un obstacle insurmontable sur près des 99 centièmes de cette immense surface. Nous avons vu en effet que la morue est un poisson de fond ; on sait que la profondeur moyenne du bassin septentrional de l'Atlantique, entre la France et l'Amérique est d'environ 3,000 mètres, et l'on conçoit aisément qu'il soit impossible d'y aller chercher la morue. D'ailleurs, en existe-t-il réellement à une telle distance de l'air et de la lumière solaire ? Mais le fond de la mer est accidenté comme la surface des continents dont il n'est, en somme, que la continuation ; comme eux, il nous offre des vallées qui descendent jusqu'à 7,000 et 8,000 mètres séparées par de hautes montagnes dont les écueils, les groupes et chaînes d'îles nous montrent les sommets émergeant au-dessus de la surface des eaux. Plus loin, ce sont de hauts plateaux sur lesquels la sonde n'accuse qu'une centaine de mètres et qui portent le nom de *Bancs*. Le voisinage des côtes basses et sablonneuses est également peu profond, comme la plupart des mers intérieures, telles que la Manche, la mer du Nord, etc.

C'est seulement dans ces mers peu profondes, sur ces bancs et sur les côtes où le fond de la mer va s'abaissant en pentes douces, que peut s'exercer notre industrie. On comprendra alors aisément que dans ces conditions les grandes pêcheries se trouvent singulièrement limitées.

Nous possédions autrefois les pêcheries de la Manche où la morue franche et ses congénères se montraient aussi nombreuses qu'on les trouve aujourd'hui sur le grand banc de Terre-Neuve. C'est donc chez nous que nous avons d'abord fait l'apprentissage du métier que nous sommes allés exercer depuis, si loin quand notre mer fut dépeuplée.

L'Europe ne possède plus aujourd'hui que les pêcheries d'*Islande*, celles des côtes de *Norvège* et des îles *Loffoden* ainsi que celles du *Dogger's Bank* et des côtes d'Ecosse ou de la mer du Nord.

L'Amérique septentrionale, beaucoup plus riche sous ce rapport que notre vieille Europe nous offre à l'est dans l'océan Atlantique une immense étendue de bancs excessivement poissonneux et si rapprochés les uns des autres qu'ils ne forment en réalité qu'une seule grande pêcherie s'exerçant à la même époque et par les mêmes procédés sur le *Grand Banc de Terre-Neuve*, le *Banc à Vert*, le *Banc de Saint-Pierre*, le *Banquereau*, le *Banc de l'île de Sable*, etc. Elle fournit à elle seule plus de la moitié de l'énorme quantité de morue consommée annuellement dans tout le monde.

Viennent ensuite les pêcheries de la *Côte de Terre-Neuve*, celles du *Cap Breton* et du *Golfe de Saint-Laurent* ou de l'ancienne Baie de Canada etc.

A l'ouest, dans l'Océan Pacifique, se trouvent les pêcheries de l'*île Vancouver*, celles des *îles Aléoutiennes* et de la mer de *Behring*, bien moins importantes que celles de la côte orientale.

L'Asie, à son tour, nous offre ses pêcheries de la *mer d'Okhotsk* et des *côtes du Japon* qui sont d'ailleurs très peu exploitées.

Il est à remarquer que tous ces fonds à morue sont situés dans l'hémisphère boréal, et que les plus riches se trouvent précisément dans l'Océan Atlantique où ils sont ainsi accessibles à nos marins, quoique déjà bien éloignés de nos ports d'armements. Mais la distance n'est point faite pour effrayer nos pêcheurs qui faisaient autrefois le tour du monde en poursuivant la baleine ; aussi les a-t-on vus partout, sauf cependant aux Loffoden.

Partout, quand les circonstances le leur ont permis, ils ont tenté la fortune en y faisant au moins des essais qui n'ont pas toujours réussi.

L'histoire de ces tentatives serait curieuse à recueillir, mais elle nous conduirait beaucoup trop loin. Nous voulons même limiter nos investigations aux pêcheries d'Amérique les plus anciennement connues de nos nationaux, et celles en même temps où sont engagés les plus gros intérêts de notre pays.

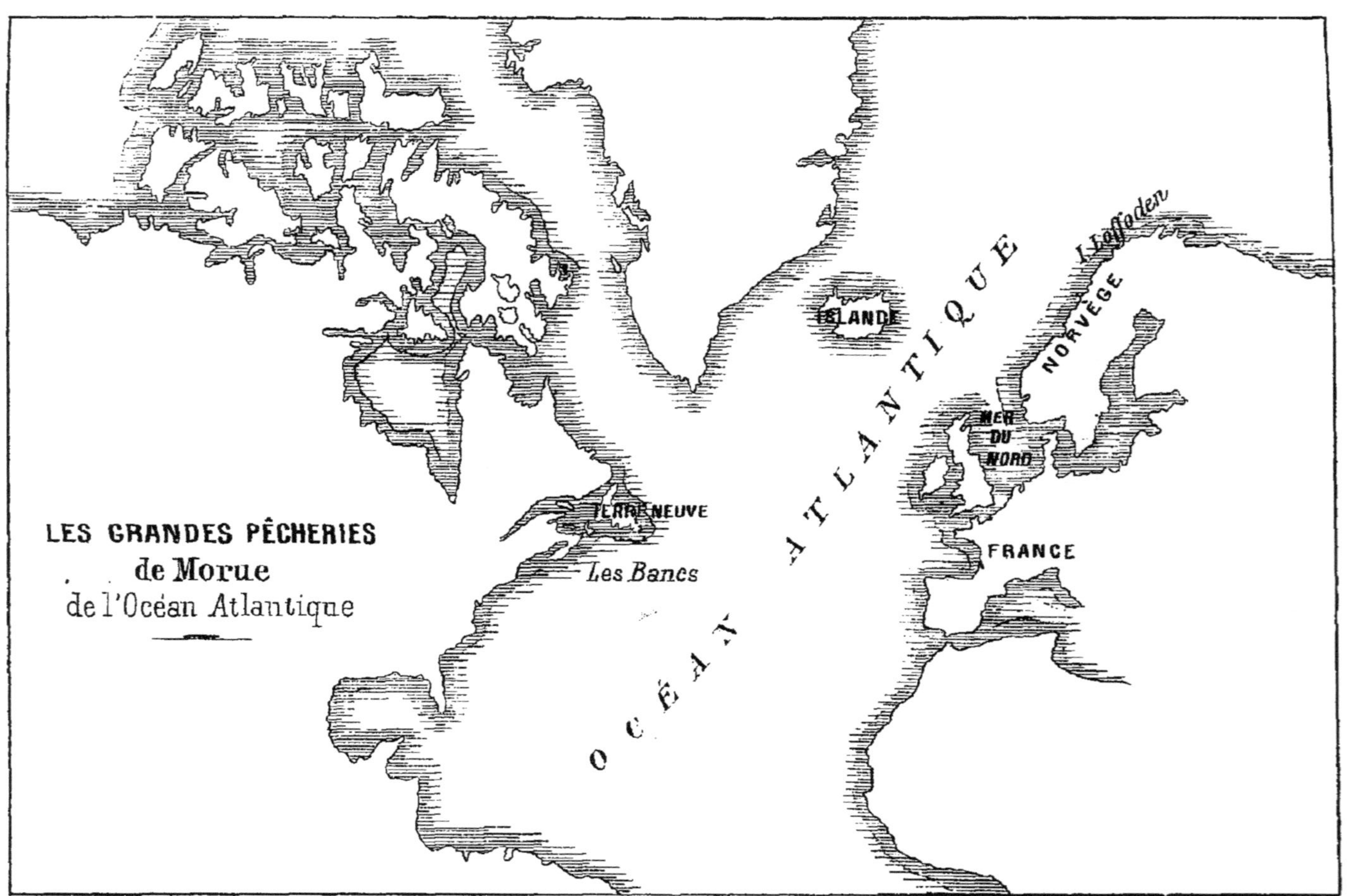
LES GRANDES PÊCHERIES
de Morue
de l'Océan Atlantique
OCÉAN ATLANTIQUE
ISLANDE
I. Loffoden
NORVÈGE
MER DU NORD
FRANCE
TERRE-NEUVE
Les Bancs

COSTES
DE LA MER DE BASQUES
d'après une carte publiée
en 1650
par N. Sanson d'Abbeville.
L'OCÉAN
OU LA GRANDE MER
MER DE BASQUE
SAINTONGE
Brouage
Tour de Cordouan
LA GARONNE R.
Soulac
MÉDOC
Pouillac
Bourdeaux
GUYENNE
LES LANDES
Marennes
Léon
Cabreton
L'Adour R.
Bayonne
LABOUR
BISCAYE
BASSE NAVARRE

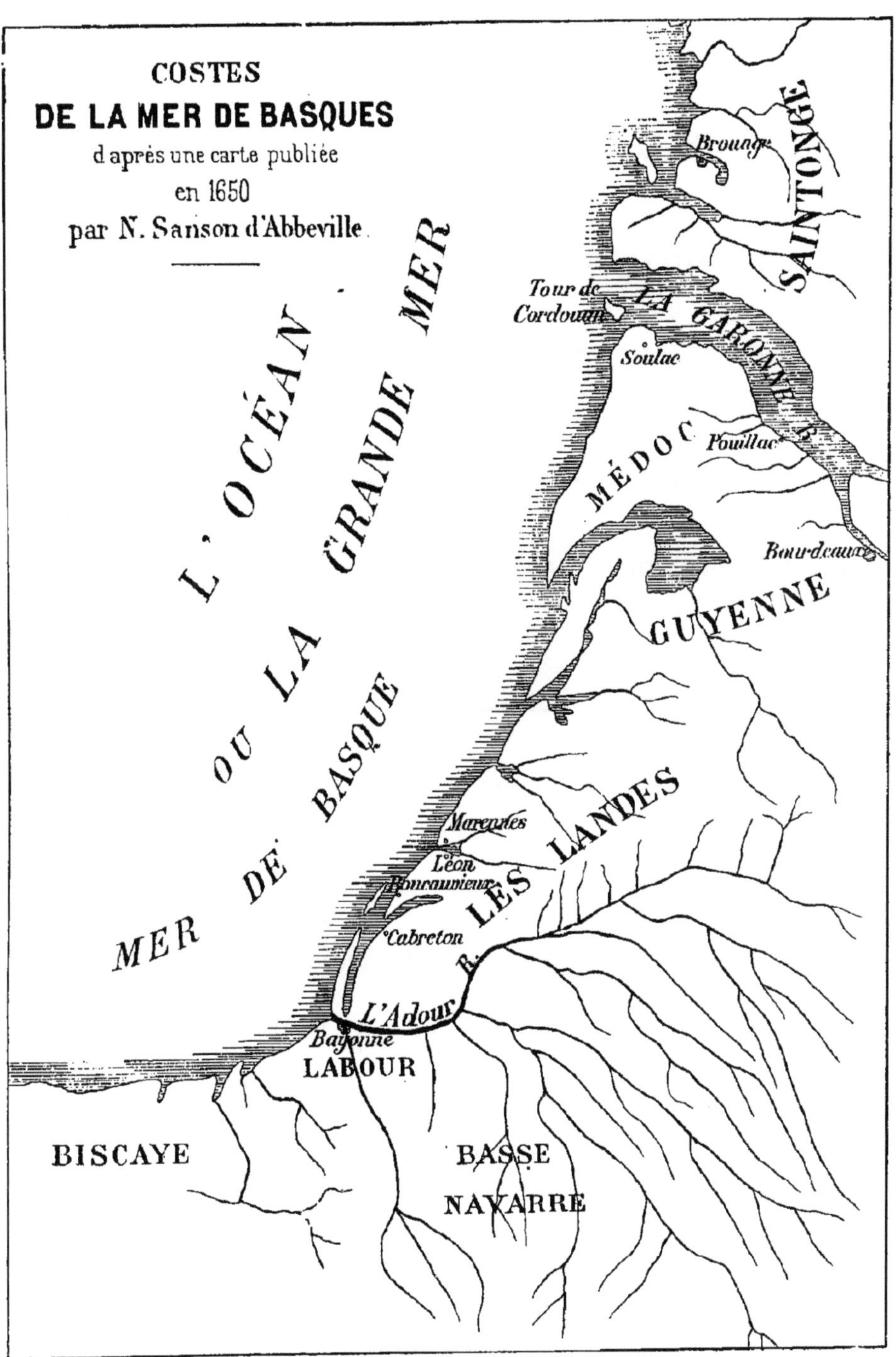

Fig. 2.

LES FRANÇAIS DANS L'AMÉRIQUE DU NORD ET LA GRANDE PÊCHE DE LA MORUE A TERRE-NEUVE

CHAPITRE PREMIER

LA DÉCOUVERTE DE L'AMÉRIQUE PAR LES BASQUES FRANÇAIS ET L'EMPIRE COLONIAL FRANÇAIS DE L'AMÉRIQUE DU NORD

I. — La découverte de l'Amérique par les Basques Français.

Les Français du littoral de la Manche, Normands, Bretons Picards et Boulonnois commencèrent évidemment à pêcher la morue dans leur mer, le Canal ou la Mer Britannique comme ils l'appelaient. Pendant plusieurs siècles ils se contentèrent même d'exploiter les richesses de cette mer qui fut longtemps et à juste titre réputée comme la plus poissonneuse de toutes et la plus variée en ses produits de toutes sortes, parmi lesquels abondaient le hareng, le maquereau, le merlan et toutes les variétés de morues, sans compter les baleines, cachalots et autres monstres marins qui y faisaient jadis des apparitions très fréquentes, ainsi que les marsouins dont il se faisait une pêche importante tant pour l'huile qu'ils rapportaient que pour leur chair qui était très estimée et faisait même les honneurs des tables royales.

Bien qu'il ne s'agît pas encore d'une *Grande Pêche* dans le sens qu'on donne aujourd'hui à cette dénomination, il n'en est pas moins vrai que dès les XIe et XIIe siècles il se faisait sur nos côtes un commerce considérable de morue salée dont la pêche et la préparation s'étendaient à tous les ports du littoral et notamment à Dieppe, Harfleur, Honfleur, Saint-Valery-en-Caux, Fécamp, etc.

Mais peu à peu, par un phénomène dont il n'a pas été possible jusqu'ici de déterminer la cause exacte, et qui se reproduit de nos jours pour le maquereau comme pour le hareng, la morue se fit plus rare d'année en année et bientôt même elle finit par déserter presque complètement nos eaux pour s'arrêter dans la mer du Nord et limiter ses courses vagabondes au Pas de Calais. C'est alors que commencèrent, pour les pêcheurs de notre littoral, les voyages à Terre-Neuve.

Quelle fut la cause de cette orientation qui peut paraître bizarre au premier abord si l'on songe à l'effroi insurmontable qui saisissait alors la plupart des navigateurs quand des vents contraires les entraînaient dans l'Ouest de la Bretagne ou de l'Irlande, vers cet inconnu mystérieux qui dans leur ignorance superstitieuse, devait cacher les abîmes infernaux ? L'interrogation se pose de même si l'on compare la route si longue qu'il fallait parcourir pour s'y rendre, avec la proximité de la mer du Nord, encore appelée Océan germanique, où le poisson était, à cette époque, aussi abondant qu'en Amérique.

Il est cependant facile d'y répondre si l'on veut jeter un coup d'œil sur l'histoire politique et économique de ces époques lointaines.

Les Hollandais, qui vivaient à peu près indépendants mais très pauvrement dans leurs marécages où ils disputaient pied à pied à la mer le sol ingrat qu'ils habitaient, s'étaient fait, par la force même des choses, une spécialité de la pêche et leurs innombrables petits bateaux qui sillonnaient dans tous les sens l'Océan germanique s'en étaient attribué l'empire absolu et presque exclusif, chassant ou pillant les intrus qui osaient s'y aventurer et appuyant même par les armes les droits qu'ils s'étaient arrogés. De là ils s'avançaient jusque dans la Manche où ils livraient à nos marins normands de véritables batailles navales d'où, à la vérité, ils ne sortaient pas toujours victorieux.

De cette façon les pêcheries d'Europe nous étaient entièrement fermées, puisque, pour se rendre à l'une quelconque d'entre elles, il eût fallu forcer le passage de la mer du Nord dont les Hollandais nous barraient la route.

Fort heureusement, une autre voie nous était ouverte où les dangers que nous venons de signaler n'existaient pas, et où nous n'avions à lutter contre aucune autre concurrence étrangère. Depuis longtemps, les Basques avaient découvert les côtes de l'Amérique septentrionale et ils s'y rendaient régulièrement chaque année. Nous n'eûmes que la peine d'y suivre leurs traces et d'y transporter notre industrie.

Comme les Normands de la Manche, les Basques qui habitaient le fond du golfe de Gascogne avaient pratiqué la pêche de la morue sur leur littoral où ils trouvaient également la sardine et le thon ; mais leur pêche principale était celle de la baleine, du cachalot et des autres souffleurs qui semblaient affectionner tout particulièrement ces parages, et, aussi loin qu'on remonte dans leur histoire, on les voit se livrer à cette industrie dont beaucoup d'auteurs leur attribuent la création.

C'est en poursuivant ces monstres marins à travers les mers, poussant chaque année de plus en plus loin à mesure que leur gibier, fuyant devant eux, se rapprochait des mers glacées, que nos compatriotes découvrirent bien loin dans l'Ouest, une terre couverte de frimas dont les nombreuses baies leur offrirent de sûrs abris pour l'exercice de leur profession. Cette Terre Neuve n'était autre que l'Amérique du Nord.

Déjà vers l'an 1001, un Européen, l'Islandais Biorn, allant chercher son père au Groënland, et poussé par une tempête dans la direction du Sud-Ouest avait débarqué sur une terre plate, couverte de bois, qui devait être le Labrador, c'est-à-dire une autre partie du continent américain. Retourné dans son pays d'origine, il avait organisé avec Leif, fils d'Eric

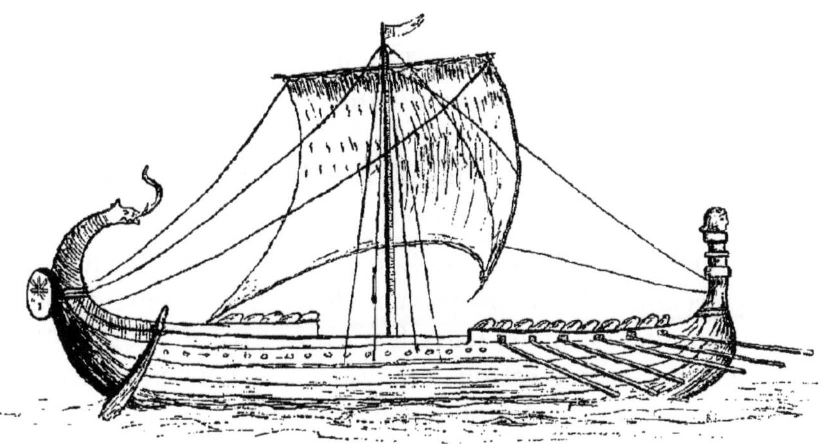

Fig. 3. — Navire normand du XIe siècle.

Rauda, le colonisateur du Groënland, une seconde expédition au cours de laquelle ils descendirent le long des côtes américaines jusqu'à une contrée à laquelle ils donnèrent le nom de Vinland (pays du vin) à cause de sa fertilité et des raisins sauvages qu'ils y rencontrèrent. Cette découverte n'eut pas d'autres suites, et cette première route d'Amérique trouvée par les Northmans fut aussitôt oubliée.

Il n'en fut pas de même de la découverte des Basques français. Ces hardis pêcheurs avaient en effet trouvé sur les côtes des *Terres Neufves* où ils avaient abordé par hasard, les baleines qu'ils espéraient y rencontrer, et les cétacés y étaient en si grand nombre qu'à partir de ce moment ils y retournèrent régulièrement chaque année exercer leur industrie.

Mais comme nos compatriotes ne rapportèrent de leurs expéditions que du poisson salé ou séché, du lard, de l'huile, des fanons et du blanc de baleine au lieu de l'or, des perles, et des richesses de toutes sortes que les Espagnols de Christophe Colomb trouvèrent quelques siècles plus tard aux Antilles ; comme, au lieu de pays ensoleillés et parés d'une végétation luxuriante comme ceux que visitèrent ces mêmes Espagols, ils ne purent parler dans leurs récits que des brumes, des glaces et des végétations rabougries qu'ils avaient seulement rencontrées, aucun enthousiasme ne les accueillit, et cette première découverte du Nouveau Monde passa pour ainsi dire inaperçue ; la nouvelle n'en franchit guère le monde des pêcheurs qu'elle intéressait.

Le roi de France était trop éloigné de ses sujets basques qui ne lui prêtaient d'ailleurs qu'une obéissance purement nominale pour que l'écho de leurs découvertes parvînt jusqu'à lui, et, comme ses possessions directes ne touchaient encore à aucune mer, il se désintéressait à peu près complètement des choses maritimes. Quant à l'aristocratie, elle était trop occupée de ses querelles intestines et de ses luttes contre la royauté pendant les loisirs que lui laissaient les Croisades pour pouvoir profiter des avantages que cette découverte pouvait leur offrir, de sorte que l'événement important qui venait de se produire se trouva réduit aux simples proportions d'un épisode commercial local dont les acteurs furent les seuls à bénéficier.

Aussi, pour nous qui sommes intéressés dans cette grande pêche de la morue à Terre-Neuve dont les Basques furent les véritables inventeurs, c'est à ce premier atterrissage des baleiniers du Cap-Breton sur les côtes des *Terres Neufves* que nous devons faire remonter la véritable découverte du Nouveau-Monde, et l'établissement de la première route vraiment commerciale entre l'Europe et l'Amérique.

Malheureusement, il nous est encore impossible de pouvoir donner une date fixe à cet événement historique. Ce que nous pouvons affirmer, c'est qu'il précéda d'au moins un siècle et demi la première expédition de Christophe Colomb, expédition qui ne fut d'ailleurs organisée par le navigateur génois que sur les indications d'autres Basques que le vent avait poussés aux Antilles vers 1480.

« Environ ce temps », dit le R. P. Fournier dans son *Traité d'Hydrographie*, publié à Paris en 1667 ; « un pilote Basque, que quelques autres font *Basque-Français*, natif de Saint-Jean de Luz, d'autres *Basque-Espagnol*, qu'ils nomment Alonso Sanchez de Huelva, au Comté de Niebla, trafiquant avec un petit navire à Madère, de conserves et de sucre, comme il traitait des Canaries à Madère fut battu d'une si grande tempeste que n'y pouvant résister, il fut contraint de s'abandonner à la mer qui fut si grosse l'espace de 29 jours que durant tout ce temqs il ne put prendre hauteur par le soleil ni par les étoiles, voire la tempeste les empeschait de naviger et dormir tant elle estait grande. Mais enfin s'étant calmée par le changement de vent, ils se trouvèrent auprès d'une isle de laquelle on ne sçait pas bien le nom, on croit toutefois que c'est celle que nous appelons Saint-Dominique. Et ce qui est étrange est qu'il faut qu'il ait été porté là par un vent qui toutefois en cette navigation calme plutôt la mer qu'il ne l'irrite. Ce pilote abordé à terre prit aussitôt les élévations et ne manqua pas de faire de bons mémoires de tout ce qui lui était arrivé : ensemble des choses qu'il avait vues. Et s'en retournant, il en fit un autre de celles qui lui arrivèrent depuis. Ayant fait aiguade et provision de bois, il se remit à la voile et ayant été plus longtemps qu'il ne pensait en cette navigation, l'eau et les provisions lui manquant, de dix-sept hommes qui étaient avec lui, il n'en arriva que cinq à la Tercière, du nombre desquels était le pilote qui s'en alla loger en la maison de Christofle Coulomb, Genevois qui s'occupait à faire des cartes pour naviger. Cet excellent homme les reçut avec de grandes démonstrations d'amitié et leur fit tout le bon accueil qu'il lui fut possible afin de s'instruire d'eux des choses qu'ils disaient leur être arrivées en un si long et étrange voyage. Mais quelque bon traictement qu'il leur put faire, ils moururent tous affaiblis par tant de maux qu'ils avaient souffert. Ce fut sur les relations de ce pilote que Coulomb dut depuis former le dessein qu'il exécuta en 68 jours lorsqu'assisté des rois de Castille, il aborda aux Indes Occidentales. Quelques-uns disent que ce n'était pas à la Tercière où il demeurait, mais à Madère. »

Déjà cette anecdote rapportée par le R. P. Fournier dont l'érudition est hors de conteste affaiblirait singulièrement l'auréole de gloire et de génie du marin génois qu'un enthousiasme irraisonné éclos chez un peuple prompt à s'enflammer et ébloui à la vue de l'or qu'il rapportait, a sacré grand découvreur de continents, et qu'on se plaît à représenter assis au bord de l'Océan, les yeux perdus dans l'immensité qu'il cherche à sonder pour voir les terres que son cerveau génial a devinées au delà des horizons connus. Ainsi, Colomb n'aurait pas trouvé lui-même la route des Antilles, il n'aurait fait que suivre une piste qui lui avait été indiquée et il serait parti avec la certitude matérielle de rencontrer un rivage où d'autres Européens avaient abordé quelques années auparavant. Il ne resterait plus que le conquérant, pour le compte de l'Espagne, des pays qui avaient été découverts avant lui.

Mais pour revenir aux parages de Terre-Neuve, l'auteur de l'*Histoire et Commerce des Colonies anglaises de l'Amérique septentrionale*, ouvrage publié à Londres en 1755, écrit à ce sujet :

La pêche au Banc de Terre-Neuve a été pratiquée de tout temps par les Français et longtemps avant que les Anglais se fussent établis dans l'île de Terre-Neuve ; suivant les rapports des auteurs, les Basques fréquentaient ces parages avant que Christophe Colomb eût découvert le Nouveau Monde.

Ainsi, d'après un auteur anglais dont nous citons l'opinion d'autant plus volontiers qu'il n'est pas dans l'habitude de nos voisins de nous attribuer l'honneur de découvertes que nous n'aurions pas réellement faites, les Français pêchaient dans les parages de Terre-Neuve avant les voyages de Colomb aux Antilles.

Un autre Anglais, Wylfliet, attribue de même aux Français la découverte de l'Amérique du Nord.

FIG. 4. — Nef du XVe siècle.

Le R. P. Fournier, que nous avons déjà cité, dit à ce sujet :

L'an 1504, ainsi qu'il est porté dans l'Histoire de Niflet, et dans Magin, les Basques, Normands et Bretons allèrent en la *Côte des Morues*, dite le *Grand Banc*, vers le Cap-Breton. Voire il semble qu'ils y aient été bien auparavant, car dans une lettre écrite par Sébastien Gavot à Henri VII, roi d'Angleterre l'an 1497, ces terres sont appelées du nom d'*Isles de Bacaleos*, comme d'un nom assez connu.

Or on ne peut douter que ce nom ne leur ait été donné par les Basques qui seuls en toute l'Europe appellent ce poisson *Bacaleos* ou *Bacallos*, et les originaires le nomment *Apagé*.

Il est bien évident en effet que si les îles de Terre-Neuve portaient déjà le nom d'îles Bacaleos avant la première expédition anglaise de 1497, c'est que les Basques y étaient allés avant cette époque puisque eux seuls en Europe pouvaient leur avoir donné ce nom, qui n'est plus conservé aujourd'hui que par un tout petit îlot sur la côte orientale de Terre-Neuve, entre les baies de la Conception et de la Trinité. En même temps qu'ils baptisaient ainsi Terre-Neuve, l'île des Morues, ils donnaient aux terres du Sud-Ouest le nom qui lui est d'ailleurs resté de Cap Breton, en souvenir de leur pays d'origine, le port du Cap Breton situé au nord de Bayonne dans les Landes.

Tous les anciens auteurs français, qui font autorité en matière d'histoire, sont d'ailleurs constants dans l'exposé de ces faits.

De Lamare, dans son *Traité de la Police*, tome III, livre V, et après lui R. J. Valin dans ses *Commentaires sur l'Ordonnance de la Marine de 1681*, disent que l'honneur d'avoir créé l'industrie de la grande pêche de la morue à Terre-Neuve « est dû aux Français, principalement aux Basques du « Cap-Breton près Bayonne, qui découvrirent, cent ans avant « Christophe Colomb, l'Amérique septentrionale.

Nous ne multiplierons pas ces citations, étant bien persuadés qu'on finira certainement par découvrir quelque jour, au fond de quelques vieilles archives des pays basques, un document original et authentique qui résoudra définitivement cette question.

Il ne faut pas d'ailleurs s'étonner outre mesure de l'oubli dans lequel est tombé le souvenir des découvertes basques. Le même voile s'est étendu sur les voyages d'explorations auxquels se livraient vers la même époque les Normands français des côtes de la Manche.

Jacques Savary, dans le *Parfait Négociant* publié à Paris en 1721, écrit que « les Français ont découvert les premiers tous les païs que les Espagnols, Portugais, Anglais et Hollandais possèdent aujourd'hui dans l'Amérique et dans l'Afrique. » et il énumère un certain nombre de pays où les Français allèrent trafiquer avant que les autres Européens n'y eussent abordé.

Il est certain que les trésors rapportés par Colomb des voyages aux Indes occidentales éveillèrent la cupidité de tous les peuples maritimes de la vieille Europe et que, à partir de 1492, ce ne fut sur l'Océan qu'une envolée d'explorateurs de toutes nations courant la mer dans tous les sens pour arriver les premiers dans une terre encore inconnue de leurs rivaux. Aussi ne voulons-nous retenir, parmi les exploits maritimes de nos compatriotes, que ceux qui ont eu lieu avant cette explosion soudaine du goût des voyages lointains, ceux qui ont été exécutés alors que, suivant l'expression du R. P. Fournier, « tout le monde était persuadé que « ceux qui passaient outre le cap Non ne revenaient pas en « leur maison » .

Aussi citerons-nous, à titre de curiosité, cette *Relation des Côtes d'Afrique, appelée Guinée par Villaut, escuyer, sieur de Bellefond*, écrite vers 1667 et que nous extrayons de *l'Histoire des anciennes villes de France*, de M. Vitet, car elle met en lumière la découverte des Côtes de Guinée par les Normands de Dieppe et de Rouen vers 1364, c'est-à-dire plus de dix ans avant que les Portugais n'y aient commencé leurs voyages.

« Comme la France commençait à respirer, sous Charles V, des guerres et malheurs qu'elle avait souffert sous le roi Jean son père, les Dieppois, de tout temps adonnés au commerce, attirés par le profit qu'ils y trouvaient et la commodité de leur havre, se résolurent aux voyages de long cours, de passer les Canaries, et de côtoyer l'Afrique. Pour cet effet, ils équipèrent, au mois de novembre de l'année 1364, deux vaisseaux du port d'environ cent tonneaux chacun, qui firent voile vers les Canaries, et arrivèrent vers Noël au Cap Vert, et mouillèrent devant *Rio Fresco*, dans la baie qui conserve encore le nom de Baie de France.

« Au sortir du Cap Vert, qu'ils nommèrent ainsi, comme

j'ai dit, pour la verdure éternelle qui l'ombrage, ils coururent le Sud-Est et arrivèrent à *Boulombelle* ou Sierra-Léone, ainsi que depuis l'ont nommée les Portugais ; de là ils passèrent devant le cap de *Moulé* d'où les habitants de ces deux places et de toutes les côtes furent fort étonnés croyant que tous les hommes étaient noirs ; et enfin, ils s'arrêtèrent à l'embouchure d'une petite rivière près de Rio Sestos où est un village qu'ils nommèrent le *Petit-Dieppe*, à cause de la ressemblance du havre et du village, situés entre deux coteaux. Là ils achevèrent de prendre leurs charges de *morphi* (ou d'ivoire) et de ce poivre appelé *malaguette*. Et l'année suivante, 1365, à la fin de mai, furent de retour à Dieppe, ayant fait des profits qui ne se peuvent exprimer, n'ayant demeuré que six mois dans leur voyage.

« La quantité d'ivoire qu'ils apportèrent de ces côtes donna cœur aux Dieppois d'y travailler, qui depuis ce temps ont si bien réussi qu'aujourd'hui ils se peuvent vanter d'être les meilleurs tourneurs du monde, en fait d'ivoire.

« Au mois de septembre suivant, les marchands de Rouen s'associèrent avec ceux de Dieppe, et au lieu de deux vaisseaux, en firent partir quatre, desquels deux devaient traiter depuis le Cap Vert jusqu'au *Petit-Dieppe*, et les deux autres aller plus avant pour découvrir les côtes.

« La chose ne fut pas exécutée ainsi qu'on l'avait projetée, car un de ces vaisseaux qui devait passer plus outre, s'arrêta au *Grand Sestre*, sur la côte dite Malaguette, y trouvant une si grande quantité de ce poivre qu'il crut devoir en charger, et qu'il ne pouvait faire plus grand profit ailleurs. Il en prit sa charge, et l'autre passa plus outre. Le grand accueil et la douceur avec laquelle les habitants de ce lieu les reçurent, joints à la rivière et à la richesse de ce poivre, firent qu'ils appelèrent ce lieu *Paris*. Les deux autres, cependant, faisaient leur charge sur ces côtes où ils avaient déjà été, et à trois semaines l'un de l'autre, retournèrent au bout de sept mois richement chargés de cuirs, d'ivoire et de ce poivre, qu'ils portèrent ensuite chez les autres nations.

Cap Blanc
OCÉAN OCCIDENTAL OU ATLANTIQUE
PAYS DES NÈGRES
Riv. de Senega
Rivière de Niger
Cap Verd
C. de Sierra Leone
Riv. de Sierra Leone
COSTE DE MALLA GUETTE
Petit Dieppe
Grand Sestre
GUINÉE
COSTE D'OR
St Georges de la Mine
MER DE GUINÉE
LA
GUINÉE NORMANDE
D'après les Cartes publiées en 1655
par Sanson d'Abbeville.

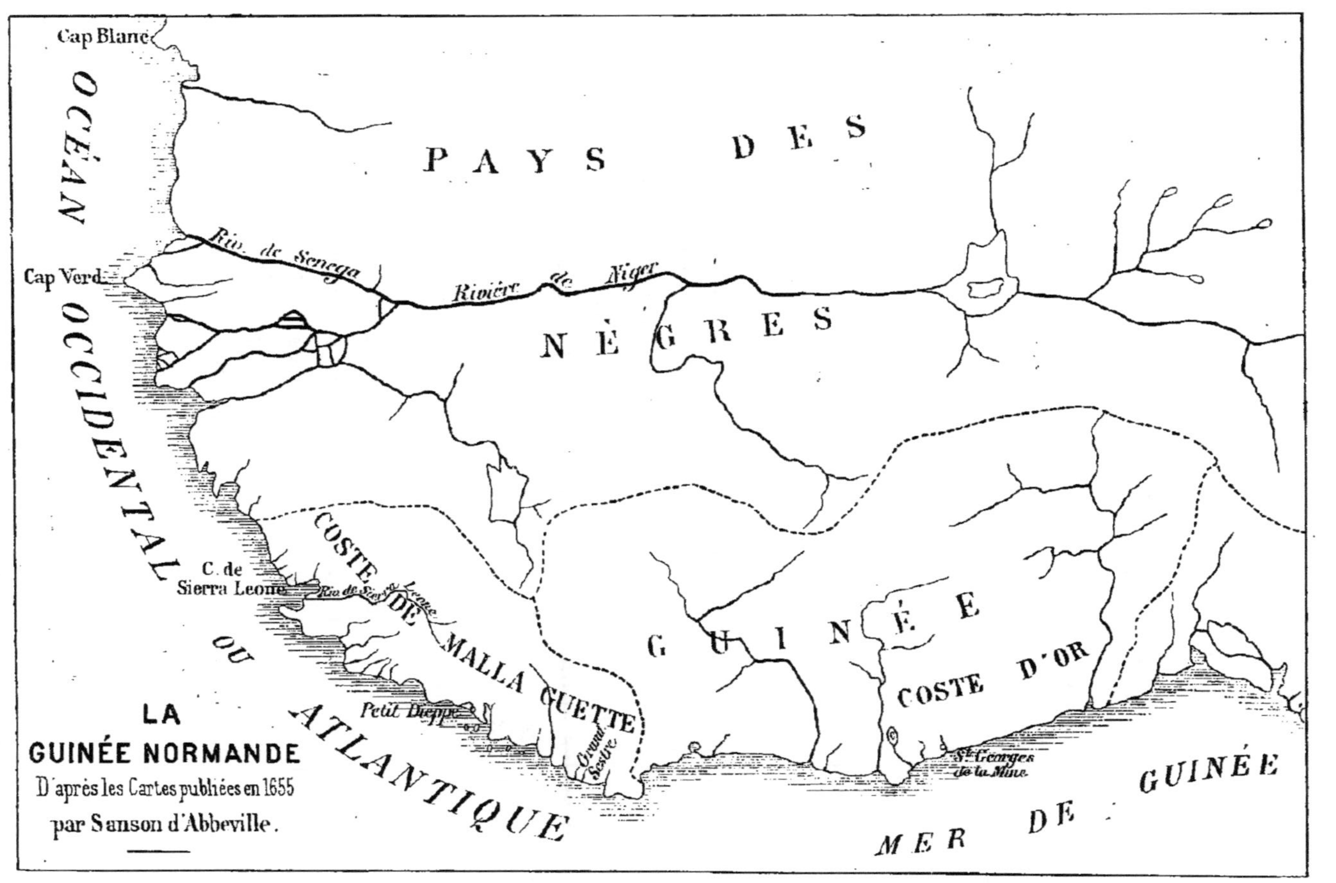

Fig. 5.

« Le quatrième passa la côte des Dents, et poussa jusqu'à celle de l'Or d'où il en rapporta quelque peu, mais quantité d'ivoire. Comme ces peuples ne leur avaient pas fait si grand accueil que les autres, surtout ceux de la côte des Dents, qui sont très méchants, les marchands, sur le rapport de leurs commis, se bornèrent au *Petit-Dieppe* et au *Grand-Sestre* ou *Paris*, où ils continuèrent d'y envoyer les années suivantes, même une colonie, d'où vient qu'encore aujourd'hui, le peu de langage que l'on entend de ces peuples est français.

« Le grand profit qui se trouva dans le débit de ce poivre donna envie aux étrangers de faire ces voyages, et d'aller eux-mêmes choisir ce qu'ils achetaient des Dieppois ; c'est pourquoi, environ l'an 1375, dix ans après que nous y étions, ils commencèrent d'y traiter ; mais, voyant que les Français y avaient partout des *loges*, comme à Cap Vert, Sierra-Léone et Cap de *Moulé*, le *Petit-Dieppe* et au *Grand Sestre*, et que les Mores les aimaient de sorte qu'ils ne pouvaient souffrir les autres, ils quittèrent le commerce qu'ils reprirent par après et depuis ont toujours continué.

« Comme le profit commença à diminuer par la grande quantité de marchandises que les Français et les étrangers apportaient de ces côtes, ceux de Dieppe et de Rouen résolurent de renvoyer au même endroit, plus bas, où seize ans auparavant le premier navire avait trouvé de l'or.

« Pour cela, au commencement du règne de Charles VI en l'an 1380, ils équipèrent à Rouen un vaisseau du port d'environ cent cinquante tonneaux, appelé la *Notre-Dame-de-Bon-voyage*, qui partit en septembre, quoiqu'il fut prêt longtemps auparavant, mais parce qu'ils avaient déjà remarqué que les pluies qui tombent sur ces côtes aux mois de juin, juillet et août étaient très dangereuses, et causaient plusieurs maladies, dont il est mort beaucoup de monde dans leurs habitations.

« Ce vaisseau arriva vers la fin de décembre à la rade des lieux où, seize ans auparavant, ils avaient été. Les habitants, qui avaient reconnu que dans les terres plus avancées ils recherchaient les marchandises qu'ils avaient achetées de nous, et que nous les traitions doucement, apportèrent quantité d'or, et ce vaisseau, neuf mois après, retourna à Dieppe richement chargé : ce fut ce qui commença de faire fleurir le commerce à Rouen.

« L'année suivante, ils y envoyèrent jusqu'à trois vaisseaux, qui partirent de Dieppe le 28 septembre, nommés *la Vierge*, *le Saint-Nicolas* et *l'Espérance*. *La Vierge* arrêta au premier lieu qu'ils appelèrent *la Mine*, pour la quantité d'or qui s'y apportait des environs. *Le Saint-Nicolas* traita à *Cap Corse* et *Mouré* au-dessous de *la Mine*, et *l'Espérance* alla jusques au Akara, ayant traité à *Fantin*, *Sabou* et *Cormentin* ; dix mois après ils retournèrent et surent si bien persuader les marchands, leur vantant le pays, la douceur des habitants et la quantité d'or que l'on en pourrait tirer, qu'enfin ils résolurent de s'y établir, et abandonner plutôt tout le reste.

« En 1383, ils y envoyèrent trois vaisseaux, deux grands et un petit, qui devait passer au-delà d'Akara, pour découvrir le reste des côtes ; les deux grands étaient lestés de matériaux propres à bâtir; étant à *La Mine*, ils firent une petite loge où ils laissèrent dix à douze hommes, et s'en revinrent encore richement chargés, dix mois après leur départ.

« Mais le petit vaisseau qui voulait passer *Cormentin* et *Akara* ayant été emporté par les marées fut contraint de retourner et arriva trois mois auparavant les autres, avec la moitié de sa cargaison.

« L'on le fit partir dans l'instant que les autres furent venus, pour porter des rafraîchissements à ceux qui étaient demeurés dans la nouvelle habitation de *la Mine* qui, en quatre ans, s'augmenta si fort par la grande colonie qui alla s'y établir, qu'ils y bâtirent une église que l'on y voit encore aujourd'hui.

« Ces commencements étaient trop heureux, et les profits trop grands, pour avoir de longues suites. Les guerres civiles ayant commencé en 1410, le commerce dépérit avec la mort de quantité de marchands, et au lieu de trois et quatre vaisseaux qui partaient tous les ans du port de Dieppe, c'était beaucoup quand, pendant deux ans, ils pouvaient en mettre un à la mer pour la Côte d'Or, et un autre pour le Grand-Sestre. Enfin, les guerres augmentant, ce commerce se perdit tout à fait. »

II. — Fondation d'un empire colonial français.

Les premiers Français qui touchèrent les côtes d'Amérique étaient des pêcheurs et non des colonisateurs ; la découverte qu'ils avaient faite ne constituait, à leurs yeux, qu'un simple incident de voyage dont ils profitèrent pour relâcher et s'installer provisoirement dans une des baies de ces *Terres-Neufves*, à seule fin d'y exercer leur industrie avec plus de facilité.

Armés pour la pêche à la baleine, et trouvant là, autant de ces cétacés, qu'ils le pouvaient souhaiter, ils ne pensèrent qu'à faire la chasse à leur gros gibier, à amener sur la grève les pièces qu'ils pouvaient capturer et à les dépecer là, bien tranquillement, pour charger leur navire de lard et de fanons. Puis, quand leur chargement fut complet ils levèrent l'ancre pour retourner en France avec l'intention de revenir chaque année.

Ils y retournèrent chaque année en effet, mais la pensée ne leur vint pas de créer, si loin de leur pays d'origine, un établissement durable, car il aurait fallu, pour le garder et l'entretenir pendant leur absence, y laisser une partie de l'équipage, et le pays ne leur offrait pas assez d'attrait pour cela. D'ailleurs s'ils avaient créé cet établissement, permanent, qui les eût obligés à des frais plus considérables d'installation, ils auraient été forcés de se rendre toujours en ce même point de la côte des Terres-Neuves, d'où les baleines auraient pu s'éloigner comme elles s'étaient déjà écartées des côtes de Biscaye et des Landes.

Il en fut de même plus tard, quand ils y exploitèrent la morue. Ce poisson y était partout si abondant, que le point d'atterrissage importait peu aux pêcheurs et que la nécessité

FIG. 6. — Caravelle du XVIe siècle.

du choix d'une rade ne s'imposait nullement. D'un autre côté le commerce avec les indigènes d'un pays aussi pauvre n'offrait ni assez de bénéfices ni assez de sécurité pour que ces premiers navigateurs transatlantiques aient trouvé un avantage à établir avec eux des relations suivies.

Pendant près de deux siècles, nos nationaux fréquentèrent donc régulièrement les parages de Terre-Neuve avant de chercher à s'y établir à demeure et ce ne fut qu'au commencement du XVIe siècle qu'eurent lieu les premières tentatives de colonisation proprement dite.

C'est en 1506 que nous trouvons les traces de cette première tentative dont il faut rapporter tout l'honneur aux Normands de Dieppe et de Honfleur.

Pendant les premières années du XVIe siècle, dit M. Vitet dans son *Histoire des anciennes villes de France*, les Dieppois n'ayant pas encore l'expérience de cette impossibilité de former des établissements fixes dans les pays qu'ils découvraient, et conservant un souvenir séduisant des grands profits que leurs pères avaient tirés du *Petit-Dieppe* et de leurs autres comptoirs de Guinée, conçurent le dessein de tenter de semblables entreprises. Ainsi nous voyons, en 1508, le sieur Ango, père du célèbre armateur, confier *la Pensée*, un de ses navires, à un pilote nommé Thomas Aubert, pour aller fonder un établissement à *la Terre-Neuve*, dont les rives avaient été découvertes, quatre ans auparavant, par deux vaisseaux, l'un dieppois, l'autre breton, et qu'un pilote d'Honfleur, Jean-Denis, avait visitée depuis ce temps, en 1506. Thomas Aubert reconnut qu'on pouvait faire sur cette côte un grand commerce de pelleteries, que les mers qui la baignent offraient une abondance extraordinaire de poissons et surtout de morues. Ango, profitant de cet avis, renouvela souvent ses expéditions vers cette côte, et en tira de beaux profits. Mais quant à l'établissement qu'il avait essayé d'y fonder, il reconnut bientôt que ce n'était pour lui qu'une source de dépenses, et ne tarda pas à l'abandonner.

Bien que la guerre de Cent ans soit terminée depuis un demi-siècle et que la royauté ait eu le temps de se ressaisir et de se raffermir par les cruautés de Louis XI, ce fut encore avec la plus complète indifférence que le nouveau roi Louis XII vit se produire cette première tentative d'établissement des Français en Amérique. Il est vrai que ce prince avait alors les yeux tournés du côté de l'Italie où il croyait avoir des droits à faire voloir.

Louis XII mourut en 1515 ; l'avènement de François Ier fut comme le signal d'un réveil national pour la défense des intérêts de la France au delà des mers. A côté des immenses domaines que les Colomb, les Gama, les Vespuce avaient apportés aux couronnes de Castille et de Portugal, celui qui fut le rival de Charles-Quint voulut avoir aussi sa petite colonie dans le nouveau monde.

Dès l'an 1518, il envoya le baron de Lery en la terre des morues, pour y donner commencement à une habitation des Français. Celui-ci emportait avec lui tout ce qui était nécessaire pour faire de la vraie colonisation ; c'est-à-dire des outils pour défricher et cultiver la terre, des graines pour l'ensemencer et des bestiaux de France pour y établir l'élevage. Cette première expédition fut des plus malheureuses.

Ayant longtemps demeuré sur mer, dit le R. P. Fournier, le Baron de Lery fut contraint, faute d'eau douce, de retourner sans rien faire après avoir déchargé en l'isle de Sable et Campseau son bestial, vaches et pourceaux qui y multiplièrent depuis tellement que cela servit grandement aux gens du marquis de la Roche qui, environ quatre-vingts ans après, demeurèrent là cinq ans entiers, sans aucun secours, ne vivant que de poisson et du laitage des vaches qu'ils y trouvaient.

C'était vers cette même époque que les frères Parmentier partaient de Dieppe pour commencer leurs voyages du Brésil et de la Guinée d'où ils doublèrent le cap de Bonne-Espérance pour se rendre aux Moluques.

Six ans plus tard, en 1524, une seconde entreprise fut confiée à Jean Verazani, pilote florentin, mais cette fois encore il s'agissait beaucoup plus de découverte que de véritable colonisation. Verazani, en effet, explora pour les relever toutes les côtes de l'Amérique septentrionale qui étaient depuis longtemps fréquentées par les pêcheurs français, basques, bretons et normands, en poussant un peu plus vers le Nord, comme un peu plus vers le Sud, jusque dans la Floride et la Virginie, c'est-à-dire entre les 24e et 41e parallèles de latitude nord.

Après avoir pris possession de ces terres ainsi que de l'île de Terre-Neuve au nom de son maître, Verazani avait l'intention, dit le R. P. Fournier, de pousser jusqu'au pôle nord quand il fut pris et mangé par les sauvages.

En 1534, une troisième expédition fut confiée par Philippe de Chabot, amiral de France, à Jacques Cartier, pilote de Saint-Malo, pour consolider et étendre les possessions de la France au Canada et dans les pays environnants. Parti de Saint-Malo, avec deux bâtiments de chacun 60 tonneaux et montés par 60 hommes d'équipage, Cartier aborda à Terre-Neuve à peu près au point où Verazani avait terminé sa reconnaissance. De là, il se rendit dans la baie de Canada, entra dans le Saint-Laurent et prit possession du Canada au nom de la France. Dans ce premier voyage, il reconnut que Terre-Neuve était complètement séparée du continent américain. Six ans après, en 1540, il retournait dans les mêmes pays avec François de la Roque, sieur de Roberval, nommé vice-roi de toutes ces terres, auxquelles on commença à donner le nom de *Nouvelle-France.*

Roberval et Cartier fortifièrent le cap Breton, qui, apparemment, possédait déjà une colonie et ils s'avancèrent dans le Saint-Laurent jusqu'à sept ou huit lieues au delà du point où fut fondée depuis la ville de Québec, mais les grandes affaires de France les rappelèrent avant qu'ils eussent pu mener à bonne fin la mission dont ils avaient été chargés.

En 1543, Roberval retournait à la Nouvelle France avec le pilote saintongeois Jean Alphonse.

Les guerres de religion qui vinrent à cette époque ensanglanter la France, en jetant les partis les uns contre les autres, mirent fin à ces expéditions au cours desquelles on n'avait pu que planter les jalons d'un établissement sérieux.

Tant que durèrent ces dissensions, il ne fut plus question ni de colonies, ni d'expéditions d'outre-mer, seuls les pêcheurs continuaient d'y aller exercer leur pacifique industrie. C'est ainsi qu'en 1591 nous avons à enregistrer un voyage entrepris par le sieur du Court-Pré-Ravillon, parti sur son bateau *le Bonaventure*, pour faire le trafic des morses aux grandes dents, il découvrit plusieurs petites îles. Aussitôt qu'Henri IV fut affermi sur son trône, il confia au marquis de la Roche, gentilhomme breton, la direction d'une nouvelle expédition au Canada avec le titre de vice-roi qui avait déjà été porté par Roberval.

Ayant échoué complètement par son imprévoyance, M. de la Roche revint en France et fut remplacé par Aymar de Chastes ayant pour lieutenant Samuel Champlain. De Chastes étant mort presque aussitôt, Champlain le remplaça en 1603, et, par son activité, son énergie et son intelligence, il sut organiser cette magnifique colonie dont il peut être regardé comme le véritable fondateur. En 1608, il avait jeté les fondations de Québec qui resta pendant de longues années la capitale de la Nouvelle France. Nommé gouverneur de la colonie en 1620, Champlain sut se concilier l'amitié des indigènes au milieu desquels il vivait et avec qui il faisait un commerce assez prospère. Attaqué par les Anglais qui s'étaient établis au sud de nos colonies, Champlain fut battu en 1628, Québec fut pris et le Canada perdu une première fois. Il nous fut rendu l'année suivante.

Après Champlain, l'intendant Talon, que Colbert avait placé à la tête de l'administration de nos colonies d'Amérique et le comte de Frontenac s'efforcèrent d'y développer l'agriculture et d'y faciliter le commerce et la colonisation. Ils encouragèrent les missionnaires parmi lesquels se distingua surtout le père Marquette, ainsi que les explorateurs qui, comme Cavelier de la Salle, donnèrent à la Nouvelle-France une extension si considérable qu'elle ne tarda pas à exciter la jalousie des Anglais.

La Salle était venu très jeune au Canada, poussé par le goût du commerce et des voyages. En 1673, il avait remonté le Saint-Laurent jusqu'au lac Ontario et avait bâti, à la rencontre du lac et du fleuve, le fort Frontenac. Il entra dès lors en relations avec les Indiens, étudia leur langue, leurs usages, se familiarisa avec la navigation des rivières. En réalité, son projet était de chercher une route plus courte vers la Chine et le Japon à travers le nouveau continent. En

1677, La Salle vint en France, trouva un puissant appui auprès de Colbert, de Seignelay et du prince de Conti. Il reçut alors une commission pour découvrir la partie occidentale de la Nouvelle-France et pour y construire autant de forts qu'il voudrait. Il s'associa un brave militaire italien Tonti qui avait eu une main emportée en Sicile, au service de la France. Tous deux quittèrent La Rochelle en 1698, revinrent au fort Frontenac, puis remontèrent le lac Ontario jusqu'aux chutes du Niagara où ils construisirent un nouveau fort. En 1679 ils reconnurent les lacs Erié et Michigan, malgré les Illinois inquiets de voir les Européens s'établir auprès d'eux. L'audace et l'habileté de La Salle eurent raison de leur hostilité, car il n'avait qu'une vingtaine d'hommes à opposer à plusieurs milliers de guerriers. Il construisit même sur leur territoire le fort Crèvecœur. Il laissa Tonti à Crèvecœur, puis revint à pied, avec deux ou trois hommes, à travers un pays couvert de neige ou de glace, jusqu'au fort Frontenac, distant de près de 2,000 kilomètres. A son arrivée, La Salle apprit que son bateau le *Griffon*, avec lequel il avait exploré les lacs, avait péri avec son équipage, et dix mille écus de marchandises, qu'un bâtiment venant de France, chargé pour son compte, avait fait naufrage dans le golfe du Saint-Laurent ; bientôt après que le fort Crèvecœur avait été pillé par la garnison qu'il y avait laissée, et que les Indiens Iroquois avaient pris les armes et même assassiné l'un de ses compagnons, le P. Gabriel. La Salle ne se laissa pas abattre par les revers. Il repartit de Frontenac, en août 1681, rejoignit Tonti sur le Michigan, et désormais à la tête d'une troupe de cinquante-quatre individus, il gagna la rivière des Illinois, par terre, la descendit jusqu'au fort Crèvecœur qu'il répara. En février 1682, il reprit la descente de la rivière des Illinois, qu'il appela Seignelay, et entra peu après dans le Mississipi auquel il donna le nom de Colbert. Il reconnut, en suivant le grand fleuve, l'embouchure du Missouri, celle de l'Ohio, et prit possession du pays en grande cérémonie, le 14 mars, en faisant planter une croix et arborer les armes de la France. On était alors sur le territoire des Arkansas. Le 22 mars, il continua son voyage, entra sur le territoire des Natchez dont il prit également possession. Le pays, le climat, les productions, tout annonçait qu'on avait changé de latitude et qu'on approchait de la zone tropicale. Il arriva enfin dans le delta, où il divisa sa troupe en trois bandes qui s'engagèrent dans les trois bouches principales du fleuve, l'une sous sa direction, les deux autres sous celles de Tonti et du sieur d'Autray. L'eau qui était déjà saumâtre leur annonçait l'approche de la mer. Bientôt elle devint tout à fait salée, et le 9 avril, après une navigation de 1,400 kilomètres en canot, depuis le confluent des Illinois, ils débouchaient dans le golfe du Mexique. La Salle éleva une colonne sur laquelle il inscrivit le nom de Louis le Grand, donna au Mississipi le nom de Saint-Louis et au pays qu'il venait de traverser celui de Louisiane. La Salle revint par le Mississipi et remonta l'Ohio, qui était la route la plus directe de la Louisiane au Canada. Il ne rentra à Québec que dans l'automne de 1683. Son voyage avait duré deux ans et trois mois.

Cette époque marque l'apogée de notre puissance coloniale en Amérique [1].

Par droit de découverte et de premier occupant, et sans qu'il en ait coûté beaucoup à son roi, la France possédait alors dans l'Amérique septentrionale un vaste empire colonial s'étendant depuis le détroit de Baffin à la baie d'Hudson jusqu'au golfe du Mexique dans toute la région des grands lacs et la riche vallée du Mississipi,

Il comprenait notamment l'île de Terre-Neuve et ses dépendances, l'île du Cap Breton et ses dépendances, l'Acadie qui fut appelée plus tard la Nouvelle Ecosse, le Labrador et le territoire de la baie d'Hudson, le Canada ou Nouvelle France, le nouveau Brunswick et le Maine avec la

1. Quesnel, *Histoire maritime de la France*, Challamel, éditeur,

Louisiane qui s'étendait alors des monts Alleghanis aux Montagnes rocheuses.

Les colonies anglaises étaient toutes resserrées dans l'étroite bande de territoire qui s'étend des monts Alleghanis à la mer.

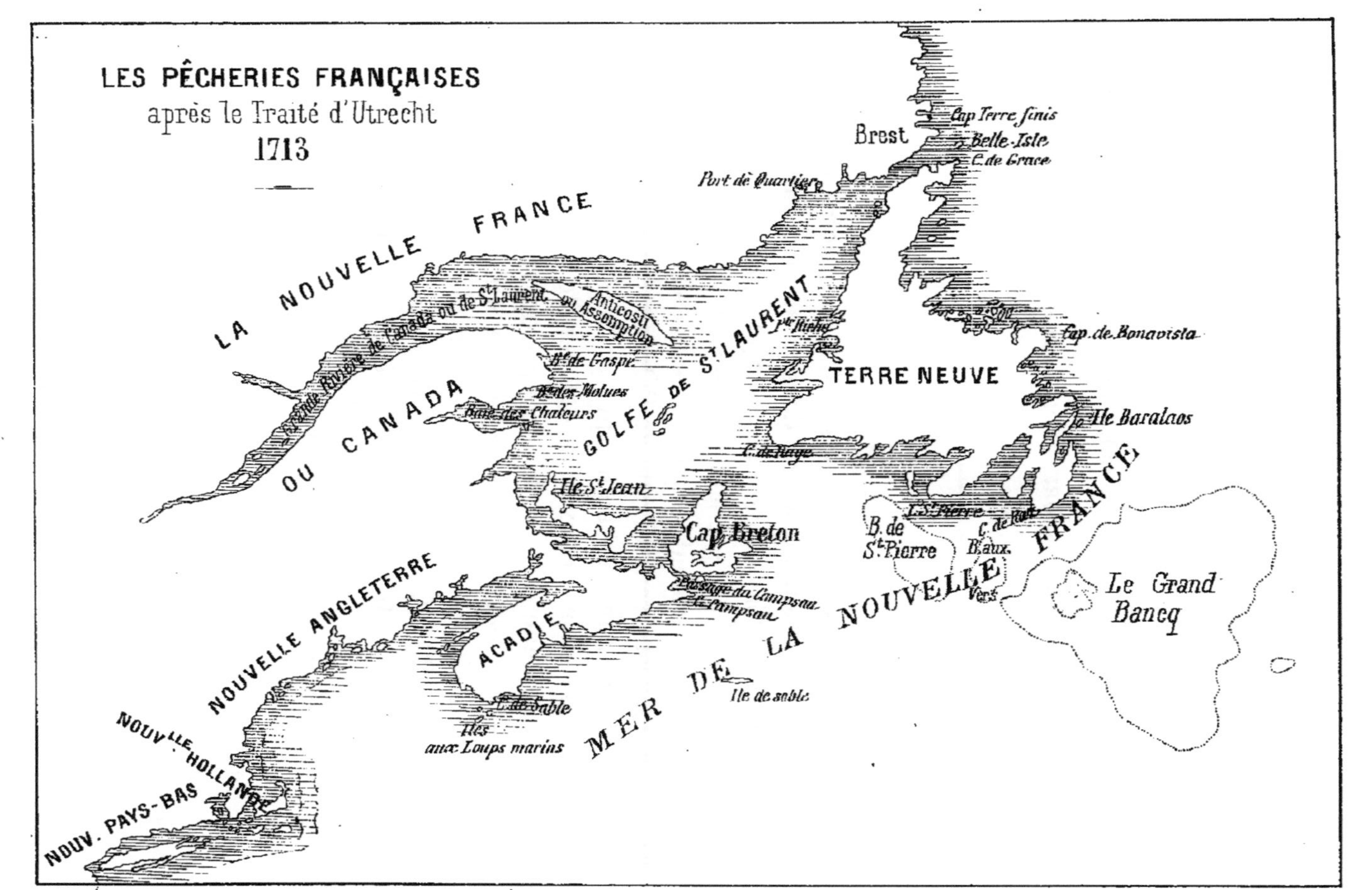
LES PÊCHERIES FRANÇAISES
après le Traité d'Utrecht
1713
LA NOUVELLE FRANCE
OU CANADA
Grande Rivière de Canada ou de St Laurent
Anticosti ou Assomption
GOLFE DE ST LAURENT
TERRE NEUVE
Brest
Cap Terre finis
Belle-Isle
C. de Grace
Port de Quartier
Cap. de Bonavista
Ile Baralaos
B. de St Pierre
Le Grand Bancq
Cap Breton
Ile St Jean
Baie des Chaleurs
NOUVELLE ANGLETERRE
ACADIE
C. de Sable
Iles aux Loups marins
MER DE LA NOUVELLE FRANCE
Ile de sable
NOUVLLE HOLLANDE
NOUV. PAYS-BAS

CHAPITRE II

LE DÉMEMBREMENT DE L'EMPIRE COLONIAL FRANÇAIS D'AMÉRIQUE ET LE « FRENCH-SHORE » DE TERRE-NEUVE »

Le voisinage des Anglais constituait pour notre colonie une menace permanente et un danger qui n'aurait peut-être pas existé si Cavelier de la Salle et après lui le Chevalier d'Iberville, en prenant possession de la vallée du Mississipi, ne leur avaient coupé le chemin de l'Ouest. Entourés de toutes parts, sauf du côté de l'Océan, par nos possessions, ils ne pouvaient s'étendre qu'à notre détriment et en nous faisant la guerre pour nous déloger de nos positions. Disséminés sur une étendue beaucoup trop vaste, nous n'y étions pas assez nombreux pour résister utilement à leurs attaques, qui allaient se faire de plus en plus nombreuses.

Déjà, en 1629, ils s'étaient emparés de Québec où ils ne restèrent que trois ans; en 1666, ils envahissaient l'Acadie qu'ils rendirent l'année suivante.

Avant de nous appartenir, l'Acadie avait été en partie colonisée par des Écossais, ce qui lui valut depuis le nom de Nouvelle Écosse ; aussi nos ennemis se servaient-ils de ce prétexte pour revendiquer le pays ; il en était de même du territoire de la baie d'Hudson où des Anglais s'étaient établis, vers le milieu du XVIIe siècle pour y faire la chasse du castor et d'où nous les avions délogés en 1710.

Ainsi empêchés de se livrer à un commerce très fructueux, jaloux aussi du monopole de la pêche de la morue que nous assurait la possession de tous les rivages fréquentés par ce poisson, ils ne perdirent jamais une occasion de nous y attaquer chaque fois que la guerre s'élevait entre les deux nations et même en pleine paix quand ils le pouvaient faire sans crainte. Aussi les événements malheureux qui marquèrent la fin du règne de Louis XIV eurent-ils un grand retentissement dans la Nouvelle France d'Amérique. La guerre de Succession d'Espagne, qui dura treize ans, fut surtout désastreuse pour nous.

Les traités signés à Utrecht en 1713, à Bade et à Rastadt en 1714, nous enlevèrent du même coup l'Acadie, le territoire de la baie d'Hudson et l'île de Terre-Neuve avec toutes ses dépendances qui appartinrent désormais en toute propriété à l'Angleterre. Les îles Saint-Pierre et Miquelon, situées au sud de Terre-Neuve, étaient naturellement comprises dans ces dépendances comme Belle-Ile, Groix, Fogo, etc., où il n'existait d'ailleurs aucune trace de colonisation française.

Nos chasseurs de castor y perdaient deux des contrées les plus importantes où ils exerçaient précédemment leur industrie, mais les pêcheurs de morue étaient les plus directement atteints par cette cession de l'île de Terre-Neuve, sur les côtes de laquelle ils avaient l'habitude de préparer leur poisson. Aussi les négociateurs français s'efforcèrent-ils d'atténuer ce préjudice en réclamant de l'Angleterre le droit de continuer à pêcher et à sécher sur une partie des côtes de cette île, tout en reconnaissant que le sol appartiendrait en toute propriété aux Anglais.

Ces réclamations furent admises par les plénipotentiaires anglais, et le droit de pêcher et de sécher nous fut concédé sur toute la côte septentrionale de l'île de Terre-Neuve, depuis le cap de Bonavista à l'est et la pointe Riche à l'ouest.

Les Anglais appelèrent cette partie du rivage le *French-Shore* c'est-à-dire la *Côte française de Terre-Neuve.*

Nos droits sur ce French-Shore sont consignés tout au long dans l'article XIII du traité d'Utrecht dont voici le texte original; ce traité, comme ceux qui le suivirent, étant rédigé en langue française.

ARTICLE XIII. — L'Isle de Terre-Neuve avec les isles adjacentes appartiendront désormais absolument à la Grande-Bretagne, et à cette fin le Roy Très Chrétien fera remettre à ceux qui se trouveront à ce commis en ce païs-là, dans l'espace de sept mois à partir du jour de l'échange des ratifications de ce traité, ou plus tôt si faire se peut, la ville et le fort de Plaisance et autres lieux que les Français pourraient encore posséder dans la dite isle, sans que le dit Roy Très Chrétien, ses héritiers ou ses successeurs, ou quelques-uns de ses sujets, puissent désormais prétendre quoi que ce soit, sur la dite isle et les isles adjacentes en tout ou en partie. Il ne leur sera pas permis non plus d'y fortifier aucun lieu, ni d'y établir aucune habitation en façon quelconque, *si ce n'est des échafauds et cabanes, nécessaires et usités pour sécher le poisson*, ni aborder dans la dite isle dans d'autres temps que celui qui est propice pour pêcher et nécessaire pour sécher le poisson. Dans la dite isle, il ne sera pas permis aux dits sujets de la France de pêcher et de sécher le poisson en aucune partie que depuis le lieu appelé cap de Bona-Vista jusqu'à l'extrémité septentrionale de ladite isle, et de là en suivant la partie occidentale jusqu'au lieu appelé pointe Riche.

Ainsi, et nous insistons sur ce point à cause des nombreux incidents diplomatiques qui se sont produits depuis cette époque, relativement à l'usage de nos droits, en cédant l'île de Terre-Neuve en toute propriété à l'Angleterre nous conservions le droit d'y envoyer nos bateaux de pêche, d'y débarquer les équipages, d'y séjourner tout le temps que durait la saison de pêche, d'y édifier des cabanes et des échafauds pour y préparer le poisson comme auparavant. En un mot, nous nous interdisions simplement le droit d'y coloniser en bâtissant des villes ou des centres commerciaux, de nous y fortifier ou d'y établir une garnison.

Or, si l'on veut se bien pénétrer de l'esprit du temps et de la façon dont s'établissaient alors les colonies, cette convention équivalait au partage pur et simple de l'île de Terre-Neuve entre les deux nations, avec l'interdiction pour les Français de se fortifier dans la partie qui leur était dévolue. L'intérieur de l'île étant alors considéré comme à peu près inhabitable, et nos compatriotes n'y ayant fondé jusque là aucun établissement de quelque nature que ce soit, la Convention n'avait porté que sur les côtes qui seules représentaient une valeur commerciale et maritime, tant par les excellents mouillages qu'elles offraient aux navires que par l'industrie qui s'y exerçait.

Ce qui nous restait en 1713 de la Nouvelle France constituait encore un vaste empire dont le trafic, consistant en pelleteries, castors, loutres, etc., en poisson salé, morues, blés, planches, etc., se faisait surtout par le Saint-Laurent et la baie du Canada. En s'emparant de Terre-Neuve et en s'y établissant dans la partie orientale, la plus rapprochée de l'Europe, nos rivaux ne pensaient pas seulement à partager avec nous le monopole de la pêche à la morue, ils voulaient surtout s'établir fortement sur la seule route qui nous restât pour nous rendre en Canada de façon à pouvoir nous la couper aussitôt qu'une rupture éclaterait entre les deux nations ; en nous interdisant le droit de nous fortifier dans la partie orientale qui nous était concédée, ils entendaient nous priver des moyens de nous ménager des renforts dans ces mêmes circonstances.

Pour eux la question des pêcheries était tout à fait secondaire.

Mais peu à peu, leurs colons s'habituèrent à cette pêche qu'ils avaient d'abord dédaignée, et quand, cinquante ans plus tard, le traité de Paris nous enleva le Canada, l'île du Cap Breton, et la partie occidentale de la vallée du Mississipi qui touchait aux colonies anglaises de la Côte Atlantique, la pêche nous fut expressément interdite sur les côtes du Cap Breton et du Canada.

Nos droits sur le « French-Shore » furent maintenus et confirmés et, pour nous servir de point de relâche, l'Angleterre nous retrocéda les deux îlots rocheux de Saint-Pierre et Miquelon situés au sud de l'île de Terre-Nevue presque à la portée de ses canons.

Voici comment s'exprime à ce sujet le traité qui fut signé à Paris le 10 février 1763 :

Art. V. — Les sujets de la France auront la liberté de la pêche et de la sècherie sur une partie des côtes de l'île de Terre-Neuve, telle qu'elle est spécifiée par l'art. XIII du traité d'Utrecht, lequel article est renouvelé et confirmé par le présent traité. Et Sa Majesté Britannique consent de laisser aux sujets du Roi Très Chrétien, la liberté de pêcher dans le golfe Saint-Laurent, à condition que les sujets de la France n'exercent ladite pêche qu'à la distance de trois lieues de toutes les côtes appartenant à la Grande-Bretagne, soit celles du continent, soit celles des îles situées dans ledit golfe Saint-Laurent.

Et, pour ce qui concerne la pêche sur les côtes de l'île du cap Breton, hors dudit golfe, il ne sera pas permis aux sujets du roi Très Chrétien d'exercer ladite pêche qu'à la distance de quinze lieues des côtes de l'île du cap Breton ; et la pêche sur les côtes de la Nouvelle-Écosse ou Acadie, et partout ailleurs hors dudit golfe sur le pied des traités antérieurs.

Art. VI. — Le roi de la Grande-Bretagne cède les îles de Saint-Pierre et Miquelon, en toute propriété, à Sa Majesté très Chrétienne, pour servir d'abri aux pêcheurs français.

Et sa dite Majesté Très Chrétienne s'oblige à ne point fortifier lesdites îles, à n'y établir que des bâtiments civils pour la commodité de la pêche, et à n'y entretenir qu'une garde de cinquante hommes pour la police.

Ce qui prouve bien cette préoccupation constante des hommes d'Etat anglais à nous priver de tout moyen de résistance, c'est cette clause d'après laquelle ils nous interdisent de fortifier Saint-Pierre et Miquelon et de n'y entretenir, pour la police qu'une garnison de moins de 50 hommes. En dehors de cela, le sol aride de Saint-Pierre et Miquelon, son climat excessif et l'inhospitalité des côtes qui n'offrent de véritable abri qu'à Saint-Pierre, étaient pour eux des sûrs garants que notre minuscule colonie ne pourrait jamais leur porter ombrage en se développant suffisamment pour faire concurrence à leurs propres nationaux.

Cependant, leurs colons nous faisaient une guerre sourde dans les havres du « French-Shore », les plus rapprochés de leurs établissements et dont ils auraient bien voulu nous déloger.

Aussi, quand le traité de Versailles vint mettre fin à la guerre de l'Indépendance américaine, la question du « French-Shore » fut de nouveau réglée entre les contractants, et divers points restés jusqu'alors dans l'ombre y furent élucidés, pour fixer, d'une façon définitive les droits respectifs des Anglais et des Français.

Jusqu'alors, en effet, si nos droits avaient été solennellement reconnus, il n'avait nullement été question des pêcheurs anglais et ceux-ci, profitant du mutisme des Traités à cet égard, prétendaient avoir aussi bien que nous le droit de pêcher sur la côte française.

Le Traité de Versailles réduisit à néant ces prétentions des Terre-Neuviens en proclamant que les droits de pêche des Français sur le « French-Shore » sont exclusifs de la concurrence des pêcheurs anglais.

L'acte principal du Traité est ainsi conçu :

Art. 4. — Sa Majesté le Roi de la Grande-Bretagne est maintenu en la propriété de l'île de Terre-Neuve et des îles adjacentes, ainsi que le tout lui a été annexé par l'art. 13 du traité d'Utrecht, à l'exception des îles Saint-Pierre et Miquelon, lesquelles sont cédées en toute propriété par le présent traité à Sa Majesté Très-Chrétienne.

Art. 5. — Sa Majesté le Roi Très-Chrétien, pour prévenir les querelles qui ont eu lieu jusqu'à présent entre les deux nations française et anglaise, consent à renoncer au droit de pêche qui lui appartient, en vertu de l'art. 13 sus-mentionné du traité d'Utrecht, depuis le cap Bonavista jusqu'au cap Saint-Jean, situé sur la côte orientale de Terre-Neuve, par les 50 degrés de latitude septentrionale. Et Sa Majesté le Roi de la Grande-Bretagne consent de son côté que la pêche assignée aux sujets de Sa Majesté Très-Chrétienne, commençant audit cap Saint-Jean, passant par le nord et descendant par la côte occidentale de l'île de Terre-Neuve, s'étende jusqu'à l'endroit appelé cap Raye, situé au 47°50' de latitude. Les pêcheurs français jouiront de la pêche qui leur est assignée par le présent article, comme ils ont eu droit de jouir de celle qui leur est assignée par le traité d'Utrecht.

Ainsi, malgré les succès remportés par nos flottes dans la dernière guerre, l'Angleterre trouvait le moyen de nous dépouiller d'une partie de la côte qui nous appartenait depuis soixante-dix ans ; sous prétexte de rectification de limites ou plutôt d'échange de littoral, elle nous enlevait les baies les plus riches du « French-Shore », les plus facilement abordables par nos pêcheurs arrivant d'Europe ou revenant du Banc, et nous les remplaçait par une côte plus éloignée et moins poissonneuse située dans l'Ouest.

Tout l'avantage était donc pour elle.

Par contre, elle nous rendait Saint-Pierre et Miquelon sans nous imposer les clauses humiliantes de l'ancien Traité.

Quant à l'exercice du droit de pêche, il fut réglé par un Acte additionnel, dont voici le Texte .

Le Roi, étant entièrement d'accord avec Sa Majesté Très Chrétienne sur les articles du *traité définitif*, cherchera tous les moyens qui pourront non seulement en assurer l'exécution avec la bonne foi et la ponctualité qui leur sont connues, mais de plus donnera, de son côté, toute l'efficacité possible aux principes qui empêcheront jusqu'au moindre germe de dispute à l'avenir.

A cette fin, et pour que les pêcheurs des deux nations ne fassent point naître des querelles journalières, Sa Majesté Britannique prendra les mesures les plus positives pour *prévenir que ses sujets ne troublent en aucune manière par leur concurrence la pêche des Français*, pendant l'exercice temporaire qui leur est accordé, sur les côtes de l'île de Terre-Neuve ; et elle fera retirer à cet effet les établissements sédentaires qui y seront formés. Sa Majesté Britannique donnera des ordres pour que les pêcheurs français ne soient pas gênés dans la coupe de bois nécessaire pour la réparation de leurs échafaudages, cabanes et bâtiments de pêche.

L'art. 13 du traité d'Utrecht et la méthode de faire la pêche qui a été de tout temps reconnue sera le modèle sur lequel la pêche s'y fera. On n'y contreviendra pas, ni d'une part ni de l'autre ; les pêcheurs français ne bâtissant rien que leurs échafaudages, se bornant à réparer leurs bâtiments de pêche et n'y hivernant point ; les sujets de Sa Majesté Britannique, de leur part, ne molestant aucunement les pêcheurs français durant leurs pêches, ni ne dérangeant leurs échafaudages durant leur absence.

Le roi de la Grande-Bretagne, en cédant les isles Saint-Pierre et Miquelon à la France, les regarde comme cédées afin de servir réellement d'abri aux pêcheurs français, et dans la confiance entière que ces possessions ne deviendront point un objet de jalousie entre les deux nations, et que la pêche entre lesdites isles et celle de Terre-Neuve, sera bornée à mi-canal.

Donné à Versailles, le 3 septembre 1783.

Jamais document ne fut plus clair ni plus précis que cette Déclaration du gouvernement anglais concernant la reconnaissance de nos droits et la manière dont nous en pouvions user. Si des contestations avaient pu s'élever antérieurement à 1783 au sujet des rapports pouvant exister entre les Anglais propriétaires du sol et les Français usufruitiers des baies et des graves, relativement aux conditions dans lesquelles pouvait s'exercer cet usufruit, il était désormais explicitement jugé que :

Les Français seuls ont le droit de pêcher sur le « French-Shore » et que le roi d'Angleterre doit prendre toutes les mesures nécessaires les plus positives pour que ses sujets ne viennent point par leur concurrence troubler nos pêcheurs dans l'exercice de leur pêche sur toute l'étendue du littoral qui nous est réservé.

Les Anglais n'ont donc pas le droit de pêcher dans les eaux du « French-Shore » ni d'y conduire leurs bateaux qui pourraient troubler nos nationaux.

Ils n'ont pas le droit d'édifier sur la côte française des

établissements permanents ni, par conséquent, d'y fonder des villes ou des villages, comme on le leur a laissé faire par une tolérance préjudiciable à nos intérêts et qui a été l'une des causes des revendications des Terre-Neuviens.

Les Français sont également autorisés à couper dans les forêts du littoral tout le bois qui leur est nécessaire pour la réparation de leurs cabanes et de leurs échafauds.

Aucune restriction n'est apportée au droit de pêche des Français, ni dans la manière de procéder, ni dans la forme des engins, ni dans la nature des produits que peuvent nous offrir les eaux de Terre-Neuve, comme : morues, harengs, capelans, lançons, moules, coques de mer, homards et autres animaux vivant dans l'eau.

C'est donc à tort que les Terre-Neuviens veulent s'opposer à la pêche du homard par nos nationaux sous le fallacieux prétexte que le homard n'est pas un poisson, et que la capture de cet animal ne constitue pas une véritable pêche.

Au temps où furent signés les traités qui constituent nos titres de propriétés du « French-Shore », le homard, comme l'écrevisse, était regardé comme un véritable poisson, et les naturalistes le rangeaient couramment dans la catégorie des « poissons à croûte », et l'expression : « pêcher le homard », qui était alors la seule employée, a été conservée presque partout dans le monde des pêcheurs. Le seul point qui, dans cette question des homards, nous paraît hors de conteste, c'est l'interdiction aux Anglais de se livrer à cette industrie sur la côte réservée aux Français afin de ne point troubler ceux-ci dans l'exercice de leurs droits.

Pendant près d'un quart de siècle, le traité fut exécuté loyalement.

En conformité de la Déclaration de 1783, l'Angleterre avait interdit la colonisation de Terre-Neuve par ses propres nationaux ; elle leur défendait de défricher le sol, de faire des routes, de bâtir des maisons autres que des abris provisoires, de clôturer des terrains, tout cela dans une zone large de six milles à partir de la côte.

Ce n'est qu'en 1810 que la métropole commença à se départir de cette façon d'agir. Les guerres de la Révolution et de l'Empire vinrent jeter un peu de confusion dans l'état des choses ; mais les traités de 1814 et 1815 maintinrent purement et simplement les clauses des traités antérieurs. Bien mieux, par une proclamation datée du 12 août 1822, le gouverneur anglais de l'Ile de Terre-Neuve ordonna aux habitants d'enlever, dans le plus bref délai, tous les établissements qu'ils auraient créés sur le littoral concédé à la France et d'en faire sortir tous les bateaux anglais qui y auraient été amenés, de façon à ce qu'aucun empêchement ne pût être apporté à l'exploitation de ladite pêche par les Français à qui les officiers et magistrats devaient prêter assistance en cas de besoin.

Aucun acte international n'est venu, depuis lors, modifier les droits de la France, de sorte que nos pêcheurs devraient pouvoir aujourd'hui y exercer leur industrie avec les mêmes libertés qu'au siècle dernier.

Les colons anglais ont cependant réussi à s'établir à demeure, sur plusieurs points de la côte française où on en compte plus de 15.000 à l'heure actuelle. Ils avaient profité des guerres du premier Empire pour commencer l'occupation du sol en l'absence des Français ; comme ils avaient pris possession des baies et des rivages où nos marins n'avaient pas l'habitude d'aller pêcher la morue, aucune réclamation ne fut faite par les armateurs et les intéressés ; le gouvernement français négligea de les expulser ou de les faire expulser par l'Angleterre, et, naturellement, ils n'ont pas cessé de croître en nombre et en audace. Ils forment ainsi trois groupes principaux : le village de Saint-Georges, celui de Bonne-Baie et, le long du bras Humber, à la baie des Iles, plusieurs centres de pêche tels que Petipas-Cove, Birchy-Cove, etc...

Devenue autonome, en 1854, par la concession d'un gouvernement responsable, la colonie anglaise de Terre-Neuve, qui se croit devenue une véritable puissance, supporte avec peine la servitude qui grève son patrimoine national au profit des Français.

Aussi, malgré la clarté des actes internationaux qui l'ont établie, malgré l'évidence des faits qui se sont passés de 1713 à 1854, elle nie que notre droit de pêche sur le « French-Shore » soit exclusif et ne veut tenir aucun compte de la déclaration de 1783 du roi Georges III. L'Angleterre semble avoir une attitude conforme aux traités qu'elle a signés avec la France et, à deux reprises, en 1857 et en 1884, elle a fait avec le gouvernement français des arrangements qui auraient au moins momentanément résolu la question ; mais le Parlement de Terre-Neuve a refusé son adhésion à ces nouvelles conventions, et alors la métropole n'a pas osé passer outre, de sorte que les actes susdits, bien que promulgués de chaque côté de la Manche, sont restés à l'état de lettre morte.

Voici les points principaux de la Convention qui fut signée à Londres le 14 janvier 1857.

Art. 1er. — Les sujets français auront le droit exclusif de pêcher et de se servir du rivage pour les besoins de leur pêche pendant la saison spécifiée à l'art. 8 (*du 5 avril au 5 octobre de chaque année*).

Art. 5. — Les sujets français ont le droit d'acheter l'appât, hareng et capelan, sur toute la côte sud de Terre-Neuve, en y comprenant à cet effet les îles françaises Saint-Pierre et Miquelon, en mer ou à terre, sur le même pied que les sujets anglais, sans que la Grande-Bretagne ou la Colonie puisse imposer aux sujets français ou anglais aucun droit ou restriction à l'occasion de cette transaction, ou sur l'exploitation dudit appât.

Art. 9. — Les officiers de marine française seront fondés à mettre en vigueur les droits exclusifs de pêche des sujets français, tels qu'ils sont définis à l'art. 1er, en expulsant les navires ou bateaux qui tenteraient de pêcher en concurrence, toutes les fois qu'il n'y aura pas, dans un rayon de cinq milles marins, de croiseurs anglais en vue, ou dont la présence ait été notifiée.

Art. 10. — Le rivage réservé à l'usage exclusif des Français s'étendra jusqu'à un tiers de mille anglais dans l'intérieur à partir de la haute mer, entre Bonne-Baie et le cap Saint-Jean, à un demi-mille anglais.

Art. 11. — Aucun enclos ou construction anglaise ne pourra être fait ni maintenu sur le rivage réservé exclusivement aux Français, si ce n'est pour besoin de défense militaire ou d'administration publique.............. ....

....

Ces mesures comprennent le droit de déplacer la construction ou enclos, conformément aux stipulations qui précèdent.

CHAPITRE III

LA PÊCHE A LA CÔTE DE TERRE-NEUVE DEPUIS LA DÉCOUVERTE DU PAYS PAR LES BASQUES FRANÇAIS JUSQU'A NOS JOURS

Afin de donner plus de clarté à cette étude et faire mieux ressortir la diversité des intérêts engagés dans la question des pêcheries de Terre-Neuve, il est nécessaire d'établir ici une distinction entre les différentes méthodes employées dans l'exploitation des richesses poissonneuses de ces fonds, et de faire deux sections bien nettement séparées de nos pêcheries d'Amérique.

Elles ne sont en vérité que deux branches d'une même industrie, mais dans chacune desquelles les armements et les procédés de pêche sont non moins différents que les modes de préparation des produits qu'on en retire.

L'une d'elles a son siège sur la partie du littoral de l'île de Terre-Neuve que nos traités avec l'Angleterre ont réservée à nos nationaux, ainsi que sur les côtes des îlots de Saint-Pierre et de Miquelon : c'est la Pêche sédentaire avec sécheries ou Pêche à la côte.

L'autre se pratique au large sur les nombreux bancs que présentent ces régions et dont les principaux sont le Grand-Banc de Terre-Neuve, le Banc à Vert, le Banc de Saint-Pierre, les Banquereaux du cap Breton, etc. ; elle se pratique aussi dans le golfe du Saint-Laurent, et principalement dans le voisinage du groupe des îles de la Madeleine : c'est une Pêche errante dont les produits sont préparés sur le bateau et salés au vert; on lui donne le nom de *Pêche au banc*.

La Pêche à la côte fut la seule pratiquée à l'origine par les Basques qui commençaient, en arrivant dans ces parages, par mettre leurs navires à l'abri dans une des nombreuses rades que présentent les côtes si découpées de Terre-Neuve et du cap Breton. Puis, quand le bâtiment était en sûreté, une partie de l'équipage descendait dans les chaloupes pour pêcher avec des filets dans la rade choisie, tandis que l'autre partie, descendue à terre, préparait le poisson rapporté par les pêcheurs.

Dès le commencement du XVIe siècle, comme on l'a déjà vu, les Normands et successivement les Bretons, les Rochellois, les Bordelais, les habitants des Sables d'Olonne suivirent l'exemple des Biscayens, armèrent pour Terre-Neuve et les autres îles et côtes nous appartenant dans le golfe du Saint-Laurent.

D'après M. de Lamarre, les principaux centres de pêche étaient la baie de Plaisance, occupée aujourd'hui par les Anglais, au sud de Terre-Neuve, et où l'on trouvait la morue la plus grosse et la plus nombreuse, les côtes du Chapeau-Rouge et du Petit-Nord en l'île de Terre-Neuve ainsi que quelques points, la baie de Gaspé et celle des Chaleurs en la « Baye du Canada ».

Pendant très longtemps, la côte du Petit-Nord, à Terre-Neuve, resta en quelque sorte l'apanage des Bretons et des Malouins. Comme ils y allaient en très grand nombre dans un espace assez restreint malgré l'immense étendue des côtes poissonneuses qui nous appartenaient alors, de nombreuses contestations ne tardèrent pas à se faire sentir pour le choix des havres les plus propices et des grèves les plus favorables à la préparation du poisson. Les querelles dégénéraient souvent en rixes et quelquefois en véritables batailles dont les naturels tiraient le plus clair profit.

Pour faire cesser un état de choses aussi préjudiciable aux intérêts de tous et de chacun, les principaux négociants de

Saint-Malo, intéressés dans cette affaire, convinrent entre eux d'un Règlement qui, approuvé dans l'assemblée générale du 26 mars 1640, fut ensuite homologué au Parlement de Rennes, par arrêt du 31 du même mois. Ce Règlement, dont les principales prescriptions furent maintenues en vigueur jusqu'à la Révolution française, est le premier acte qui ait existé relativement à la police de la pêche de la morue à la côte, laquelle avait été jusqu'alors laissée absolument libre. Il ne concerna d'ailleurs, à l'origine, que la partie de la côte de Terre-Neuve fréquentée par les Bretons.

Ce règlement portait en substance que celui des maîtres de navires qui arriverait et jetterait l'ancre le premier dans le « Havre du Petit-Maître », demeurerait amiral de la pêche, lequel, pour signal, mettrait l'enseigne sur son mât; qu'en cette qualité d'amiral, il pourrait choisir le havre qui serait le plus à sa convenance, ainsi que le galet qui lui serait nécessaire, en tenant compte du nombre d'hommes dont l'équipage serait composé ; qu'en conséquence, pour bien établir son droit d'amiral et fixer son choix, il serait tenu d'aller ou d'envoyer à l'« Échafaud du Croc » un papier ou tableau sur lequel il déclarerait le jour de son arrivée et le nom du hâvre qu'il aurait choisi ; il devrait signer cette déclaration ou la ferait signer par quelqu'un de ses gens.

Au fur et à mesure de leur arrivée à la côte du Petit-Nord, les autres maîtres de bateau étaient tenus de faire, sur le même tableau, la déclaration du jour de leur arrivée et l'indication du havre qu'ils choisissaient parmi les places inoccupées pour s'y établir et en faire l'exploitation.

A cet effet, le tableau demeurait à l'Échafaud du Croc sous la garde d'un des hommes de l'amiral jusqu'à ce que tous les maîtres de navires y eussent été inscrits, avec les noms des havres et galets choisis et occupés par chacun d'eux ; après quoi il était remis à l'amiral.

Il fut décidé aussi par ce règlement que si quelque échafaud était rompu par les sauvages ou autrement, les débris en appartiendraient à celui qui en devenait le propriétaire par le choix du havre où il était établi, avec défense à tout autre de s'en emparer et de les transporter dans un autre havre, sur un autre galet.

En même temps il fut expressément défendu aux capitaines de jeter leur lest dans les havres sous peine de 400 livres d'amende.

Grâce à ce règlement dont les contrevenants étaient punis d'une amende de 500 livres, au payement de laquelle la cargaison et le navire lui-même pouvaient être affectés, la paix fut rétablie pendant quelque temps sur les côtes du Petit-Nord. Mais, des pêcheurs venus d'autres provinces de France et notamment de la Normandie et de l'Aquitaine vinrent remettre tout en suspens. Ceux-ci refusèrent d'obéir à un règlement qui avait été fait sans eux et les désordres recommencèrent comme auparavant.

C'est probablement à cette époque que furent faites les nouvelles réglementations.

Le gouvernement royal, en la personne de Louis XIV, intervint pour la première fois quand les armateurs et capitaines de Saint-Malo et autres ports de Bretagne firent appel à son omnipotence contre les intrus des ports de Normandie. Par un arrêt du Conseil, en date du 28 avril 1671, le roi déclara communs pour tous ses sujets qui iraient dorénavant pêcher la morue sur les côtes du Petit-Nord, le règlement du 26 mars 1640 et l'arrêt du Parlement de Rennes qui l'avait autorisé.

Enfin intervint l'Ordonnance de la marine du mois d'août 1681, cette œuvre magistrale de Colbert qui codifia, en les étendant et les généralisant, les prescriptions du règlement de Saint-Malo de 1640. Le capitaine ou maître de bateau qui arrive le premier au havre du Petit-Maître conserve les prérogatives et attributions que lui donnait l'ancien règlement ; on lui retire seulement le titre d'amiral.

Les avantages ainsi attribués au premier arrivant excitaient naturellement les capitaines envoyés dans ces parages pour y faire la pêche. Tant que durait la traversée, le voyage se faisait en flotte et, bien loin de se distancer en cours de route, les navires accidentellement isolés cherchaient à rejoindre le gros de la flotte qui s'élevait parfois à 250 voiles; mais, quand il n'y avait plus que quelques lieues à faire pour atterrir, les convoitises commençaient et c'était à qui arriverait le premier à l'Échafaud du Croc, soit pour gagner la maîtrise qui y était attachée, soit pour s'assurer le choix d'un bon havre avec les échafauds et les galets qui en dépendaient. Alors, si le temps se montrait défavorable aux voiles, les capitaines affrontaient la distance, le mauvais temps et les brumes, mettaient à l'envi leurs chaloupes à la mer avec leurs meilleurs matelots, forçant de voiles ou de rames pour se disputer la primauté de l'arrivée. Il en résulta de nombreux sinistres qui finirent par attirer l'attention du Conseil d'État du roi.

Une nouvelle ordonnance, rendue le 8 mars 1602, défendit très expressément aux capitaines des bateaux terre-neuviers d'envoyer leur chaloupe à la mer avant d'avoir mouillé, et ce, à peine de mille livres d'amende pour la première fois et de punitions corporelles en cas de récidive.

Mais déjà commençaient les désastres qui marquèrent la fin du règne de Louis XIV et eurent pour conséquence la destruction de notre empire colonial et la désorganisation de nos pêcheries d'Amérique.

Auparavant, et pendant les longues années de paix maritime dont la France avait joui au cours du XVIe siècle, la liberté absolue avait été laissée aux armateurs à la pêche de la morue en Amérique; ils pouvaient quitter leur port d'embarquement et y rentrer quand bon leur semblait, sans avoir besoin pour cela d'une permission du roi ou de l'amiral. La guerre venue, les dangers que couraient les marins d'être attaqués par les ennemis dans ces parages éloignés ou dans les voyages d'aller ou de retour, forcèrent le gouvernement à prendre des mesures de protection. Les capitaines qui voulaient se rendre à Terre-Neuve furent obligés de payer 3 livres par tonneau de jauge de leurs vaisseaux entre les mains du trésorier général de la Marine, lequel leur délivrait alors un passeport du roi, sans quoi il ne leur était pas permis d'aller à la pêche de la morue ; s'ils avaient

Fig. 9. — Port-au-Choix. — « French-Shore ».

été rencontrés en mer par le capitaine commandant les vaisseaux d'escorte sans pouvoir exhiber ce passeport, leurs navires pouvaient être confisqués.

Les navires de Honfleur, de Dieppe, de Fécamp et autres ports normands devaient prendre leurs passeports au Havre-de-Grâce.

Quand vinrent les traités d'Utrecht, la France ne conserva plus de ses immenses et riches pêcheries d'Amérique, que le droit de pêcher, d'élever des échafauds et des cabanes temporaires pour y préparer, saler et sécher le poisson pendant la saison de pêche sur les côtes de Terre-Neuve depuis le cap de Bona-Vista jusqu'au cap Riche ; la propriété foncière de l'île et le droit de pêcher sur le reste de son littoral et non le moins poissonneux, passait aux Anglais.

Alors ces derniers qui, jusqu'à cette époque, s'étaient désintéressés de cette industrie malgré tous les encouragements offerts par leur gouvernement se prirent tout à coup d'un beau zèle pour cette nouvelle branche de commerce et, profitant des avantages que leur donnaient les traités, ils firent à nos pêcheries morcelées une concurrence acharnée et très souvent déloyale.

Pourtant, vers 1719, il partait ordinairement de France pour aller pêcher en Amérique deux flottes d'environ 250 voiles chacune ; la première quittait les ports français au commencement de janvier et la seconde dans le courant du mois de mars; cela constituait un ensemble de 500 bâtiments français dont les principaux ports d'armement étaient Rouen, Dieppe, Fécamp, Le Havre, Honfleur, Granville, Saint-Malo, Nantes, la Rochelle, les Sables d'Olonne, Bordeaux et Bayonne.

Tous les bateaux ne se rendaient pas à la côte de Terre-Neuve, car plus d'une centaine restait déjà sur les Bancs où ils trouvaient une tranquillité plus grande, et une autre centaine allait jusqu'à la baie de Gaspé, près de l'embouchure du Saint-Laurent où la France possédait, depuis plus d'un siècle, des pêcheries au moins aussi riches que celles de Terre-Neuve et qui, comme elles, avaient attiré la convoitise anglaise.

Quoi qu'il en soit, et malgré les empiètements continuels de nos rivaux qui prenaient par la force en pleine paix, les baies que les traités nous avaient réservées, plus de 250 bateaux de pêche français continuaient d'aller prendre et préparer la morue à la côte de Terre-Neuve. Tout alla tant bien que mal jusqu'en 1744 : mais alors les hostilités recommencèrent ouvertement avec l'Angleterre dont les forces navales ne faisaient que s'accroître, tandis que les nôtres diminuaient d'année en année ; tous les armements cessèrent.

Un arrêt du Conseil d'État approuvant ce désarmement général à cause des risques évidents que ces bâtiments auraient courus en mer, déclara nuls et non avenus tous les engagements qui avaient pu être passés entre les armateurs, les capitaines et leurs équipages.

La guerre ne fut pas longue ; mais elle fut néanmoins l'occasion de nombreuses déprédations commises par les Anglais dans nos établissements des côtes de Terre-Neuve, du cap Breton et du Canada, et les choses étaient à peine remises en état qu'éclata la guerre de Sept Ans terminée par le désastreux traité de Paris en 1763.

Le 10 mars 1763, d'après une dépêche de Choiseul à M. Mistral, commissaire général de la Marine, intendant-ordonnateur en Normandie au Havre, les armateurs à la pêche à la morue sont prévenus qu'ils peuvent expédier, sans craintes, leurs navires, soit à la côte, soit au banc, les hostilités étant cessées. Il y était observé que les capitaines ne peuvent, suivant le traité de Paris, faire la pêche qu'à trois lieues de toutes les côtes appartenant à la Grande-Bretagne soit du continent, soit des îles situées dans le golfe du Saint-Laurent. Ils ne peuvent non plus l'exercer sur les côtes de l'île du cap Breton, hors du golfe qu'à 15 lieues des côtes de cette île ; et sur les autres côtes, la pêche doit rester sur le pied des anciens traités. Les capitaines sont prévenus également qu'ils peuvent aller à Saint-Pierre-et-Miquelon qui venait de nous être rendu, et dans la partie du Petit-Nord de l'île, comme ils le faisaient avant la guerre et surtout d'éviter toute discussion avec les Anglais.

Sur la foi de cette dépêche, des armements eurent lieu dès cette année 1763 ; mais il paraît que les Anglais ne cédèrent point si facilement les havres et galets dont ils s'étaient emparés depuis que nos nationaux avaient cessé d'y aller ; car nous lisons dans une autre lettre du duc de Choiseul à M. Mistral, à la date du 22 mars 1764 :

Je viens, Monsieur, de recevoir une lettre de M. le comte de Guerchy, par laquelle il me donne les assurances les plus positives de la sûreté que trouveront les navires français qui iront à la pêche de la morue à Terre-Neuve. Il me marque que le temps de leur séjour pourra être aussi long que par le passé, sans crainte d'éprouver aucune difficulté de la part des commandants des frégates anglaises, que nos pêcheurs ne seront pas exposés à voir détruire leurs bateaux ni à aucunes vexations qui ont été commises l'année dernière. Vous assurerez les armateurs d'une protection très expresse de Sa Majesté pour la pêche qu'ils vont faire cette année et d'une attention particulière de sa part à les faire indemniser des pertes qu'ils pourraient encore appréhender d'après ce qui s'est passé l'année dernière. Par le même esprit, et pour éviter les retards et les longueurs que les navires français pourraient éprouver pour la prise des havres, s'ils étaient obligés d'aller faire cette prise à la baie du Croc, suivant l'ancien règlement, le roi les dispense cette année et jusqu'à un arrangement fixe, de se conformer à ce règlement, Sa Majesté leur permettant jusqu'à nouvel ordre de prendre la place dans les havres qu'ils trouveraient *vuides*, ainsi que cela se pratiquait en « Grande Baie », de manière que les places seront au premier occupant. Sa Majesté vous recommande de ne point gêner ou retarder le départ des bâtiments destinés pour cette pêche sous quelque prétexte que ce soit ; attendu qu'il est important pour eux de pouvoir prévenir les Anglais sur les côtes de Terre-Neuve, afin d'y prendre les havres commodes pour la pêche. Vous aurez soin de communiquer cette lettre à tous les négociants de votre département qui peuvent être intéressés directement ou indirectement dans les armements de Terre-Neuve.

Signé : Le duc de CHOISEUL.

Pour copie

Signé : MISTRAL.

Mais les efforts de Choiseul devaient rester vains et chaque année les vexations se renouvelaient de la part des Anglais chez qui le goût de la pêche de la morue se développait avec une rapidité extraordinaire et inquiétante pour l'avenir de notre industrie.

Pour se défendre contre cet envahissement qui venait non seulement des ports de la Grande-Bretagne, mais encore et surtout de ses nouvelles colonies d'Amérique que la France avait cédées en 1713 et 1763, et d'où les anciens colons français avaient été transportés en masse pour laisser la place aux pêcheurs anglais, une grande enquête fut ouverte par le gouvernement de Louis XV.

Le 17 avril 1769, une dépêche du duc de Praslin force les capitaines commandant les navires armés pour la pêche de la morue, soit à la côte, soit à la pêche errante sur le Grand-Banc à faire une *Déclaration de retour* donnant tous les renseignements sur les circonstances dans lesquelles s'est effectuée la campagne de pêche.

Ces déclarations devaient faire mention, pour les navires expédiés à la côte de Terre-Neuve :

1° Du port du navire et du nombre d'hommes d'équipage ;

2° Du jour d'arrivée sur la côte, de la manière dont on aura pris le havre, du jour qu'on y sera entré et du nombre de bateaux qu'on aura équipés pour la pêche, y compris les bateaux capelaniers;

3° Du nom du havre que le capitaine aura occupé et du nombre de bateaux qu'il pourrait contenir;

4° Du nom des navires ayant occupé des places dans ce havre;

5° Du nombre des navires anglais ayant pêché dans le havre, en indiquant, si possible, s'ils venaient d'Angleterre ou des colonies;

6° Quelle quantité de morues sèches et vertes, d'huile et noues le navire aura rapportée, en comptant par quintaux de morue, poids de marc.

Pour les navires armés à la pêche sur le Grand-Banc, les déclarations devaient contenir :

Le nom et le port du navire; le nombre des hommes d'équipage; le jour de départ de France; les différents lieux de relâche; le jour de l'arrivée sur le Grand-Banc; ce qu'on y a observé d'intéressant le jour du départ du Grand-Banc à Terre-Neuve : le jour de l'arrivée en France; le détail du chargement en observant de compter les morues vertes par milliers, compte juste, c'est-à-dire 50 poignées de morues au cent.

Choiseul ne s'était pas borné à une enquête dépourvue de sanction ; comprenant que le seul moyen de se débarrasser des Anglais et de les déloger des havres du « French-Shore » qu'ils détenaient au mépris des traités consistait à les occuper avant eux, et que d'ailleurs, pour conserver aux pêcheurs français le privilège qui leur était concédé, il était indispensable que nous usions de nos droits par une occupation effective de tous les havres de la côte, ce ministre créa des primes spéciales ou plutôt des gratifications en faveur des armateurs qui consentiraient à aller pêcher dans certaines baies dont la richesse en poisson avait excité la convoitise des Anglais qui s'y étaient établis à la faveur de la guerre et refusaient de les rétrocéder aux Français.

En 1767, une gratification uniforme de 500 livres avait été accordée aux navires, quels qu'aient été d'ailleurs le tonnage et le nombre d'hommes d'équipage, qui s'étaient rendus dans les havres de Toulinguet et de Grindespagne.

Cette gratification ayant été jugée insuffisante par les armateurs qui ne se souciaient guère d'entamer avec leurs rivaux une lutte dans laquelle ils avaient tous les désavantages, une lettre du duc de Praslin, alors ministre de la marine, annonça à la date du 25 décembre 1767 que, pour l'année suivante, il serait payé aux navires qui consentiraient à aller pêcher dans les havres de la côte comprise entre les caps Bona-Vista et Saint-Jean :

500 livres pour les équipages de 40 hommes et au-dessous;

750 livres pour ceux de 40 à 60 hommes;

1.000 livres pour les équipages comprenant plus de 60 hommes.

C'est en effet sur cette partie de la côte comprise entre le cap Bona-Vista et le cap Saint-Jean dont les Anglais avaient occupé toutes les baies à la faveur de la guerre que la concurrence se faisait sentir avec le plus d'acharnement et que nos nationaux étaient le plus molestés.

Voici, d'ailleurs, à ce sujet une autre lettre de M. le duc de Praslin, chef du Conseil royal des Finances, ministre et secrétaire d'État de la marine, à M. Mistral, commissaire général de la marine, ordonnateur en Normandie :

A Versailles, le 5 avril 1769.

Pour assurer plus authentiquement, Monsieur, la reprise de possession des havres de Bona-Vista, Fouques et Toulinguet, Sa Majesté s'est déterminée à continuer cette année aux armateurs qui enverront leurs navires pour y pêcher, les encouragements qu'elle avait accordés l'année dernière : une gratification de 500 livres aux navires de 40 hommes et au-dessous, de 750 livres à ceux de 40 et 60 hommes et de 1.000 livres à ceux au-dessus de 60 hommes, pourvu qu'ils justifient à leur retour que c'est dans cette partie de la côte qu'ils ont fait la pêche. Vous aurez agréable d'en prévenir sur-le-champ les armateurs de Granville et de m'informer du nombre des navires qui auront cette destination.

Je suis, etc.

Le duc de Praslin.

Tous ces efforts ne purent amener le résultat qu'on en espérait tirer, et, malgré leur bon droit, nos pêcheurs reculèrent devant l'intrusion anglaise abandonnant aux envahisseurs les havres si poissonneux des baies de Bona-Vista et de Notre-Dame, c'est-à-dire toute l'étendue de la côte comprise entre les caps de Bona-Vista et de Saint-Jean.

La tranquillité ne régnait guère plus sur les autres parties de la côte où, chaque année, des difficultés, des altercations et souvent des rixes s'élevaient entre les capitaines depuis que les havres et galets appartenaient au premier occupant.

Un nouveau règlement fut alors élaboré au ministère de la marine et rendu applicable, dès la saison de pêche de

1770, par une dépêche du duc de Praslin, en date du 11 mars de cette même année; il prescrivait en même temps aux capitaines de dresser le plan du havre dans lequel il aurait exercé son industrie, en y indiquant bien exactement la situation de chaque établissement avec la quantité de grave défrichée et l'augmentation dont elle pourrait être susceptible.

D'après ce nouveau règlement, l'inscription à l'échafaud du Croc était remplacée par un bulletin dont un seul exemplaire imprimé était remis au capitaine au moment de son départ de France et qu'il devait remplir à l'arrivée par la désignation de la place choisie aussitôt que ce choix aurait été fait parmi les places non encore occupées.

Ce bulletin de prise du havre que le capitaine devait conserver pendant toute la saison de pêche était remis par lui à l'arrivée au commissaire de marine de son département.

En même temps, le capitaine fut dispensé de fournir à l'arrivée la déclaration de retour qu'exigeait de lui la dépêche ministérielle du 17 avril de l'année précédente.

Un autre règlement non moins intéressant et non moins utile que nous devons au même ministre, est celui qui prescrit la répartition des équipages naufragés entre les bâtiments faisant la pêche dans le voisinage du lieu où s'est produit l'accident. En voici la teneur :

RÈGLEMENT

en cas de naufrage de navire terre-neuvier
du 24 décembre 1772.

Article 1. — En cas de naufrages de quelques navires destinés pour la pêche de Terre-Neuve, soit dans le port d'armement, soit en sortant, soit à quelques côtes de France ou d'ailleurs, il sera défendu aux gens de l'équipage de se débander, s'absenter ou abandonner les capitaines ou officiers qui lui auront succédé au commandement. Il leur sera enjoint d'être soumis à leurs ordres et de travailler avec courage et exactitude au sauvetage et bénéficiement des agrès, apparaux, ustensiles et dépendance desdits navires, à peine d'être poursuivis comme déserteurs et de restitution au profit des armateurs des avances reçues d'eux à titre de pot de vin.

Art. 2. — Dans le cas expliqué au précédent article, l'armateur du navire aura la faculté d'équiper un ou plusieurs autres navires, et d'y placer les gens du navire naufragé qui seront tenus de s'y embarquer, de faire la pêche sans autres salaires que ceux par eux reçus. Si mieux n'aime l'armateur les louer à un ou plusieurs autres armateurs pour la pêche, seulement, à la charge par ceux-ci de le rembourser des avances par luy payées ; auquel cas, les gens naufragés seront également tenus de s'embarquer et de travailler au service des nouveaux armateurs, sous les peines cy-devant exprimées.

Art. 3. — Au cas de naufrage à Terre-Neuve, soit sur les glaces, soit lors de l'attérage dans les havres, nul des gens de l'équipage du navire naufragé, ne pourra aussi sous quelque prétexte que ce puisse être, se débander, quitter ni abandonner le capitaine et officiers auxquels ils resteront soumis et suivront leurs ordres pour le sauvement et bénéficiement des agrès, apparaux, avitaillement, ustensilles de pêche et dépendance, même pour entreprendre ou continuer la pêche, soit avec les effets sauvés, soit avec ceux qui auraient été laissés précédemment à la côte, soit enfin avec ceux qui pourraient y être achetés ou empruntés ; le tout pour le bien de la société, ou pour le compte de qui il appartiendra et sous les peines cy-devant énoncées.

Art. 4. — Si le capitaine ou officiers du navire naufragé à la côte de Terre-Neuve, se trouvent hors d'état d'occuper et alimenter les gens de l'équipage, ils les déposeront au capitaine amiral du havre le plus proche du lieu du naufrage, ou de celuy où ils aborderont, qui les recevra et les distribuera avec ce qui aurait pu être sauvé de vivres, tant sur son navire, que sur les autres navires circonvoisins, jusqu'à la distance de dix lieues de chaque côté de son havre ou plus loin si le cas requiert, laquelle se fera avec justesse et égalité, à proportion du nombre des bateaux de pêche, pour qu'aucun navire ne se trouve surchargé, en faisant attention de répartir aussi également qu'il sera possible les novices et les mousses avec les hommes utiles et plus capables de rendre service; et les capitaines auxquels le dit amiral les enverra, seront tenus de les recevoir et de les traiter comme les gens de leur équipage, parce qu'ils leur seront également soumis, et travailleront comme eux à leur service : les dits capitaines remettront au dit amiral des vivres qu'il aura fournis aux dits naufragés avec leur liste, d'eux souscrite.

Art. 5. — Si un navire naufrageait dans les glaces, le capitaine qui aura sauvé l'équipage sera obligé d'en faire la répartition le plus tôt qu'il sera possible sur les navires qu'il rencontrera avant de havrer, et de la manière qu'il est expliqué au précédent article, en observant de part et d'autre les mêmes règles.

Art. 6. — S'il se trouve un ou plusieurs navires de la même société de celui naufragé et de quelque manière que ce soit, il sera permis au capitaine des navires de la même société de réclamer le tout ou partie de l'équipage du navire naufragé, qui sera tenu de leur obéir et de faire la pêche avec eux et comme leurs équipages, pourvu toutefois que les dits capitaines aient ou puissent se pourvoir de vivres suffisans pour la subsistance des gens de leurs équipages et de ceux naufragés; et, au cas qu'ils ne puissent en prendre qu'une partie, ils l'auront de préférence, mais toujours à la charge par eux de prendre des novices et des mousses, à proportion des hommes capables et utiles, comme il est cy-devant expliqué afin que les autres navires ne se trouvent pas obligés de prendre un plus grand nombre qu'eux d'hommes de la dernière classe.

Art. 7. — Il sera défendu à tous, capitaines, officiers et autres d'engager, séduire, soutirer, ni recéler les gens de navires naufragés, à peine de payer aux propriétaires desdits navires naufragés ou à leurs assureurs, au cas d'abandon, les gages reçus d'avance, et outre une amende de trois cents livres par chaque homme ainsi séduit et recélé ; et le matelot ainsi engagé sera au retour, puni de trois mois de prison, lesquelles peines ne pourront être remises ou modérées, sous prétexte de récompense de services, ni autrement.

Art. 8. — Les capitaines qui auront reçu des gens naufragés à leur bord, seront tenus de les nourrir, de les ramener ou renvoyer, avec les provisions nécessaires et accoutumées, de même que les gens de leur propre équipage, lesquels seront insérés sur un rôle séparé, où se trouvera le nom du navire naufragé, qu'ils certifieront véritable et en feront la remise au bureau de la marine du lieu de l'armement.

Art. 9. — Si, après la pêche faite, un ou plusieurs navires faisaient naufrage, que le plus grand nombre des autres navires fût déjà parti, et que ce qu'il en resterait ne pût, sans une perte considérable, se charger des gens naufragés, il serait à désirer, en ce cas, que Sa Majesté voulût assigner une somme suffisante pour tourner à la subsistance, au passage en France de ses sujets, et à l'indemnité de la perte des morues, huiles et ustensiles que les capitaines seraient forcés d'abandonner à la côte, pour faire place, tant aux gens naufragés qu'à l'augmentation du nombre de barriques d'eau nécessaire pour l'avitaillement; et ce, sur des procès-verbaux que les dits capitaines et leurs officiers seraient tenus d'en rapporter et de déposer, tant au bureau des classes, qu'au greffe de l'amirauté à leur retour en France.

La lutte que les colonies anglaises de l'Amérique du Nord entamèrent en 1775 contre la métropole et qui se termina en 1783 par l'indépendance des États-Unis, eut pour première conséquence de suspendre chez nous tout armement de pêche pour la côte de Terre-Neuve, dont les eaux étaient parcourues en tous sens par les croiseurs anglais.

Les Français étaient intervenus directement dans la querelle pour soutenir les revendications des colons anglo-américains, nos bâtiments de commerce et de pêche furent réputés de bonne prise par nos concurrents. La guerre fut d'ailleurs déclarée effectivement le 24 mai 1778 et l'Angleterre s'empara de Saint-Pierre-et-Miquelon pour nous priver de la seule station qui nous restait dans ces mers, et d'où elle expulsa toutes les familles françaises qui s'y étaient fixées à la faveur de la paix pour se livrer à l'industrie de la préparation des morues.

Il n'eût pas été prudent, en de pareilles circonstances, de tenter de séjourner sur les côtes de Terre-Neuve d'où les habitants, d'ailleurs, auraient infailliblement chassé nos nationaux s'ils n'avaient pu les tuer ou les capturer avec leurs

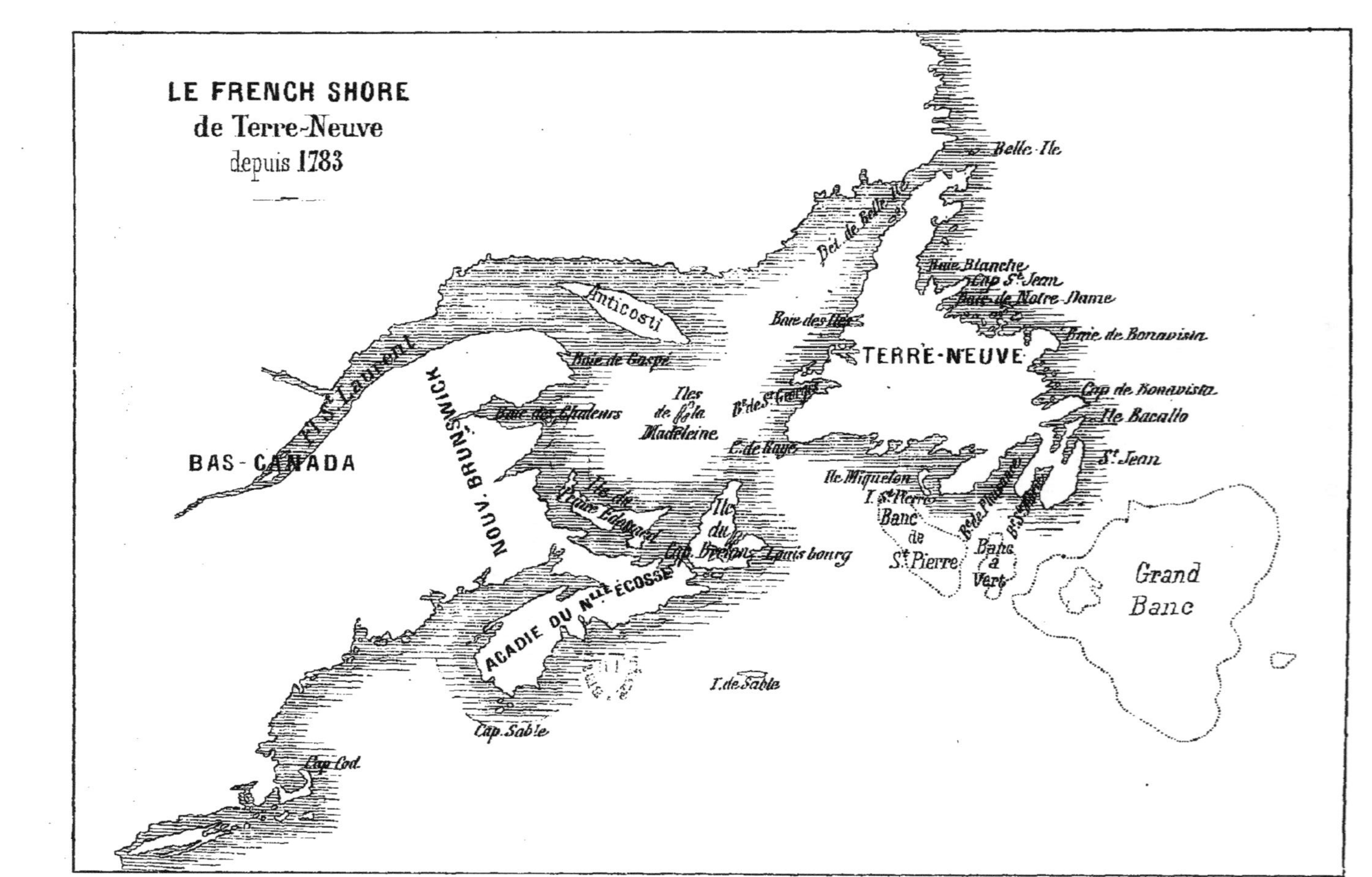
LE FRENCH SHORE
de Terre-Neuve
depuis 1783
Belle-Ile
Baie Blanche
Cap St Jean
Baie de Notre-Dame
Baie de Bonavista
Baie des Iles
TERRE-NEUVE
Cap de Bonavista
Ile Bacallo
St Jean
Anticosti
Baie de Gaspé
Baie des Chaleurs
Iles de la Madeleine
C. de Raye
Ile Miquelon
Banc de St Pierre
Banc à Vert
Grand Banc
BAS-CANADA
NOUV. BRUNSWICK
Ile du Prince Edouard
Ile du Cap Breton
Louisbourg
ACADIE OU Nlle ÉCOSSE
I. de Sable
Cap Sable
Cap Cod

bâtiments. La protection que le gouvernement de Louis XVI offrait à nos marins eût été absolument illusoire. Il s'en suivit une suspension complète des armements pour la pêche sédentaire avec sécheries, et cette nouvelle suspension dura près de dix ans.

Les pêcheurs anglais profitèrent de cet état de choses pour s'emparer des meilleurs cantonnements du littoral précédemment exploités par les Français et se fortifier en s'y établissant à demeure avec leurs familles dans ceux qu'ils détenaient déjà au mépris des traités et malgré les efforts déployés par Choiseul et ses successeurs. Partout ailleurs, les cabanes et les échafauds qu'ils ne purent occuper ou transporter furent saccagés ou détruits. Ils espéraient ainsi en avoir fini avec la concurrence française.

Mais cette fois l'Angleterre fut battue, et son orgueil dut s'abaisser jusqu'à demander la paix qui fut signée à Versailles en 1783.

On eût pu croire que la France qui avait contribué si fort au succès de la guerre retirerait, au moins en échange des 733 millions dont elle s'était endettée à cette occasion, des avantages sérieux pour ses pêcheries d'Amérique. Ce fut le contraire qui arriva.

Les îlots de Saint-Pierre et de Miquelon nous furent restitués, c'est vrai ; mais il ne restait plus rien de nos anciens établissements, et leurs propriétaires étaient totalement ruinés. Quant au « French-Shore » de Terre-Neuve, sous prétexte d'en faire une nouvelle délimitation qui préviendrait pour l'avenir les querelles entre pêcheurs des deux pays, l'Angleterre sut garder pour ses nationaux les meilleures plages et ne nous laissa que les baies les plus ingrates et les plus exposées aux intempéries.

Voici d'après un document du temps, les principaux points de la côte où s'exercèrent, pendant les dernières années du XVIIIe siècle, la pêche et la sécherie des morues par les marins français :

Côte Ouest.

Code Roy.
Saint-Georges.
Port-à-Port.
Petit-Port.
Baie de l'Arc
Baie du Gouvernement.
Bonne Baie.
Tête-de-Vache.
Ingarnachoix.
Nouveau port.
Anse de Barbacé.
Ile Saint-Jean.
Nouveau-Férolle.
Vieux-Férolle.
Baie Sainte-Barbe.
Pointe de l'Ancre.
Anse aux Fleurs.

Côte Est.

Baie de Haha.
Cap d'Oignon.
Baie aux Maures.
Le Kirpon.
Baie du Nord.
Les Criquets.
Le cap Blanc.
Baie de Saint-Lunaire.
Ile Granchain.
Petits-Bréhats.
Anse verte.
Grands-Bréhats.
Anse de la Madeleine.
Baie Saint-Antoine.
La Crémaillère.
Anse à la Soupe.
Trois Montagnes.
Les Petites-Oies.
Ile de Fichet.
Le Four.
Petites îlettes.
Grandes îlettes.
Les Grandes-Oies.
Petits Saints-Juliens.
Grands Saints-Juliens.
Ile des Saints-Juliens.
Le Croc.
Anse aux Millions.
Belle-Ile.
Le cap Rouge.
Anse du Pilier.
La Conche.
Boutitou.
Les Aiguillettes.
Le Gouffre.
Les Canaries.
Raincé.
Le Dégrat-du-Cheval.
Sans-fond.
Fourché.
Orange.
Les Petites-Vaches.
Les Grandes-Vaches.
Anse du Petit.
Cap Daim.
La Fleur-de-Lys.
Baie Verte.
L'île à Bois.
Anse aux Sonnettes.
Pasquet.
Le Grand-Coup-de-Hache.
Le Petit-Coup-de-Hache.
La Scie

Cette énumération ne renferme plus, on le voit, aucun des havres de la côte orientale compris entre les caps Bona-Vista et Saint-Jean pour l'occupation desquels le gouvernement avait créé des primes spéciales. Les traités de 1783 avaient consacré cette spoliation de nos droits en limitant le

Fig. 10. — Baie du Gouverneur. — « French-Shore ».

« French-Shore » au cap Saint-Jean sur la côte orientale.

En acceptant cette clause définitive on croyait avoir fait la part du feu ; de fait, nos pêcheurs y gagnèrent une plus grande sécurité pour exploiter les havres qui nous restaient et où ils trouvaient encore plus d'espace qu'il ne leur en fallait pour pêcher et sécher tout à leur aise.

Avec la paix, les armements côtiers avaient repris une nouvelle ardeur, les anciens établissements avaient été successivement relevés et mis en exploitation régulière.

Chaque année, les navires bretons et granvillais, les seuls pour ainsi dire qui aient conservé entière la tradition de la pêche à la côte au milieu de tous les événements que nous venons d'esquisser à grands traits, quittaient leurs ports d'armement dès les mois de février et mars, selon la date fixée par M. l'Amiral. Leur équipage était composé mi-partie de marins destinés à la manœuvre du bâtiment et des embarcations, ainsi qu'à la pêche proprement dite de la morue, et mi-partie de graviers, ouvriers absolument étrangers à la marine et dont la destination était le nettoyage des graves, la réparation et l'entretien des échafauds et cabanes et la préparation à terre du poisson pêché par les marins. Cette répartition du travail entre deux groupes d'hommes ayant des aptitudes, des goûts et des professions absolument distinctes, explique pourquoi les navires armés pour la pêche à la côte de Terre-Neuve présentent, à égalité de tonnage, des équipages généralement doubles de ceux des navires qui arment uniquement pour la pêche au Banc ; et si l'on voulait examiner la question au point de vue de la formation des matelots et du recrutement de la marine de l'État, il serait facile de reconnaître qu'il y a sans contredit un nombre plus considérable de véritables marins dans les navires qui font la pêche sur les Bancs.

Voici maintenant quelques détails sur la manière qui n'a guère varié depuis, et suivant laquelle s'est exercée et s'exerce encore aujourd'hui la pêche sur le French-Shore de Terre-Neuve.

Aussitôt après qu'il est arrivé au lieu de destination et quand le capitaine a pris possession du havre choisi conformément aux règlements en vigueur, le navire est mouillé sur ses ancres et désarmé.

Tout l'équipage descend à terre et procède alors à l'aménagement de l'établissement que le capitaine du navire qui a fait la pêche à cette même place l'année précédente a laissé lors de son départ pour la France en fin de campagne.

Ces établissements qui, d'après les traités, doivent avoir un caractère exclusivement temporaire et n'être habités que pendant la saison de pêche, sont construits en bois ; ils se composent essentiellement d'un échafaud appelé aujourd'hui *chaufaud*, espèce de *wharf* ou de plate-forme en planches, supportée par des poteaux et s'avançant assez loin dans la mer pour que les embarcations se livant à la pêche puissent y débarquer facilement leur poisson à toute heure

Fig. 11. — Echafaud servant à la préparation de la morue sur le « French-Shore ».

de marée. Une partie de cet échafaud, celle qui s'appuie sur la grève, est surmontée d'un hangar couvert sous lequel on procède à l'habillage du poisson, c'est-à-dire à sa première préparation.

Autrefois, sur l'extrémité de l'échafaud qui regarde la mer étaient placées deux pièces de canon ou pierriers près desquels se tenaient en permanence deux gardes canonniers pour défendre l'exploitation contre toute attaque, soit des naturels, soit des corsaires anglo-américains.

A peu de distance du rivage se dressent des cabanes

également en bois servant d'abri à l'équipage et de remise au poisson préparé ; elles protègent également, pendant les pluies, le poisson en cours de préparation.

Enfin l'installation se complète par une *grave* ou *grève*, portion de rivage défrichée, nettoyée et couverte de gros cailloux ou galets sur lesquels on étend le poisson pour le faire sécher. Quelquefois, la grave en galets est remplacée par des claies en bois placées horizontalement sur des piquets élevés de deux à trois pieds au-dessus du sol.

Tout le bois employé à cette construction pouvait être pris par nos pêcheurs dans l'île même ; ce privilège leur avait été concédé expressément par les traités ; mais beaucoup de capitaines préféraient emporter de France les pièces principales qu'ils travaillaient pendant la traversée afin de ne plus avoir qu'à les poser à leur arrivée ; ils gagnaient ainsi un temps précieux pour la pêche. A l'origine les hangars et cabanes furent couvertes par l'écorce des arbres qui croissaient sur le littoral, mais peu à peu l'usage s'établit de les couvrir en toile goudronnée.

Pendant les périodes de paix complète (elles étaient malheureusement fort rares) il arrivait parfois que les capitaines, en prenant possession du havre qu'ils avaient choisi, trouvaient en assez bon état l'établissement laissé par leur devancier et ils n'avaient que quelques légères réparations à lui apporter avant de s'en servir. Mais le plus souvent, soit pendant les périodes troublées de nos guerres maritimes avec l'Angleterre et la Hollande, soit même en pleine paix, dans les havres convoités par les Anglais, tout était brisé et saccagé aussitôt que nos pêcheurs avaient laissé la place pour rentrer en France, de sorte que le nouveau preneur ne trouvait plus à son arrivée que des débris plus ou moins utilisables. A part la *grave* que nos ennemis n'avaient pu ni emporter, ni détruire, il avait chaque année un établissement complet à reconstituer avant de commencer sa pêche.

Cela fait, la partie de l'équipage composée de véritables marins se répartissait dans les chaloupes pour aller les uns s'approvisionner du capelan, du lançon et du hareng destinés à boetter les lignes, les autres pratiquer la pêche à la morue qu'ils prenaient soit à la ligne soit au filet. Ce dernier mode a toujours eu plus de partisans parmi les pêcheurs de la côte, et il était presque exclusivement pratiqué sur les côtes de Terre-Neuve comme sur celles des îles Saint-Pierre et Miquelon à la fin du siècle dernier.

Fig. 12. — Travail de la morue au « French-Shore ». — Le tranchage.

Le poisson rapporté chaque jour par les chaloupes pêchant soit à la ligne, soit au filet, était aussitôt livré aux ouvriers restés à terre et qui s'occupaient de sa préparation pour le transformer en morue sèche.

Pendant tout le XVIIIe siècle, cette préparation de la morue sèche dans les pêcheries françaises d'Amérique était peut-être plus longue et plus minutieuse que celle qui lui est donnée de nos jours, mais elle fournissait, par contre, des produits mieux préparés et se conservant plus longtemps.

Nous signalerons, au passage, les grands traits de cette

préparation dont les diverses phases portaient le nom de *soleils*; il ne sera peut-être pas sans intérêt de la comparer avec la préparation actuelle que l'on trouvera plus détaillée dans un chapitre ultérieur.

Le premier jour, on étendait les morues sur la grave ou sur les vignots, après les avoir étestées, fendues, vidées, désossées et convenablement lavées, et on les laissait ainsi toute la journée, la chair en dessus : c'est ce qu'on appelait donner le *premier soleil*.

Le second jour, ces poissons étaient de nouveau étendus les uns à côté des autres et recevaient le *deuxième soleil* jusqu'à midi; alors on les rassemblait trois par trois.

Le troisième jour, une nouvelle exposition à l'air constituait le *troisième soleil* qui se prolongeait jusqu'au soir, puis on rassemblait ces morues par tas de huit, appelés *javelles*.

Venait ensuite le *quatrième soleil* qui ressemblait au précédent, puis le *cinquième* à la suite duquel on rassemblait les morues en tas plus gros appelés *moutons*.

Après le *sixième soleil*, les tas de poissons formaient des piles d'environ 50 quintaux métriques, que l'on appelait *meulons* ou *mulons*; ces piles restaient ainsi de dix à douze jours sans être touchées.

Au bout de ce temps, on étendait à nouveau les morues sur la grave pour refaire les piles de manière à placer sur le dessus les morues les moins sèches : cette nouvelle manipulation portait le nom de *septième soleil*.

On recommençait la même opération d'étendage et de rempilage au bout de quinze jours, ce qui constituait le *huitième soleil*, puis un mois après pour lui donner le *neuvième soleil* et enfin quarante jours plus tard pour le *dixième soleil*. Les dernières piles restaient ainsi exposées à l'air pendant cinquante ou soixante jours sans être touchées à nouveau.

On comprend facilement qu'avec une pareille préparation, la morue, anciennement séchée à la côte de Terre-Neuve, jouissait d'une conservation suffisante pour pouvoir être expédiée et exposée à toutes les intempéries avant d'être vendue et débitée dans les pays les plus chauds; mais la perte en poids devait être considérable.

L'année 1793 ouvre une nouvelle ère d'hostilités entre la France et l'Angleterre, et cette dernière s'empresse de mettre la main sur Saint-Pierre-et-Miquelon qu'elle occupe pendant neuf ans, empêchant ainsi toute industrie française sur les côtes de Terre-Neuve.

Le traité d'Amiens, signé le 25 mars 1802 entre les belligérants, nous rend nos pêcheries pour en user comme avant la guerre avec l'espoir, de part et d'autre, d'une paix durable que les armateurs s'empressent de mettre à profit; mais les anciens règlements qui concernent la pêche à la côte de Terre-Neuve leur paraissent surannés et ils en demandent un nouveau au ministre de la marine.

Le 9 thermidor an X, le ministre prescrit aux armateurs des ports de Saint-Malo, de Saint-Brieuc et de Granville qui avaient l'intention d'expédier des navires à la côte de Terre-Neuve pour la pêche à la morue de se réunir à Saint-Malo, sous la présidence du commissaire de la marine, chef du service, dans ce port pour délibérer :

1° Sur le meilleur mode d'occupation des places de pêche;

2° Sur l'emploi du filet dit *hallope*;

3° Sur les moyens de favoriser et d'encourager la fabrication de la rogue;

A ces diverses questions, l'Assemblée répondit en demandant au ministre de lui accorder :

1° Queles havres et grèves fussent concédés pour cinq ans et tirés au sort entre les armateurs avant le départ des navires pour la pêche;

2° Que les armateurs fussent autorisés à laisser des gardiens sur les places à eux échues;

3° Que le filet dit *hallope*, ordinairement employé à la pêche du *lançon* et du capelan fût prohibé comme destructif du fond de pêche et remplacé par la *seine* débordée au moulinet et non à terre;

4° Que la seine à morue fût toujours débordée au moulinet et non à terre ;

5° Enfin que le gouvernement permît que les navires de pêche fussent commandés par des marins non reçus capitaines au long cours.

Cette délibération servit de base au *Règlement du 15 pluviôse an XI* (4 février 1803).

Le principe ancien de la possession des places de pêche par le premier occupant fut définitivement abandonné, les havres et les graves en dépendant durent désormais être tirés au sort avant le départ, à moins que tous les intéressés eussent pu s'entendre pour faire un partage amiable, et rester pendant *trois ans* la propriété du même concessionnaire. Aucun navire ne put recevoir ses expéditions pour la pêche à la côte de Terre-Neuve sans justifier qu'il était pourvu d'une grève. Tous les trois ans, les armateurs ou leurs fondés de pouvoir spéciaux devaient se réunir en assemblée générale, à Saint-Malo, sous la présidence du chef du service maritime de ce port pour procéder au nouveau partage des places de pêche.

Le titre de *maître* ou *patron de la pêche*, attribué par l'Ordonnance de 1681 au capitaine arrivé le premier, ainsi que les avantages qui en découlaient sont supprimés; mais les fonctions utiles qui étaient confiées au maître le plus diligent sont remises au capitaine le plus âgé dans chaque havre.

La rupture de la paix d'Amiens, arrivée trois mois après, empêcha que la nouvelle législation reçût son exécution, les Anglais ayant de nouveau mis la main sur Saint-Pierre-et-Miquelon et confisqué les bateaux français qui avaient tenté de se rendre à la côte de Terre-Neuve.

Ce fut seulement en 1815 que la France fut remise définitivement en possession de sa colonie de Saint-Pierre-et-Miquelon et de ses pêcheries de la côte de Terre-Neuve.

Deux nouveaux règlements spéciaux aux pêcheries de la

côte furent successivement publiés en 1815 et 1821, tous deux basés sur le règlement du 15 pluviôse an XI.

La durée de possession des places fut portée de trois à cinq ans et, pour rendre plus facile et surtout plus précise l'attribution faite en France par voie de tirage au sort avant le départ, le Règlement de 1821 avait été précédé d'une reconnaissance générale et officielle de tous les havres et places de pêche existant sur la partie des côtes de l'île de Terre-Neuve où s'étend le droit de pêche et sécherie des Français.

Un nouveau règlement eut lieu en 1842 qui ne différait pas sensiblement du précédent.

Enfin intervint le décret du 2 mars 1852 qui règle encore aujourd'hui la matière, sauf de légères modifications de détail.

Comme autrefois, la pêche à la morue dans les havres et baies de Terre-Neuve se pratique de deux manières, soit au moyen de filets, soit au moyen de lignes.

Le seul filet permis par les Règlements est la *seine* ou *senne*. C'est un filet flottant qui, comme la *senne* employée à la pêche du hareng, est munie de flottes en liège à sa partie supérieure et qui est garnie de plomb sur la fincelle inférieure. Les dimensions sont laissées à la volonté de l'armateur ; il est seulement défendu de la déborder autrement qu'au moulinet, et sans jamais déborder à terre. De plus, les mailles de la *seine à morue* doivent avoir au moins 48^{mm} entre nœuds au carré, c'est-à-dire quand le filet est tendu.

On se sert également d'une autre *seine* appelée *seine à capelan* pour pêcher le hareng, le capelan et le lançon destinés à servir d'appâts dans la pêche à la ligne : les dimensions de ce filet, fixées par les derniers règlements, sont de 800 à 900 mailles en hauteur et de 30 brasses en longueur quand elles sont montées; comme pour la seine à morue la seine à capelan ne peut être employée autrement qu'au moulinet et sans jamais déborder à terre.

Pendant longtemps on s'est servi, pour pêcher le capelan

et le lançon, de filets traînants connus sous le nom d'*hallopes* et qui râclaient fortement les fonds sur lesquels on les promenait, détruisant ainsi les œufs et le menu fretin; l'emploi en est aujourd'hui sévèrement interdit.

La pêche à la ligne se fait soit à la ligne à main, soit à la ligne de fond ou *harouelle*; mais la pêche aux harouelles, autorisée sur la côte ouest, est interdite sur la côte est; aucun règlement ne s'est occupé jusqu'à ce jour de la longueur ou de la disposition de ces engins. Les armateurs et capitaines restent donc libres à ce sujet.

En ce qui concerne les armements eux-mêmes, on les divise en trois catégories suivant la manière dont ils pratiquent la pêche, savoir :

1° Les côtiers;

2° Les armements doubles;

3° Les banquais avec sécheries à la côte.

Les *côtiers* sont ceux qui, après avoir participé au tirage au sort de Saint-Servan, font voile directement pour occuper la place qui leur a été dévolue par le sort et restent dans ce havre pour y pêcher, trancher, saler et sécher pendant toute la durée de la saison.

Les *armements doubles* sont ceux qui font simultanément la pêche dans le havre assigné et sur le Grand-Banc ou l'un des banquereaux. Pour cela le bâtiment, en arrivant à la côte, y débarque une partie de son équipage qui se livre à la pêche et à la sécherie; puis, au lieu de mouiller dans le havre et de désarmer comme le font les côtiers, il fait voile avec la seconde partie de son équipage restée à bord pour aller pratiquer la pêche sur l'un des bancs avoisinants, pour rapporter ensuite le poisson à la sécherie, afin de lui faire subir les préparations nécessaires à sa conservation.

Enfin les *banquais avec sécherie* à la côte sont les bâtiments qui font la pêche entière sur le Grand-Banc ou l'un des banquereaux et ne vont à la côte que pour y faire sécher les produits de leur pêche.

CHAPITRE IV

LA PÊCHE ERRANTE SUR LE GRAND-BANC

Si les côtes de Terre-Neuve, du Cap Breton, du Canada et du Labrador étaient si poissonneuses que pendant quatre ou cinq siècles les morutiers dont le nombre allait sans cesse croissant, ont pu sans discontinuer y exercer leur profession, elles ne constituent cependant encore, malgré leur immense étendue, qu'une portion bien minime des lieux où l'on peut, dans ces mêmes parages, se livrer utilement à cette industrie lucrative. Dans cette partie occidentale de l'Atlantique nord, qui baigne les côtes des États-Unis et du Canada, le fond de la mer se relève considérablement pour former de hauts plateaux sous-marins, désignés sous le nom de Bancs, sur lesquels la profondeur de l'eau varie entre 40, 60 et 80 mètres et ne dépasse pas 100 mètres.

Sur tous ces points, les lignes des pêcheurs peuvent facilement atteindre les morues qui s'y trouvent en aussi grand nombre que sur les côtes, ceux-ci n'ont pas manqué d'en profiter de bonne heure.

Le plus important de ces plateaux, véritables îles sous-marines, est situé au sud-ouest de l'île de Terre-Neuve et porte le nom de Grand-Banc de Terre-Neuve ou simplement le Grand-Banc. Il a la forme d'un triangle équilatéral dont la pointe est tournée vers l'Amérique et la base vers l'Europe. Sa plus grande longueur, du nord au sud, en suivant le 52e méridien ouest de Paris est d'environ 80 lieues marines ou 450 kilomètres ; sa plus grande largeur de l'est à l'ouest en suivant le 46me parallèle nord est de 75 lieues, près de 400 kilomètres. Sa superficie est à peu près égale à celle de l'île de Terre-Neuve.

C'est là le principal lieu de rendez-vous des Terre-Neuviers français qui font la pêche en mer.

Après avoir traversé le Grand-Banc pour se rendre à Saint-Pierre on rencontre successivement le Banc à Vert et le Banc de Saint-Pierre qui ne sont en réalité que la conti-

FIG. 13. — La banquise sur le Grand-Banc.

nuation du premier. Puis, vers le sud-ouest, les Bancs secondaires de Misaine d'Artimon, et enfin le Banquereau et le Banc de l'île de Sable au large de la Nouvelle-Écosse. Tous ces plateaux sont séparés entre eux par des fosses peu profondes et relativement étroites, à tel point qu'on peut les considérer comme faisant partie d'un même plateau sillonné de quelques vallées.

Tout le long de ces bancs, du côté du sud, court le Gulf-Stream, cet énorme courant d'eau chaude sorti du Golfe du Mexique et qui, après avoir suivi les côtes des États-Unis, change brusquement de direction vers le banc de Nantuket à la hauteur du cap Cod pour se diriger de l'ouest à l'est vers les côtes d'Europe. Du nord descend le courant d'eau froide qui, partant du Spitzberg et longeant le Groenland charrie les icebergs détachés des glaces polaires et qui viennent se fondre au contact des eaux équatoriales.

De ce croisement des deux courants, dont les températures contrastent si fort, résulte pour les bancs de Terre-

Fig. 14. — Glaces flottantes sur le Grand-Banc.

Neuve un état météorologique tout particulier, où les brumes les plus intenses dominent pendant l'été et durent quelquefois des mois entiers, tandis qu'en hiver, alors que la différence de température des deux courants est moins accusée, ces brumes sont presque inconnues. Mais alors, le Grand-Banc au moins dans sa partie septentrionale, se couvre d'une immense couche de glace, la banquise, qui bloque l'entrée des rades de Terre-Neuve et rend la navigation très périlleuse. Aussitôt que, venant du sud-est, on a traversé le courant d'eau chaude, la température s'abaisse brusquement, et il n'est pas rare, jusqu'en mars et avril, d'être tout d'un coup assailli par une tourmente de neige, ou de voir le pont du navire, ses vergues, ses cordages et ses voiles se couvrir d'épais glaçons qui entravent les manœuvres. Puis, quand la banquise se disloque et se fond, les glaces flottantes, dont quelques-unes atteignent des dimensions colossales et affectent les formes les plus étranges, viennent à leur tour menacer la sécurité des bâtiments mouillés ou errants sur le Grand-Banc qui n'ont pas toujours le temps de fuir pour éviter le péril.

Il y avait cependant peu de sinistres à déplorer avant l' invention de la vapeur malgré la faiblesse des bateaux qui pêchaient sur le Grand-Banc, mais, depuis l'établissement des lignes de steamers rapides qui, pour aller de la Manche à New-York ou Halifax, trouvent plus avantageux pour eux de suivre l'arc de grand cercle qui coupe ce banc dans sa plus grande largeur, on n'en est plus à compter le nombre de nos infortunés banquais qui ont été coupés au milieu de la brume épaisse par ces courriers rapides qui passaient sans s'inquiéter des appels désespérés de leurs malheureuses victimes.

Il est permis de supposer que comme les bancs étant situés tout près de l'île de Terre-Neuve, dont ils forment pour ainsi dire la continuation naturelle, les morutiers de la côte ont dû y tenter la pêche de très bonne heure et notamment quand la banquise leur fermait l'entrée des rades où ils voulaient se fixer. On sait, en effet, que les marins, de tous les voiliers, quand le calme ou toute autre cause vient les réduire à l'inaction, s'empressent de mettre les lignes à la mer pour se livrer à la pêche. Il n'en pouvait être autrement des morutiers ou des baleiniers qui se trouvèrent plus d'une fois dans les mêmes conditions devant Terre-Neuve. Ils pratiquèrent évidemment la pêche mixte bien longtemps avant de se risquer aux armements spéciaux pour une campagne entière sur le banc. Encore ces premiers armements mixtes ne durent-ils pas s'écarter bien loin des côtes où ils pouvaient toujours trouver un abri sûr

D'après Anderson, ce fut seulement en 1536 que les Français armèrent le premier bateau qui fit la pêche de la morue exclusivement sur le Grand-Banc. D'un autre côté, comme nous l'avons déjà dit, l'auteur de l'*Histoire et Commerce des colonies anglaises de l'Amérique septentrionale* affirme que la pêche au banc de Terre-Neuve a été pratiquée par nos nationaux longtemps avant que les Anglais se fussent établis dans l'île ; voulait-il parler par là de la première expédition anglaise conduite par Jean Cabot en 1497 et dans laquelle ce navigateur, cherchant la route des Indes par le nord-ouest pour le compte du roi Henri VII visita Terre-Neuve, le Labrador et le Canada ?

C'est fort probable, et dans ce cas il faudrait faire remonter les origines de la pêche au Banc au commencement du xve siècle. Nous ne pouvons cependant affirmer le fait que nous n'avons pu contrôler par aucun document plus explicite.

Quoi qu'il en soit et même en nous en tenant à la date de 1536 donnée par Anderson il n'en resterait pas moins établi que, depuis plus de trois siècles et demi, les Normands français exploitent les fonds du Grand Banc ; il reste également hors de conteste que non seulement les Français furent les premiers à y envoyer leurs navires, mais encore qu'ils restèrent longtemps les seuls à explorer ces parages

Depuis ces époques lointaines où tous les bancs qui flanquent les côtes de l'Amérique septentrionale du côté de l'Atlantique semblaient être notre propriété incontestée comme l'île de Terre-Neuve dont ils semblaient dépendre, nos compatriotes ont continué d'y aller pêcher la morue. Chaque année, une véritable armée de bateaux pêcheurs dont le nombre et le tonnage pouvaient varier suivant le degré de sécurité qu'ils rencontraient dans ces parages éloignés, quittaient les ports français de la Manche et de l'Atlantique pour aller pratiquer la pêche errante.

Il fallait, pour empêcher nos capitaines de partir, qu'une guerre déclarée avec l'Angleterre ne leur laissât que la certitude presque absolue d'une capture ou d'un incendie de leurs vaisseaux.

Les risques de guerre étaient d'ailleurs beaucoup moins grands en pleine mer que sur le rivage et dans les baies d'où les ennemis voulaient nous chasser ; aussi l'histoire de la pêche sur le Grand-Banc est loin d'être aussi mouvementée et aussi documentée que celle des pêcheries de la côte.

En dehors de certains épisodes absolument locaux, et qui ne présenteraient aucun intérêt dans une étude générale, nous trouverons cette histoire absolument vide de faits, et nous n'aurons guère à noter que les diverses phases qui ont marqué les transformations des engins et des méthodes. La législation elle-même ne nous a laissé que de rares documents, le législateur n'ayant pas eu à intervenir. Nul ne peut, en effet, s'attribuer un droit de souveraineté ou de police dans les eaux sur lesquelles se pratique cette Grande-Pêche ni régler les rapports qui peuvent exister entre les équipages de nationalités si différentes qui ont fréquenté et fréquentent encore aujourd'hui les bancs de Terre-Neuve.

Il eût fallu, pour établir une législation de la pêche en haute mer, arriver à une entente internationale qu'on n'a d'ailleurs jamais tentée parce qu'elle est impossible à obtenir. D'un autre côté un règlement particulier, applicable aux seuls navires français, et qui eût nécessairement limité la liberté d'action de nos pêcheurs sur un point ou sur un autre, les aurait mis dans un état d'infériorité ruineuse vis-à-vis de leurs concurrents étrangers, auxquels la même contrainte ne pouvait être imposée.

C'est probablement ce que le législateur a compris, car, si haut que nous remontions dans l'arsenal de nos lois, nous n'y trouvons pas la moindre prescription qui ait tenté de régler soit la manière de pêcher, soit les engins dont les pêcheurs se sont successivement servis.

Le petit nombre de dispositions législatives qu'on y rencontre sont relatives à la police générale des armements et de la navigation ; elles sont d'ailleurs communes à toutes les entreprises de long-cours auxquelles les armements pour Terre-Neuve et ses bancs ont toujours été assimilés.

C'est ainsi que l'Ordonnance de la marine du mois d'août 1681, confirmée par le Règlement du 5 juin 1717, voulait qu'il fût embarqué un chirurgien au moins sur chaque bâtiment armé au long-cours ou faisant la pêche de la morue à Terre-Neuve. Ce chirurgien était tenu d'avoir les instruments nécessaires à l'exercice de sa profession, mais l'armateur devait fournir un coffre garni de drogues ; ce coffre, ainsi que les instruments du chirurgien, devait être visité quelques jours avant le départ du bâtiment. C'est évidemment là qu'il faut aller chercher l'origine du coffre de pharmacie que chaque terre-neuvier est tenu d'embarquer, à défaut du chirurgien qui a disparu depuis longtemps de nos rôles d'équipage. A l'origine, en vertu du Règlement de 1717, le chirurgien devait, avant de pouvoir être embarqué comme tel, passer un examen devant deux maîtres chirurgiens désignés à cet effet par l'amiral dans tous les ports du royaume.

A Fécamp, le premier qui fut nommé à cet office était Pierre Olivier ; sa nomination est faite au nom de Louis Alexandre de Bourbon, comte de Toulouse, duc de Penthièvre, alors amiral de France, et porte la date du 1er juillet 1718.

Nous passerons en revue un peu plus tard les différents types de navires qui ont successivement été envoyés sur le Banc et qui ne différaient pas sensiblement d'ailleurs de ceux qui, aux mêmes époques, étaient expédiés sur les côtes. Le tonnage de ces bâtiments était généralement très faible, c'est ainsi que nous trouvons un grand nombre de caravelles jaugeant de 50 à 70 tonneaux et montées par 12 hommes d'équipage. Ceux qui atteignaient 90 tonneaux étaient montés par 18 hommes d'équipage, y compris les mousses dont le nombre fixé par les règlements devait être dans la proportion de un pour dix hommes.

M. Amédée Hellot, dans un opuscule intitulé : *Le premier armateur de Fécamp à la pêche de Terre-Neuve en 1561*, nous donne cependant le chiffre de 200 tonneaux comme jauge du navire de ce premier armateur, nommé Nicolas Selles. Il ne donne pas la composition de son équipage.

La campagne de pêche de ces premiers terre-neuviers durait presque toute l'année ; c'est ainsi que nous les voyons partir au commencement de février pour ne revenir qu'en décembre.

Leur état-major était ainsi composé :

1° Un capitaine au long-cours, reçu en cette qualité après examen passé dans quelque amirauté du royaume ;

2° Un pilote hauturier, qui avait passé les mêmes examens que le capitaine au long-cours, mais qui ne pouvait justifier au moment de l'examen que de trois années de navigation, au lieu des cinq années exigées pour le brevet de capitaine :

3° Un maître d'équipage, choisi parmi les meilleurs matelots ;

4° Enfin un chirurgien, reçu et approuvé comme il a déjà été dit.

L'obligation d'embarquer ainsi deux officiers reçus au long-cours sur chaque navire envoyé à la pêche de la morue créa de nouveaux besoins.

Dès l'an 1629, une Ordonnance de Louis XIII avait décidé qu'une école d'hydrographie serait établie dans les principales villes maritimes du royaume, afin que le commandement des vaisseaux ne fût plus confié désormais qu'à des officiers instruits et experts en l'art de la navigation ; mais cette ordonnance resta lettre morte.

L'Ordonnance de la Marine du mois d'août 1681 reprit la même proposition dans les termes suivants : « Voulant que « dans toutes les villes maritimes les plus considérables de

« notre royaume, il y ait des professeurs d'hydrographie « pour enseigner publiquement la navigation,..... »

C'est en application de cette Ordonnance qui ne put, comme on le comprendra, recevoir immédiatement son entier effet que, en 1745, le duc de Penthièvre, amiral de France, envoya François de Boux à Fécamp pour y créer une école d'hydrographie.

Conformément à l'ordonnance de 1681, les cours du professeur d'hydrographie étaient gratuits et ses appointements étaient payés sur les deniers de l'octroi de mer; l'école devait être ouverte au moins quatre jours par semaine; mais le professeur avait droit de prendre trois mois de congé par an.

L'article 5 de l'Ordonnance du 15 avril 1689 enjoignait au professeur d'hydrographie d'enseigner à ses écoliers : « l'abrégé de la sphère, la nature et l'usage des différentes « cartes, la division des temps, le nombre d'or, le cycle solaire, « l'épacte, les courants et marées, l'usage du compas et les « principes de la boussole. » L'article 6 concernait : « les « instruments qui servent à observer les astres, et les « moyens de faire un bon estime, la dérive d'un navire, la « variation de la boussole et la manière de l'observer et la « corriger. » L'article 7 parlait : « du calcul des routes par « le quartier de réduction, »

L'article 8 de cette même Ordonnance portait que les pilotes entretenus dans le port étaient obligés d'assister, au nombre de deux, à toutes les leçons qui se donnaient, tant pour en profiter que pour aider le professeur dans son enseignement aux commençants, en instruisant ces derniers en arithmétique, termes de navigation, connaissance et usage des instruments nautiques, etc., de façon à ce que le professeur ne fût point arrêté dans son cours par des élèves trop faibles.

L'article V du titre VIII, livre II de l'Ordonnance de la Marine fait en outre l'obligation au professeur d'hydrographie d'examiner avec soin, en présence des pilotes hauturiers, les journaux de navigation que ceux-ci devaient, à leur retour de voyage, déposer au greffe de l'amirauté de leur établissement, afin de voir s'ils n'ont point erré dans leurs routes et leur faire reconnaître les causes de ces erreurs pour s'en corriger dans les voyages suivants. Les journaux de navigation ainsi corrigés étaient ensuite remis aux pilotes pour leur servir de guide au besoin dans d'autres opérations semblables.

Louis XV se trouvait alors engagé depuis quelques années dans la guerre de succession d'Autriche, et la lutte maritime venait de commencer entre la France et les forces navales combinées de l'Angleterre et de la Hollande.

Dès le 14 mars 1744, M. de Maurepas, le nouveau Ministre de la Marine, avisa les intéressés qu'il allait y avoir une déclaration de guerre avec l'Angleterre et le 20 mai suivant, un arrêt du Conseil d'État déclarait nuls et non avenus tous engagements intervenus avant la déclaration de guerre entre armateurs, capitaines et matelots des bâtiments destinés à la pêche de la morue, tant au Banc qu'à la Côte de Terre-Neuve, et qui ne pouvaient plus quitter les ports français à cause des risques qu'ils auraient courus. Mais un certain nombre de navires étaient déjà partis de leurs ports d'armements au mois de janvier pour prendre leur sel dans les salins de l'Océan et notamment l'Isle de Rey et de là, se rendre directement sur le Banc, ou ils ne furent d'ailleurs nullement inquiétés et purent rentrer sains et saufs en France dans le courant du mois d'octobre.

L'année suivante, les armements pour le Banc furent à peu près nuls, nos pêcheurs en effet n'avaient pas à se défendre seulement contre les vaisseaux de guerre anglais ou hollandais; les colons anglais de la Nouvelle-Écosse et des autres possessions maritimes appartenant à la Grande-Bretagne, avaient armé elles-mêmes pour leur propre compte une véritable flotte de guerre dans le but de chasser définitivement nos nationaux des territoires et surtout des rivages et des îles qu'ils possédaient encore dans l'Amérique du Nord. Au mois de mars 1745, cette flotte alla attaquer l'île du Cap-Breton et s'empara de Louisbourg qui commandait l'entrée du golfe du Saint-Laurent.

La paix fut rétablie par le traité d'Aix-la-Chapelle, signé le 18 octobre 1748, et en vertu duquel chacun des belligérants rendit ses conquêtes. Nos négociants recommencèrent aussitôt leurs armements et, dès le mois de février suivant, les pêcheurs reprenaient la route du Banc. A partir de cette époque, les petits bateaux se font plus rares et sont avantageusement remplacés par des navires d'une jauge dépassant cent tonneaux.

C'est ainsi qu'en 1751, Fécamp expédiait pour la pêche deux bâtiments de 150 tonneaux et un autre de 120 tonneaux.

En même temps que le tonnage de nos banquais s'augmentait, le personnel de leurs officiers se modifiait en s'élargissant. Aux quatre officiers que nous avons cités plus haut, le capitaine, le pilote, le maître et le chirurgien, viennent s'ajouter le saleur et l'étesteur; puis, dans les bateaux où la morue est préparée à la hollandaise et salée en tonnes, on trouve un contre-maître tonnelier comme officier non-marinier; quelques grands navires de cette époque avaient aussi un contre-maître charpentier avec le même titre que le précédent.

Le 10 mars 1763, une dépêche du duc de Choiseul, alors ministre de la marine, fait connaître aux intéressés que les hostilités ont enfin cessé entre la France et l'Angleterre, et que les armateurs pourront, en toute sécurité, envoyer leurs bateaux pêcher la morue tant au banc qu'à la côte de Terre-Neuve.

Sur la foi de cette assurance, les armements recommencent à partir de 1764, mais très timidement d'abord et avec des bâtiments d'un plus faible tonnage que ceux dont on s'était servi avant la guerre.

C'est ainsi que, pendant les dix ou quinze années qui suivirent, la jauge moyenne des banquais armés au port de Fécamp ne dépassa pas 80 tonneaux. Il en était assurément de même dans les autres ports normands. Avec d'aussi petits navires, dans lesquels l'équipage dépassait rarement 18 hommes, on comprendra facilement qu'un état-major composé comme nous l'avons exposé plus haut, et comprenant notamment deux officiers reçus au long-cours et un chirurgien, constituait une charge bien lourde pour l'armateur. Aussi, des réclamations se produisirent-elles de toutes parts.

Ce fut surtout contre l'obligation d'embarquer des chirurgiens que la campagne fut menée avec le plus d'énergie ; car, avec les faibles appointements qui leur étaient offerts, ces praticiens se faisaient plus rares d'année en année, au point que les armateurs avaient souvent beaucoup de peine à s'en procurer. Ces difficultés étaient d'ailleurs communes aux armateurs des navires marchands faisant le long-cours. Or, ceux-ci, faisant meilleur marché que nos pêcheurs des prescriptions de l'Ordonnance de la marine du mois d'août 1681, ainsi que du Règlement du 5 juin 1717 sur l'esprit duquel les commentateurs eux-mêmes n'étaient pas d'accord, interprètent en leur faveur l'obscurité du texte de ce dernier document pour se dispenser, dans la plupart des cas, d'embarquer le chirurgien demandé. En présence de cet abus qui tendait à se généraliser, les réclamations des armateurs de Fécamp et des autres ports d'armement pour Terre-Neuve et le Banc eurent d'abord un résultat diamétralement opposé à celui qu'ils en attendaient.

En effet, par une déclaration en date du 15 novembre 1767 confirmant et précisant l'Ordonnance de 1681, le roi rendit l'embarquement d'un chirurgien obligatoire pour tous les navires allant au long-cours ou à la pêche de la morue tant que l'équipage ne dépassait pas 50 hommes ; un second chirurgien était nécessaire pour un équipage de 51 hommes et au-dessus.

Cela ne fit pas l'affaire de nos pêcheurs qui exposèrent alors au roi les difficultés et souvent même l'impossibilité absolue dans laquelle ils se trouvaient de se procurer ce chirurgien sans lequel le congé leur était refusé par l'amirauté. Il leur fut répondu par la lettre suivante :

A Versailles, le 11 février 1769.

J'ay reçu, Monsieur, avec votre lettre du 28 du mois dernier, la liste qui y étoit jointe des bâtimens du quartier de Fécamp qui doivent armer pour aller faire la pesche de la morüe verte sur le Banc de Terre-Neuve ; sur ce que vous m'avez marqué que les armateurs de ces navires ne purent trouver des chirurgiens pour embarquer, j'en ay rendu compte au Roy, et Sa Majesté a bien voulu qu'il ne fût point fait de difficulté de délivrer des expéditions pour ces bâtimens, quoy qu'il n'y soit point embarqué de chirurgiens ; Sa Majesté consent qu'il en soit usé de même pour les autres navires que les négoçians seroient actuellement dans l'intention d'armer pour la même destination ; vous pouvez agir en conséquence, et j'écris aux officiers de l'amirauté de Fécamp au sujet des deux navires que le Sr Bérigny fait actuellement armer, pour que, de leur côté, ils se conforment aux intentions de Sa Majesté, et je donne de semblables ordres aux officiers de l'amirauté de St Valery en C[x] pour ce qui concerne le navire que le Sr Gautier doit armer pour la même destination ; il m'a paru qu'il pouvoit y avoir moins d'inconvénient à se relâcher pour ces navires de ce qui est porté par la déclaration de Sa Majesté du mois de novembre 1767, concernant l'embarquement des chirurgiens ; Sa Majesté veut bien aussy que les navires en armement pour aller à Terre-Neuve faire la pesche de la morüe sèche puissent n'embarquer qu'un chirurgien quand l'équipage excéderoit le nombre de cinquante hommes. Je sens bien que quelque avantage qu'il y eût de tenir strictement la main à l'exécution de la loy, il seroit peut-être convenable d'y apporter quelque modification pour les bâtimens destinés pour des climats tels que ceux où l'on va faire la pesche de la morüe, qui, étant plus sains, exposent moins les équipages à des maladies, et je suis très disposé à procurer au commerce tout ce qui peut tendre à le protéger et à l'encourager; on ne doit cependant pas perdre de vüe que dans le cours de la traversée pour aller faire la pesche de la morüe verte, et, pendant le temps de la pesche, indépendamment des maladies ordinaires auxquelles les équipages peuvent être sujets, comme ils le seroient à terre, il peut arriver des accidens qui exigent des secours prompts, et, que par rapport aux équipages des bâtiments qui vont faire la pesche de la morüe sèche, ces accidens peuvent encore se multiplier lorsque ces gens rendus à leurs destinations sont occupés à faire du bois et à travailler aux échaffauts pour les secheries, et que, par ces raisons, un chirurgien sur chaque navire de cette dernière espèce ne seroit peut être pas suffisant, ces équipages étant fort nombreux ; étant donc intéressant de ne pas exposer les gens de mer à manquer des secours nécessaires, il seroit à désirer que sur la quantité des bâtimens qui s'arment à Fécamp pour la pesche de la morüe verte, on embarquât, du moins, sur quelques-uns un chirurgien, afin que tous ces bâtimens étant rendus au lieu de la pesche, ces chirurgiens pûssent, dans les occasions où leur Ministère deviendroit nécessaire, secourir ceux des gens de mer de ces équipages qui seroient dans le cas d'en avoir besoin. Je vous prie d'examiner si cet arrangement seroit praticable, et les moyens de l'effectuer de la manière la plus convenable, aux armateurs qui seroient dans le cas de contribuer tous en commun à la modique dépense qu'occasionneroient les embarquemens de ces chirurgiens; vous examinerez aussi si un seul chirurgien doit être suffisant sur les navires qui vont à Terre-Neuve faire la pesche de la morüe sèche, quoy que les équipages excèdent cinquante hommes. Ces armateurs ont allégué que l'obligation d'embarquer dee chirurgiens est une charge qu'on impose au Commerce par la déclaration de 1767; de tout tems, il a dû en être embarqué sur ces navires de la manière expliquée par cette déclaration, et ce n'a été que par une suite d'abus qu'on s'en est dispensé; cet arrangement, loin de pouvoir être regardé comme une charge, doit, au contraire, être considéré comme un avantage pour le Commerce même; puis qu'indépendamment de la conservation des hommes en général qu'il a pour objet, un armateur est personnellement intéressé à la conservation des gens de mer embarqués sur ces navires, et principalement lorsqu'il n'y en a qu'un petit nombre, parce que comme le travail est pour lors plus forcé, pour peu qu'il s'en trouve quelques-uns qui, par maladie, soyent hors d'état de remplir leur service sur le navire, l'armateur court risque de voir manquer les opérations de son commerce.

Toutes ces considérations ne pouvant être trop examinées, vous me marquerez ce que vous en pensez après avoir bien pesé tous ces objets.

Je suis, Monsieur, entièrement à vous.

Signé : Le Duc de Praslin.

L'autorisation accordée par cette décision du ministre de la marine était exceptionnelle et applicable à la seule saison de pêche de 1769.

Une solution définitive de la question ne tarda cependant pas à suivre. Elle autorisait les armateurs pour la pêche de la morue sur les bancs de Terre-Neuve à ne plus embarquer de chirurgien, à l'avenir, dans les bâtiments dont les équipages n'atteindraient pas 20 hommes. Voici en quels termes cette décision fut portée à la connaissance des armateurs :

A Marly, le 20 juin 1769.

J'ay rendu compte au Roy, Monsieur, des représentations faites par les négocians qui arment pour les pesches de la morüe, à l'effet d'obtenir une modification à la déclaration du 15 novembre 1767, concernant l'embarquement des chirurgiens, et des motifs qui, d'après les différentes observations que j'ay reçües en réponse aux éclaircissemens que j'avais demandés à ce sujet dans les ports où se font ces armemens, m'ont paru pouvoir déterminer à favoriser à cet égard, cette branche de commerce. Sa Majesté a bien voulu que, pour cette destinatien seulement, on pût s'écarter des dispositions de cette loy et qu'il continue d'en être usé par la suite dans chaque endroit comme il se pratiquoit avant la dite déclaration. Vous pouvez, en conséquence, n'exiger à l'avenir l'embarquement d'un chirurgien sur les navires destinés pour la pesche de la morüe verte que dans le cas où leurs équipages seroient de vingt hommes et au-dessus, à l'égard de ceux qui vont faire la pêche de la morüe sèche, quoy que, pour le présent, il ne se fasse point d'armement de cette espèce dans votre département, comme il peut arriver que par la suite il en soit fait quelques-uns, je vous préviens qu'il ne doit non plus être fait aucune difficulté aux armateurs pour les obliger à embarquer deux chirurgiens, Sa Majesté voulant bien aussy qu'ils puissent être expédiés avec un seul chirurgien, quoy que l'équipage soit de cinquante hommes et au dessus. Vous voudrez bien, en ce qui vous concerne, agir dans cet esprit.

Je suis, Monsieur, entièrement à vous,

Signé : Le Duc de Praslin.

Pour les navires armés au commerce, et dans cette catégorie étaient rangés les terre-neuviers qui, en fin de campagne, transportaient la morue sèche de Saint-Pierre ou de Terre-Neuve directement aux colonies, la question de l'embarquement du chirurgien ne fut réglée que plus tard par une dispense accordée seulement aux bâtiments ayant un maximum d'équipage de 15 hommes, y compris les mousses. La raison qui en fut donnée était que ces bâtiments visitaient des pays à température excessive où les maladies étaient beaucoup plus à craindre que sur le Banc de Terre-Neuve.

Après avoir retracé à grands traits, dans ce qui précède, l'histoire de la pêche au banc depuis son origine jusqu'à la fin du XVIIIe siècle qui marque une véritable étape dans la marche ascendante de cette industrie, il nous semble intéressant de dire maintenant quelques mots sur les procédés employés pendant cette période de deux à trois siècles tant pour pêcher la morue que pour préparer les produits.

Ces quelques détails sont d'ailleurs nécessaires pour faire ressortir l'importance des améliorations qui ont été progressivement apportées dans les procédés, et montrer que les armateurs comme les pêcheurs normands, bien loin de s'en tenir à la vieille routine, comme on les en accuse trop souvent à tort, se sont, au contraire, toujours préoccupés de perfectionner l'industrie morutière au double point de vue de l'augmentation de la production et de l'amélioration du sort des marins pêcheurs.

Nous avons déjà dit que l'industrie de la pêche au banc diffère complètement, dans son ensemble comme dans ses détails, de celle qui est pratiquée par les côtiers.

En effet, tandis que le poisson pris au filet dans les pêcheries de la côte de Terre-Neuve ou des îles Saint-

Fig. 15. — Baleine en ballade sur le Grand-Banc.

Pierre et Miquelon est aussitôt séché sur les graves de ces îles par une partie des équipages laissée à terre, les morues prises à la ligne sur le Grand-Banc et les banquereaux sont salées à bord du bateau pour être ainsi rapportées en France et livrées à des industriels qui leur font subir la dernière opération.

Mais ce qui caractérise surtout la pêche au banc, c'est que les navires côtiers, aussitôt arrivés à destination, sont désarmés et ancrés au fond des havres où ils trouvent un abri sûr pour toute la durée de la campagne ; la moitié de leur équipage reste continuellement à terre pour préparer le poisson, et l'autre partie y rentre tous les soirs pour se coucher dans les cabanes, ne se livrant à la pêche que quand l'état de la mer le leur permet, de sorte qu'ils ne courent pour ainsi dire jamais aucun danger. Sur les bancs, au contraire, le navire reste en pleine mer pendant toute la durée de la saison de pêche, exposé à tous les dangers que présentent ces parages.

A moins de circonstances fortuites : de grosses avaries qu'il faut aller réparer à Saint-Pierre, le manque de sel ou l'impossibilité de se procurer de l'appât sur les fonds de pêche, beaucoup de navires ne quittent pas le banc avant d'avoir terminé leur pêche ; ils se contentent de se déplacer au fur et à mesure que le poisson disparaît pour le suivre dans ses courses capricieuses.

A l'origine, les départs des ports d'armement avaient lieu en janvier et février, lorsque les Banquais allaient prendre leur sel à *l'isle de Rey* ou à Brouage ; ils s'effectuaient seulement en février et mars, lorsque le sel était déjà à bord. Ce sel était arrimé en *vrague* ou en tonnes, selon que l'on voulait préparer le poisson *au plat* ou à la hollandaise. Le retour du banc s'effectuait en juillet quand le même bateau ne faisait qu'un voyage ; il avait lieu en décembre seulement, lorsqu'il faisait deux voyages dans la même saison, de sorte que la pêche se pratiquait surtout pendant les mois d'avril, mai, juin, juillet, août, septembre et octobre ; quelquefois même, elle se prolongeait pendant une grande partie du mois de novembre.

Plus tard, quand, après la guerre d'Amérique, on n'envoya plus sur le banc que de tout petits bateaux d'une jauge moyenne de quarante à cinquante tonneaux qui avaient été construits plus spécialement pour faire la pêche du hareng, et que l'on détournait ainsi de leur destination primitive, les départs n'eurent plus lieu qu'en mars et avril, c'est-à-dire quand la saison du hareng était terminée en Manche. Le retour s'effectuait aussi plus tôt, vers la fin d'août ou le commencement de septembre.

D'après Sonini, dans son *Histoire naturelle* publiée à Paris, l'an XI de la République, nos pêcheurs attaquaient le banc par le sud, où ils commençaient à prendre la morue en mars et en avril ; puis, ils s'avançaient graduellement vers le nord en passant par l'est, et ils revenaient au sud vers les mois de septembre et octobre, en passant par le milieu du Grand Banc.

Le même auteur nous donne des détails sur les appâts dont se servaient, à cette époque, nos banquais pour *boetter* leurs lignes. Il y en a une nombreuse variété parmi lesquels nous y voyons figurer des maquereaux salés, importés de Fécamp ou d'Angleterre, du hareng et du capelan pêchés au début de la campagne dans les eaux de Saint-Pierre et Miquelon ou sur la côte du Petit-Nord de Terre-Neuve, des sardines du golfe de Gascogne, d'Espagne ou du Portugal, des oiseaux de mer pêchés à la ligne sur le banc comme de véritables poissons, enfin, des crustacés et des mollusques de toutes sortes. « Nos marins ayant reconnu, dit-il, que les « morues étaient très friandes de coquillages, en pêchaient « pour embecqueter les hameçons. »

Ce qui caractérise surtout cette longue période qui précéda la Révolution, c'est l'usage exclusif de la méthode connue sous le nom de Pêche errante avec des lignes de main que les hommes manœuvraient du bateau lui-même, pendant que celui-ci dérivait librement sous l'action du vent et des courants.

Une fois arrivés sur le Grand-Banc, ils carguaient toutes leurs voiles, et chaque vaisseau attachait de côté la barre de son gouvernail, ce qui, d'après M. de Lamare, à qui nous empruntons ces détails : « le tient en état presque autant que s'il était à l'ancre . » Les charpentiers travaillaient alors à faire un échafaud le long d'un des côtés du navire et en dehors, à moins que le beau temps n'eût permis à l'équipage de faire ce travail pendant la route. Ils posaient sur cet échafaud des tonneaux de la grosseur d'un demi-muid, et qui venaient en hauteur jusqu'à la ceinture. Chaque pêcheur, chaudement vêtu, prenait alors

Fig. 16. — Ancien navire terre-neuvier se livrant à la pêche errante sur le Grand-Banc.

place dans un de ces tonneaux avec un grand tablier de cuir appelé *cuirier* qui lui allait depuis la gorge jusqu'aux genoux ; le bas de ce tablier se mettait par-dessus le tonneau et en dehors, pour faire en sorte qu'en tirant la morue, l'eau qui vient avec ce poisson, ne pénétrât point dans le tonneau où, par mesure de précaution, on avait encore établi un double fond.

C'est de ce poste peu commode que le pêcheur laissait filer sa ligne, que la dérive du bateau entraînait lentement à peu de distance du fond, à portée des morues qui s'y trouvaient.

Fig. 17. — Pêcheur à la ligne de main.

Cette ligne de main consistait en une corde très forte, de la grosseur d'un tuyau de plume, longue de cent brasses et munie à son extrémité d'un plomb de huit à dix livres ; sur cette ligne principale et au-dessous du plomb s'attachait une corde plus fine, appelée *empile*, qui portait le *haim* ou hameçon et qui avait de six à dix mètres de longueur. Quelquefois, le plomb était traversé par une tringle d'acier d'environ trois pieds qui se tenait perpendiculaire à la direction de la ligne et à chaque extrémité de laquelle était frappée une empile portant un haim. Avant le départ de France, on donnait à chaque pêcheur dix à douze de ces lignes, avec des hameçons en nombre suffisant pour remplacer ceux qui s'accrochaient au fond ou que les morues emportaient avec elles quand l'empile n'était plus assez solide pour résister aux efforts que faisait le poisson pour s'échapper.

Lorsque le pêcheur avait filé sa ligne, il lui fallait la remuer tout le temps pour que le haim restât entre deux eaux et visible au poisson.

FIG. 18. — Ancienne pêche errante sur le Grand-Banc
Les pêcheurs sont à l'intérieur du navire et garantis par un pavois.

La première amélioration apportée à ce système fut l'installation, en dedans du navire, des barils dans lesquels se plaçaient les pêcheurs qui furent ainsi appuyés par devant à la lisse, et accotés par derrière au moyen d'une vergue pour qu'ils pussent résister au roulis.

Plus tard, on installa devant eux, à la hauteur de leur figure, un pavois de toile goudronnée, afin de les garantir un peu de la pluie, du vent et des autres intempéries, car ces installations se trouvaient toujours du côté du vent pour faciliter la pêche pendant la dérive et empêcher que les lignes ne se prissent sous le navire.

Lorsque la morue avait mordu, ce qu'il reconnaissait par les secousses qu'elle imprimait à la ligne, le pêcheur la tirait à fleur d'eau, la saisissait avec un petit crochet de fer nommé *gaffot*, et l'amenait à bord ; lorsque le poisson pris à l'hameçon était très gros, le ligneur se servait, pour le sortir de l'eau, d'un filet à main nommé *manet* ou *truble*.

Une fois la morue hors de l'eau, celui qui l'avait prise l'attachait par le derrière de la tête à un petit instrument en fer, appelé *élangueur*, planté sur la lisse à côté du ligneur ; puis il lui arrachait la langue qu'il gardait par devers lui pour rendre compte de sa pêche le soir au capitaine. Quelquefois aussi, quand il en avait besoin pour boetter sa ligne, il ouvrait le ventre du poisson, et en retirait les entrailles avant de le passer aux habilleurs chargés de lui faire subir les préparations nécessaires à sa conservation.

Sur le pont du navire, derrière les pêcheurs, était disposée une grande table, ou, pour en tenir lieu, une sorte d'établi nommé étal. Un matelot, appelé *étesteur*, y posait la morue et lui coupait la tête. Une partie de ces têtes était mise à bouillir et formait la base principale de la nourriture de l'équipage pendant toute la durée de la campagne ; l'autre partie était jetée à la mer ou réservée pour servir d'appât. Le poisson ainsi décollé, l'*étesteur* lui retirait le foie qu'il jetait dans un baril appelé *foissière* où se préparait l'huile connue sous le nom d'huile de foie de morue ; puis, il lui enlevait, s'il y avait lieu, les œufs ou *rogues* qui étaient salés à part dans des tonnes pour servir d'appât aux pêcheurs de Bretagne pour prendre la sardine. Enfin, il passait la morue à un autre matelot, appelé *habilleur*.

Quand on voulait préparer la morue au *plat* pour être salée en grenier, ce dernier la fendait d'un bout à l'autre, enlevait l'arête dorsale et nettoyait la cavité abdominale en la lavant dans une baille remplie d'eau de mer pour enlever le sang qui y restait adhérent.

La morue était alors passée au saleur qui se tenait dans la cale pour lui donner son *premier sel*. Pour cela, il empilait les poissons les uns sur les autres, en séparant chaque lit par une couche de sel.

Quand le poisson devait être préparé à la *hollandaise* pour être salé en tonnes, l'habilleur ne le fendait que jusqu'à l'anus, et n'enlevait qu'une partie de l'arête dorsale pour conserver, à la partie postérieure du corps, sa forme

Fig. 19. — Le travail du poisson à bord.
Préparation de la morue en tonne ou à la hollandaise.

ronde ; il la lavait comme précédemment et la passait au saleur qui lui donnait son premier sel dans les tonnes où elles étaient pressées à l'aide d'un cric.

Le soir, la pêche se terminait aux dernières lueurs du crépuscule, lorsqu'il n'était plus possible de distinguer les lignes. Chaque homme apportait alors au capitaine les langues qu'il avait coupées et qui donnaient le nombre exact des morues qu'il avait pêchées dans la journée ; ce nombre était inscrit par le maître.

Celui qui en avait le moins rapporté recevait comme punition la corvée de nettoyer les barils ou parcs et de jeter les breuilles et les têtes à la mer pendant que les autres allaient se coucher.

Lorsqu'une morue avait été prise en même temps aux lignes de deux pêcheurs, ce qui arrivait souvent à cause de la proximité de ces lignes et de la voracité du poisson qui se précipitait successivement sur plusieurs proies, elle était jugée appartenir à celui dont l'hameçon était le plus près de l'œil, parce que l'on présumait que l'hameçon parvenu dans la gorge du poisson établissait la négligence de l'autre qui aurait dû sentir que la morue était prise et qu'il était bon de le punir de cette négligence.

La pêche au moyen des lignes à la main était, on en conviendra, des plus fatigantes et des moins productives; elle se continua cependant jusque vers 1789.

C'est le capitaine Sabot, de Dieppe, qui eut, le premier, l'idée de remplacer cet engin si peu commode par une *ligne dormante* ou *ligne de fond* comme les Normands s'en étaient déjà servis autrefois pour prendre la morue dans la Manche ; l'usage s'en était même conservé sur nos côtes pour la pêche des gros poissons qui se tiennent toujours au fond.

Avant son départ de France, il avait muni son bateau d'un fort câble en chanvre, de manière à pouvoir mouiller sur le Banc au lieu de le laisser aller à la dérive sous ses voiles de cape comme faisaient alors tous les autres banquais.

Puis, pour établir ses nouveaux engins, il attacha, au bout l'une de l'autre, plusieurs pièces de ligne précédemment destinées à la pêche à la main, et qu'il garnit, de distance en distance, d'empiles et d'hameçons boettés comme auparavant. Le canot du bord, mis à la mer, servit à porter ces lignes lovées dans un fond de barrique et qu'on filait au fur et à mesure ; arrivé au bout, on y attachait une grosse pierre et une bouée et on laissait le tout séjourner la nuit dans l'eau.

Le lendemain matin, on levait les lignes en les tirant du bord ; puis on répétait l'opération plusieurs fois dans la journée.

Cette nouvelle manière d'opérer lui réussit à merveille. Dès la première année, Sabot fit une pêche extraordinaire pour l'époque : deux fois il revient à Dieppe avec un chargement complet de *morues vertes*.

En apprenant cet heureux résultat, les autres capitaines voulurent expérimenter la nouvelle méthode. Les matelots eux-mêmes, malgré les dangers auxquels ils allaient s'exposer, désiraient la voir adopter, pour échapper à la fatigante immobilité à laquelle ils étaient condamnés dans leurs barils. Plusieurs accidents se produisirent dès le début et le gouvernement interdit ce genre de pêche.

La défense ne produisit aucun effet ; non seulement les capitaines qui avaient, dès la saison suivante, suivi l'exemple du capitaine Sabot, persistèrent dans sa méthode, mais encore ceux qui avaient conservé l'ancien procédé ne tardèrent pas à y renoncer entièrement.

Bientôt même on y apporta des améliorations dont la première fut le remplacement des bras de l'homme pour tirer les lignes dormantes par un moulinet avec une seule aile. Il y avait trois hommes pour faire l'opération à l'aide de ce moulinet : l'un tournait la manivelle ; l'autre faisait parer les hameçons, et le troisième gaffait la morue.

Un peu plus tard, on installa deux moulinets et deux tessures de ligne : celle de bâbord avait vingt-quatre pièces de soixante brasses chacune et était tirée du bord avec le moulinet ; celle de tribord avait trente-cinq pièces de soixante brasses. Cette dernière était levée soit du bord, soit de la bouée du large par le canot.

Les avançons avaient une brasse environ ; l'appât était mis sur de gros hameçons en fer étamé, de fabrication française ; les lignes et les avançons étaient en chanvre tanné.

Les principaux ports qui armaient pour la pêche au banc au

XVIIIe siècle étaient Dieppe, Saint-Valery-en-Caux, Fécamp, Le Havre, Honfleur, Granville, Saint-Malo, Nantes, La Rochelle, Bordeaux et Bayonne. C'est dans ces mêmes ports que les bateaux rapportaient les produits de leur pêche, pour leur y faire subir la dernière préparation avant d'être livrés au commerce. Or, de tous ces centres, Nantes fut, sans contredit, le marché le plus important pour la morue verte pendant tout le XVIIIe siècle. Cela tenait uniquement à la position exceptionnelle de ce port bâti à l'embouchure de la Loire, cette grande artère centrale de la France, qui le mettait en rapport presque direct avec les grandes villes de l'intérieur où la consommation de la morue était alors le plus considérable. Aussi, non seulement les pêcheurs nantais, mais encore un grand nombre de banquais des autres ports venaient-ils y apporter leurs produits.

Aussitôt débarquée, la morue était triée et répartie en quatre catégories qui ne différaient entre elles que par la taille et surtout par le poids du poisson.

C'étaient :

1° La *grande morue*, ou poisson marchand, dont le cent, en compte, devait peser 900 livres ;

2° La *morue moyenne*, estimée un tiers en moins que la précédente et dont le cent devait par suite peser 600 livres ;

3° La *petite morue* ou *raguet*, qui ne pesait que 300 livres au cent ;

4° Enfin, le *rebut* et les *lingues* qui comprenaient non seulement les toutes petites morues pesant moins de deux livres l'une, mais encore les lingues, les colins et autres petites variétés du genre gade que le commerce estimait moins que la morue franche.

La vente se faisait au *grand compte* de 62 poignées ou 124 morues pour cent.

En Normandie, où le commerce de la morue verte, sans

atteindre celui qui s'en faisait à Nantes, était cependant très important, on tirait d'un chargement six sortes de produits.

1° La *gaffe*, d'une grandeur extraordinaire;
2° La *morue marchande* ou grand poisson;
3° La *trie* ou poisson moyen;
4° La *lingue* et le *raguet* qui passaient ensemble;
5° La *valide* ou *patelet*, la plus petite de toutes;
6° Enfin le *rebut*.

La vente s'en faisait au *petit compte* de 54 poignées ou 108 poissons pour cent.

Certains bateaux rapportaient leur morue salée en tonnes *à la hollandaise*; elle se vendait alors au last de 12 barils de 66 poignées au baril.

Le baril en sel pesait 150 livres sans sauce; avec sauce (*saumure*) il devait peser 300 livres.

Au moment de la Révolution, le commerce de la morue, tant verte que sèche, provenant du Banc et des côtes de Terre-Neuve, produisait une somme d'environ seize millions de francs.

D'après un rapport fait à la Convention nationale par le ministre Roland, et qui constitue la dernière pièce authentique concernant la pêche de la morue au XVIIIe siècle, pendant le premier semestre de 1792, c'est-à-dire immédiatement avant la guerre de la Révolution, la France armait, tant pour le Banc que pour la côte de Terre-Neuve, 202 vaisseaux formant un ensemble de 191.153 tonneaux.

On peut être surpris quand on passe en revue par le détail les armements de cette première période de la pêche au Banc de n'y relever qu'une quantité relativement très faible d'accidents de mer, échouements et naufrages, malgré la faiblesse des bâtiments qui y étaient envoyés et le mauvais état des ports d'armements. On le serait encore davantage, si l'on jetait un coup d'œil sur le balisage et l'éclairage des côtes normandes à ces mêmes époques.

Si l'on considère que pendant tout le moyen âge la France proprement dite se trouvait resserrée dans le bassin de la Seine, et que son commerce maritime avec l'étranger ne se faisait que par les ports de Normandie, les marchandises à destination de Paris, remontant la Seine par eau, on comprend à peine l'incurie de l'administration royale qui ne faisait rien pour faciliter ce courant commercial naturel.

La Normandie était depuis longtemps déjà réunie aux possessions directes du roi dont elle formait un des plus beaux fleurons de la couronne, et il en tirait les plus clairs profits sans que personne, ni le roi ni l'amiral qui le représentaient dans toutes les choses de mer, eût jamais songé à éclairer la nuit les principaux points de la côte pour signaler aux marins les dangers de cette côte et leur en faciliter les atterrages.

Ni les intérêts généraux de la pêche et du commerce de mer, ni les nécessités des guerres maritimes avec l'Angleterre, n'avaient pu faire sortir l'administration royale de cette indifférence si nuisible aux intérêts de la navigation.

Un premier essai d'éclairage fut cependant tenté vers le milieu du XIVe siècle pour indiquer aux navigateurs étrangers l'embouchure de la Seine par laquelle ils se rendaient à Paris; mais cet acte resta isolé; les autres points de la côte demeurèrent plongés dans la plus dangereuse obscurité, et la navigation de nuit continua de ne pouvoir y être pratiquée que dans des circonstances tout à fait exceptionnelles de beau temps et de pureté du ciel. Les atterrissages, comme l'entrée au port, ne pouvaient s'effectuer que de jour.

On juge, sans peine, combien cet ordre de chose était préjudiciable aux intérêts des navigateurs, et avec quelle prudence les bâtiments, venant de Terre-Neuve, devaient s'avancer la nuit dans la Manche s'ils voulaient éviter de s'approcher trop près des terres qu'ils ne pouvaient apercevoir dans l'obscurité, et sur les rochers desquelles le moindre courant de marée pouvait les porter et les perdre. Et cependant, cela dura ainsi jusqu'à la fin du XVIIIe siècle.

M. R.-J. Valin, dans son *Nouveau commentaire de l'ordonnance de la Marine du mois d'août 1681*, malgré tout l'esprit de courtisanerie qu'il y montre pour le duc de Penthièvre, alors amiral de France, fait à cette occasion l'aveu suivant :

« Nos feux, avec cela, ne sont peut-être pas assez multipliés ; s'ils le sont trop en Angleterre, et si, par cette raison, les droits qu'il faut payer à ce sujet sont exorbitants, on a du moins l'avantage de naviguer sur les côtes de ce royaume avec autant de sûreté la nuit que le jour. »

Cette triste constatation ne remonte pas au delà de l'année 1766, c'est-à-dire moins d'un quart de siècle avant la Révolution. Il faut avouer qu'en effet, à cette époque, les feux étaient encore rares sur les côtes françaises et particulièrement sur celles de la Manche, et l'on comprend à peine que Colbert, qui créa la marine royale, et Vauban, qui creusa ses ports et mit les côtes en état de défense, n'aient pas songé un seul instant à les éclairer pendant la nuit.

Le premier phare qui fut construit sur les côtes normandes est celui du *Chef de Caux* qui remonte, comme nous l'avons dit plus haut, au milieu du XIVe siècle.

Le roi Charles V, par son ordonnance du mois d'avril 1364, s'exprime ainsi à ce sujet dans le sommaire publié en tête de cet acte :

« L'on entretiendra pendant la nuit du feu au *Groing* ou *Cap de Caux*, afin que les vaisseaux qui viendront aborder sur les costes puissent connaître leur route, sans que les Castillans soient tenus de rien payer pour l'entretien de ce feu. »

Plus loin, dans l'article 6 de la même ordonnance, le roi, revenant sur le même objet, ajoute :

« Nous voulons et mandons à ceux à qui il appartient que l'on fasse en tous tems de nuit feu au *Groing de Caux*, afin que les nefs et navires qui veuront au port de Harfleur et ailleurs on pais puissent venir seurement et pour aviser leur chemin et adresse sans que les diz marchans, gens, amiraux, maîtres et mariniers dedit royaume de Castelle soient tenus d'en payer aucune. »

Ce premier feu porta le nom de *Tour des Castillans*, à cause de l'immunité qui avait été accordée à ces derniers dans le payement des droits imposés à tous les autres navigateurs.

Le royaume de Castille était, en effet, à cette époque, le fidèle allié de la France, avec laquelle il faisait un grand commerce par la Seine, la seule voie navigable que les Anglais n'occupassent plus, et l'on conçoit aisément que Charles V, qui s'était donné pour mission de relever notre pays des ruines où l'avaient plongé les désastres de la première période de la guerre de Cent Ans, ait cherché par tous les moyens en son pouvoir à favoriser ce mouvement commercial. D'ailleurs, ce roi qui, le premier en France, créa une armée régulière, avait aussi voulu, trois siècles avant Colbert, organiser une marine royale pour l'opposer à la flotte anglaise et prévenir ainsi ses débarquements périodiques. Honfleur devait lui servir de port de concentration, et le feu du *Groing de Caux* lui était indispensable pour assurer la sécurité des manœuvres de nuit.

Les ordres du roi furent exécutés, et à l'extrémité du *Cap de Caux*, qui s'avançait très avant dans la mer et que les eaux ont rongé depuis, on établit une tour ronde en maçonnerie sur le sommet de laquelle on faisait chaque soir un grand feu de bois que des gardiens installés dans la tour devaient entretenir toute la nuit. Depuis cette époque, l'allumage de ce premier feu se fit régulièrement au grand profit du commerce et des pêches maritimes. Il fut l'origine des feux de la Hève. Malheureusement, les successeurs de Charles V ne continuèrent pas à suivre la voie dans laquelle ce monarque s'était engagé et pendant près de trois siècles, la *Tour des Castillans* resta le seul phare de la côte normande.

Quelques ports, cependant, établirent peu à peu des feux de marée, comme Dieppe, qui eut le sien dès le XIVe siècle; d'autres eurent des feux intermittents qu'on n'allumait que pendant les saisons de pêche.

En 1773, le roi, par lettres-patentes datées du 10 décembre, autorisa la Chambre de commerce de Normandie à construire plusieurs phares pour la sûreté des navigateurs.

Après mûres délibérations, cette compagnie décida que, pour répondre aux besoins généraux de la navigation, trois grands phares étaient absolument indispensables pour éclairer la côte normande. Les emplacements choisis par la Chambre de commerce furent les suivants :

1° La pointe de Barfleur, à l'extrémité de la presqu'île du Cotentin, qui commande le golfe de Calvados et la baie de Seine. On y construisit un phare qui fut allumé, pour la première fois, le 1er novembre 1775 ;

2° La pointe de la Hève, près du Havre, à peu de distance du lieu où Charles V avait fait établir la *Tour des Castillans* qui avait été emportée par les eaux avec la falaise qui la portait, et où la Chambre de commerce de Normandie fit construire deux phares qui furent terminés et allumés dès 1774 ;

3° La pointe d'Ailly, située près de Dieppe, à l'extrémité de la côte normande où il fut construit un phare terminé vers 1775.

Les nouveaux phares furent éclairés à l'huile. C'était le premier essai qu'on faisait en France de ce genre d'éclairage. Les plans et devis avaient été établis par M. Duchesne, inspecteur des ponts et chaussées.

Pour faire face aux dépenses que nécessitèrent la construction de ces quatre tours et l'entretien des feux, la Chambre de commerce de Normandie fut autorisée à contracter un emprunt et à percevoir un droit par tonneau de jauge sur tous les navires français ou étrangers fréquentant les ports de Eu, Le Tréport, Dieppe, Saint-Valery-en-Caux, Fécamp, Le Havre, Harfleur, Rouen, Honfleur, Touques, Dives, Caen, Courseulles, Isigny, La Hague-Saint-Vaast, Barfleur et Cherbourg.

La dépense de construction fut d'environ 250.000 livres, et les droits à percevoir ainsi fixés :

6 sols par tonneau pour les navires étrangers ;
5 — — français long-courriers ;
4 — — fr., gr. cabot et t. neuviers.
3 — — français, pet. caboteurs :
3 — pour les bateaux de pêche et par saison ;
1 — — petits cabot. de port à port de la prov.

L'intendant général de Rouen avait la surveillance de ces perceptions, et les maires de chaque commune veillaient à ce que les feux fussent bien régulièrement allumés.

CHAPITRE V

PÊCHEURS PENDANT LA PAIX. — CORSAIRES PENDANT LA GUERRE.

Nous avons suffisamment établi que, depuis la découverte des côtes de Terre-Neuve par les Basques français qui y transportèrent avec eux l'industrie de la grande pêche, nos nationaux n'ont jamais cessé d'y retourner chaque année ; nous sommes cependant forcés de reconnaître que les guerres interminables qui marquèrent les règnes de Louis XIV et de Louis XV, ainsi que la période de la Révolution et de l'Empire, ralentirent plus d'une fois les armements terre-neuviers.

Que faisaient donc, pendant ce temps, les équipages des bateaux que l'insécurité de la mer empêchait de faire voile pour l'Amérique ? Il ne faut pas croire qu'ils passaient dans l'inaction les longs mois de chômage que leur imposait ce désarmement forcé.

Avant la création des flottes de guerre et l'organisation d'une armée navale régulière, nos marins, qui n'avaient pas à compter sur les secours du roi ou de l'amiral pour faire respecter leurs droits sur mer, avaient pris l'habitude de se défendre eux-mêmes contre les bâtiments ennemis qui venaient souvent les menacer et les attaquer. Pour cela, ils ne manquaient jamais d'embarquer, à côté des engins de pêche nécessaires à leur commerce, les armes et munitions dont ils avaient un égal besoin pour se faire respecter. Et comme la guerre était pour ainsi dire permanente, nos marins étaient, de leur plus jeune âge, habitués à livrer bataille tantôt contre les Anglais, tantôt contre les Hollandais ou les Espagnols.

La guerre leur était donc presque aussi familière que la pêche et ils maniaient tout aussi bien la hache que la ligne. Aussi, quand ils ne pouvaient aller à Terre-Neuve pour pêcher la morue, il leur semblait tout naturel de s'armer pour faire la chasse aux bâtiments ennemis, dans la guerre de course.

C'étaient alors les corsaires qui jouaient le rôle qui est réservé aujourd'hui aux navires de guerre, et ces corsaires n'étaient autres que nos pêcheurs de morue auxquels venaient se joindre les autres capitaines faisant le long cours, chaque fois qu'ils n'étaient pas requis par l'amiral et réunis en flotte pour quelque expédition.

Ils tiraient d'ailleurs, de cette guerre de course, des profits qui leur faisaient attendre avec moins d'impatience le retour de la paix.

Afin de donner courage aux bourgeois des navires qui arment pour leur compte, de faire bâtir de grands et forts vaisseaux et iceux armer et équiper quand besoin sera, il leur est ordonné de prendre et retenir, sur la totalité des prises et butin que leurs navires feront en mer, la quatrième partie d'ycelle, le dixième de l'amiral déduit, et, du reste les avitailleurs devaient avoir un quart et demi et l'autre partie doit être délivrée aux mariniers et compagnons de guerre.

Les matelots et compagnons de guerre devaient avoir toute la dépouille des habillements des ennemis, qui sont forcés ésprises, avec l'or et l'argent qu'ils peuvent trouver sur les mariniers et gens de guerre ennemis, jusqu'à dix écus, et les coffres et habillements d'iceux, excepté les habits de grande valeur, ou qui seraient faits pour vendre en fait de marchandise et argent monnayé et à monnayer qui seraient ésdits coffres et autres lieux.

Tels sont, d'après le R. P. Fournier, dans son analyse des Ordonnances de 1543 et 1584, les avantages que le roi promettait à tous ceux qui voulaient guerroyer pour son compte, tout en s'armant à leurs propres frais. Et avec cela, il se procurait la marine de guerre qui lui manqua jusqu'à Colbert.

La charge d'amiral qui existe chez nous depuis les derniers Capétiens directs avait précisément été créée pour encourager et diriger cette armée volontaire, dont il avait en même temps la police. Mais comme cet amiral, qui était le plus souvent nommé à la faveur, n'avait pas toujours la force nécessaire pour faire respecter son autorité, et appliquer les règlements édictés en cette matière, cette guerre de course dégénéra, plus d'une fois, surtout à l'origine, en guerre de brigandage et de pillage.

Cependant, quels qu'aient été les excès commis par quelques-uns, excès que nous retrouvons aux mêmes époques chez les bandes de mercenaires armés qui guerroyaient sur terre, il ne faudrait pas confondre les corsaires avec les pirates, forbans et autres écumeurs de mer qui ne se réclamaient d'aucune nation, vivant uniquement de brigandages et, de tout temps, chez nous, ont été mis hors la loi. Les corsaires formaient un corps organisé et autorisé par le roi ; ils étaient soumis à des règlements particuliers destinés à prévenir précisément les abus que nous venons de signaler et à protéger contre eux les bâtiments nationaux, ainsi que les alliés ou amis.

Nul ne pouvait armer à la course s'il n'était muni préalablement d'une commission spéciale de M. l'Amiral, lequel, d'ailleurs, ne la refusait jamais. Faute de cette *commission*, le navire eût été réputé pirate et traité comme tel ; s'il avait échappé à ce traitement, le moindre mal qui pouvait lui arriver aurait été sa confiscation et celle de ses prises au profit du roi et de l'amiral. C'est ainsi qu'on vit des bâtiments marchands de bonne foi qui, à la suite d'une attaque dont ils avaient été l'objet, étant parvenus non seulement à se défendre par leurs propres moyens, mais encore à se rendre maîtres de leurs assaillants, furent ensuite condamnés par les tribunaux à la confiscation de leur prise, sous prétexte qu'ils n'avaient pas de *commission en guerre*.

En outre de cette première formalité, l'armateur qui voulait faire la course était tenu de verser une caution de quinze mille livres pour répondre des déprédations et dommages pouvant être causés par l'équipage du corsaire envers des nationaux, alliés ou neutres.

Les corsaires devaient aussi combattre sous le pavillon de M. l'Amiral qui était le pavillon de France, et ils devaient hisser ce pavillon avant de tirer le coup de semonce. Cependant, il leur était permis d'arborer un pavillon étranger, voire même celui de l'ennemi lorsqu'ils le croyaient nécessaire, soit pour échapper aux bâtiments de guerre qui auraient pu leur donner la chasse, soit pour approcher de plus près et reconnaître un navire qu'ils voulaient attaquer.

Une autre obligation imposée aux armements en course prescrivait que les deux tiers au moins des équipages fussent composés de matelots français et commandés par des officiers français.

Lorsque toutes ces formalités étaient remplies, tout bâtiment pris sur l'ennemi, ainsi que tout navire trouvé en mer porteur de marchandises à destination de l'Angleterre, était réputé de bonne prise et adjugé comme tel au corsaire qui le ramenait dans un port français où la vente devait en être faite aux enchères publiques. Une retenue de six deniers par livre soit 2 1/2 °/₀, était d'abord prélevée sur le produit de la vente au profit des invalides de la marine, et le reste était réparti entre l'armateur et les gens du corsaire dans la proportion de deux tiers pour le premier et d'un tiers pour l'équipage.

Lorsque Colbert eut créé la marine de guerre française le rôle des corsaires se trouve subitement effacé, bien que les armements en course se soient continués à chaque guerre nouvelle. Il reprit son ancienne importance à l'occasion de la guerre de la ligue d'Augsbourg qui dura près de dix ans de 1688 à 1697.

Pendant cette période 4,200 bâtiments marchands anglais dont la valeur dépasse 750 millions de francs furent pris ou détruits par eux. C'était l'époque des Jean Bart, des Forbin, des Duguay-Trouin, des Pointis, des Ducasse et des Cassard dont les glorieuses épopées sont trop connues pour que nous ayons besoin d'insister sur les faits héroïques dont ils ont été les auteurs.

Jean Bart était précisément le fils d'un pêcheur de Dunkerque et Duguay-Trouin celui d'un armateur de Saint-Malo. A côté d'eux, que de héros ignorés qui avaient fait leurs premières armes sur le Grand-Banc. A la suite de cette glorieuse phalange viennent se ranger des corsaires fantaisistes et même ultra-fantaisistes qui faisaient de la course comme on fait du sport. Dans cette catégorie nous trouvons la célèbre Mme de Montespan qui, en mars 1678, se fit donner par le roi les navires l'*Adroit* et le *Croissant* que Colbert fit armer à son intention dans le port du Havre, aux frais de l'État, bien entendu.

La marine de l'État continuant à décroître sous Louis XV et Louis XVI, ces princes furent obligés de s'adresser aux corsaires chaque fois qu'une guerre venait à éclater entre la France et une autre nation maritime. Aussi quand survint la guerre d'Amérique, le gouvernement fit aussitôt appel à tous les propriétaires de bateaux marchands et pêcheurs se trouvant dans les différents ports du royaume, à tous les capitaines et gens de mer que la guerre allait condamner à un chômage forcé et parmi lesquels se trouvaient les pêcheurs de morue.

Pour stimuler encore l'ardeur des corsaires, et les pousser à attaquer même les navires de guerre, le roi promit une gratification de 100 livres pour chaque canon enlevé à l'ennemi, de 4 livres de balles jusqu'à 12 livres ; cette gratification était portée à 150 livres pour les canons au-dessus de 12 livres, et une somme de 30 livres devait, en outre, être payée pour chaque prisonnier. Quand il y avait eu combat pour s'emparer du navire ennemi, la même somme de 30 livres était comptée pour chaque homme d'équipage se trouvant à bord de l'ennemi au commencement de l'action.

Il alla même jusqu'à offrir des canons et aussi des bâtiments aux capitaines et négociants que des difficultés pécuniaires seules empêchaient d'armer en courses.

Le 11 juillet 1778, une dépêche de M. de Sartine à M. Thirat, commissaire des classes à Fécamp, lui faisait connaître que Sa Majesté ordonnait à tous les vaisseaux et autres bâtiments armés en course dans le port, de faire la chasse à ceux du roy d'Augleterre ainsi qu'aux navires appartenant à ses sujets, de s'en emparer et de les conduire dans les ports du royaume.

Les corsaires n'avaient pas attendu cet ordre pour se mettre en chasse, car, dès le commencement du mois précédent, nous trouvons à Fécamp des matelots anglais retenus comme prisonniers de guerre et qui n'avaient pu y être amenés que par les navires armés en course. Quelques-uns de ces Anglais se distinguèrent même par leur courage et leur dévouement à l'occasion d'un naufrage qui eut lieu sur nos côtes.

Nous trouvons, en effet, la lettre suivante dans les archives de l'amirauté de Fécamp :

Versailles, le 13 juin 1778.

J'ai été informé, Monsieur, par M. de la Pelouze, major du régiment de Champagne, du courage avec lequel le capitaine Cooper, anglais, commandant l'un des navires détenus dans le port de Fécamp, s'est porté dans le courant du mois dernier à aller secourir quatre grenadiers de ce régiment qui, étant allés se promener sur la mer, seraient péris sans ce capitaine qui s'est exposé lui-même à perdre la vie pour les sauver.

J'en ai rendu compte au Roy, et Sa Majesté, voulant récompenser une aussi belle action, m'a chargé de donner les ordres nécessaires pour que ce capitaine eût la liberté de sortir du port avec son navire, dont elle lui accorde la remise et lui laisse la disposition. J'écris, en conséquence, aux officiers de l'amirauté de Fécamp, afin qu'ils se conforment aux intentions de Sa Majesté, mais je suis étonné que vous ne m'ayez pas rendu compte d'un fait aussi digne d'éloges.

Je suis, Monsieur, votre très humble et très obéissant serviteur.

Signé : DE SARTINE.

A Monsieur Thirat, commissaire des classes, à Fécamp.

A l'origine, les équipages des bâtiments capturés par les corsaires devaient être remis, aussitôt l'entrée de la prise dans un port français, aux officiers de l'amirauté qui les faisaient interner dans la prison du roi ou celle du seigneur, mais peu à peu on se relâcha de cette sévérité, et les officiers des navires de guerre, ainsi que les capitaines des bâtiments marchands purent être laissés libres sur parole. Ils choisissaient eux-mêmes leur lieu de résidence où ils vivaient comme bon leur semblait, à la condition, toutefois, de se présenter devant les officiers du roi chaque fois qu'ils en étaient requis.

Avant de leur accorder cette liberté, le chef du service de la marine du port où ils avaient été amenés leur faisait signer l'engagement suivant, dont le modèle avait été envoyé le 26 octobre 1778 à tous les commissaires des classes du littoral.

Je soussigné ci-devant sur le anglais pris par actuellement prisonnier de guerre en ce port, donne ma parole d'honneur a M. le Commissaire des Classes, chargé dans le dit port de la police des prisonniers de guerre, de ne point sortir de la ville dans laquelle il m'a été permis d'aller résider, d'observer dans ma conduite la décence convenable, ainsi que les égards dus aux lois du Royaume, et de n'entretenir, pendant ma détention comme prisonnier de guerre, aucune correspondance directement ou indirectement avec l'Angleterre, qu'au moyen de lettres qui seront remises ouvertes à M. Le Maire de la ville de ma résidence pour qu'elles puissent être lues et approuvées.

Laquelle parole d'honneur je m'oblige à tenir inviolablement.

Fait à , le

(*Signature.*)

Ils devaient, en outre, pour garantir aux intéressés le paiement de la rançon qu'ils représentaient, fournir entre les mains du commissaire des classes une caution prise parmi les notables commerçants de la localité.

Voici, à titre de curiosité, l'un de ces cautionnements :

Je soussigné Louis Charles Lemesle, négociant, cautionne la personne du sieur Jean Thompson de Withy, capitaine du bâtiment Anglais « le Commerce de Withy » actuellement prisonnier de guerre en cette ville et qui doit se rendre à celle de Bolbec jusqu'à ce que son échange ait lieu, et m'oblige de le représenter toutes fois et quantes il le faudra au commissaire des classes de la marine de ce port et à deffaut de payer la somme de Deux milles quatre cent livres.

A Fécamp, le 12 septembre 1778.

Signé : L.-C. Lemesle.

Afin qu'ils pussent se procurer la nourriture et le logement ainsi que les autres choses nécessaires à la vie, tous les officiers anglais, prisonniers sur parole, recevaient sur les fonds du trésor royal une solde journalière variant suivant leur grade, et dont le montant était fixé comme suit :

Capitaine de vaisseau de guerre.........	3	livres.
— de frégate...	2	»
Chirurgien major......	2	»
Lieutenant de vaisseau................	30	sols.
Enseigne de vaisseau.............	30	»
Capitaine de corsaire.................	18	»
Capitaine de navire marchand..............	18	»
Ministre des cultes....	18	»
Chirurgien............................	18	»
Officiers mariniers......................	15	»
Seconds capitaines marchands...............	15	»
Écrivains...	15	»

Les autres gens de l'équipage recevaient simplement la ration.

Les armements en course n'étaient pas spéciaux à la France ; toutes les autres nations, quand elles avaient à soutenir une guerre sur mer, armaient également des corsaires pour faire la chasse à leurs ennemis, et l'Angleterre elle-même avait les siens et, bien qu'ils aient joué un rôle moins glorieux que les nôtres, ils ne laissaient pas que de nous faire du mal par leurs attaques.

La guerre avait été déclarée officiellement le 24 mai 1778, et l'Angleterre, pour prévenir autant que possible nos armements en course qui lui faisaient plus de torts que toutes les flottes royales combinées, avait cherché à empêcher les corsaires de sortir de leurs ports d'armement ou d'y ramener leurs prises en établissant de nombreuses croisières dans la Manche. Fécamp eut aussi la sienne, et nous en trouvons la preuve dans la lettre suivante adressée par le secrétaire d'État de la marine à M. Thirat:

Versailles, le 28 août 1778.

J'ai reçu, Monsieur, votre lettre du 16 de ce mois, par laquelle vous m'informez qu'il paraît depuis quelques jours un brigantin anglais de 12 à 16 canons, dont la croisière, établie à deux lieues au large de Fécamp, cause d'autant plus d'inquiétude aux négociants qui ont des bâtiments dehors, que ce port est absolument sans défense.

Il ne m'est pas possible, dans ce moment, d'affecter une frégate ou une corvette pour croiser particulièrement dans ces parages. Mais M. Le Comte de Montbarey, instruit de la situation où se trouve le port de Fécamp, s'occupe des moyens de protéger les bâtiments qui pourraient craindre d'être enlevés par les corsaires en-dedans des jetées.

Je suis, Monsieur, votre très humble et affectionné serviteur.

Signé : De Sartine.

A Monsieur Thirat, commissaire des classes, à Fécamp.

Quand vint la Révolution d'où sortirent vingt-deux années presque ininterrompues de guerre maritime avec l'Angleterre, les armements en course atteignirent leur plus haute période de gloire.

Nos ennemis étant devenus les maîtres incontestés de la mer il n'était plus possible de songer à aller au Banc, de sorte que pêcheurs et navires seraient demeurés inactifs s'ils n'avaient eu la ressource de se faire corsaires.

C'est un véritable poème épique que l'histoire de ces corsaires de la Révolution, marins hardis et aventureux qui, montés sur de misérables petits bateaux, mal armés, n'avaient d'autre pensée que de courir sus à l'Anglais, pour s'emparer de ses bâtiments et de ses marchandises, s'attaquant même quelquefois à des navires de guerre qui leur étaient dix et vingt fois supérieurs, affrontant tous les dangers sans aucun souci de leur propre existence; c'est une des plus belles pages de notre histoire maritime.

Capitaine de Course, dit l'un d'eux dans une pétition qu'il adressait au Directoire exécutif, j'ai poursuivi l'Anglais avec ce zèle que tout républicain met à combattre l'ennemi de son pays.

Prisonnier, j'ai souffert sans murmurer, parce que je souffrais pour la patrie.

A peine échappé des fers de ce gouvernement perfide qui méconnaît jusqu'aux droits sacrés de l'humanité, j'ai fait un nouvel armement, et, plein de confiance dans les lois et dans les chefs chargés de leur exécution, je n'ai point balancé à exposer de nouveau ma fortune, ma liberté, ma vie.

La loi du 29 nivôse dernier venait d'être proclamée ; j'ai mis en mer sur la foi de cette loi : j'ai rencontré, pris et amené à Fécamp, un navire danois venant de Londres, chargé de denrées et de marchandises anglaises.

S'il est vrai que le style peint l'homme, peut-on trouver un caractère à la fois plus simple, plus noble et plus énergique que celui de ce corsaire nommé Rognon? Se voyant contester le bénéfice de la prise qu'il avait faite au péril de sa vie, il demandait purement et simplement aux pouvoirs publics de laisser les tribunaux compétents juger librement et impartialement de la validité de cette prise. Il demandait ce qui lui appartenait en vertu de la loi du 29 nivôse, et il exposait les faits sans phrase, sans forfanterie, comme s'il s'agissait d'un simple litige survenu à la suite d'une chasse aux alouettes.

Ces hommes-là furent plus nombreux qu'on ne peut se l'imaginer tout d'abord; il semble qu'ils aient éclos tout d'un coup sous le souffle puissant de la Révolution.

En effet, en même temps que le Comité du salut public décrétait la patrie en danger et appelait tous les hommes valides à la frontière pour défendre la France contre l'invasion étrangère qui la menaçait de toutes parts, la Convention rétablissait la guerre de course, en appelant tous les gens de mer à la poursuite des Anglais, en déclarant de bonne prise tout bâtiment naviguant sous pavillon britannique, respectant d'abord les droits des neutres et défendant d'attaquer les navires portant le pavillon d'une nation contre laquelle la guerre n'était pas encore déclarée officiellement.

Mais cette tolérance à l'égard des neutres, si louable qu'elle fut en elle-même, ne tarda pas à donner lieu à des abus, qui la firent bientôt retirer. Quelques-unes de ces nations privilégiées ayant eu des complaisances coupables pour l'Angleterre à laquelle elles prêtaient volontiers leurs couleurs pour garantir ses bâtiments marchands et leurs riche cargaison contre les entreprises des corsaires français, la loi du 29 nivôse décide dans son article premier:

L'état des navires, en ce qui concerne leur qualité de neutres ou d'ennemis, sera déterminé par leur cargaison ; en conséquence, tout bâtiment trouvé en mer, chargé en tout ou partie de marchandises provenant d'Angleterre ou de ses possessions, sera déclaré de bonne prise, quel que soit le propriétaire de ces denrées ou marchandises.

Le champ qui s'ouvrait ainsi à l'activité de nos corsaires était donc vaste et bien fait pour tenter le vieux levain de cupidité qui reste toujours à sommeiller au fond du cœur des descendants des compagnons de Rollon. Aussi, sous l'influence des lois dont nous venons de parler, de nombreux armements ne tardèrent-ils pas à s'effectuer dans tous les ports de la Manche. Les demandes de lettres de marque qui remplaçaient les anciennes commissions en course affluèrent au ministère de la marine.

Voici, à titre de curiosité, le texte d'une de ces lettres de marque :

LIBERTÉ-ÉGALITÉ

RÉPUBLIQUE FRANÇAISE

Lettre de marque.

Les Consuls de la République permettent par la présente, au citoyen Le Borgne aîné de faire armer et équiper en guerre un corsaire nommé Le Caïman, du port de tonneaux avec tel nombre de canons, boulets, telle quantité de poudre, plomb et autres munitions de guerre et vivres qu'il jugera nécessaire pour le mettre en état de courir sur tous les ennemis de la République, et sur les Pirates, Forbans, gens sans aveu, en quelque lieu qu'il pourra les rencontrer de les prendre et amener prisonniers avec leurs navires, armes et autres objets dont ils seront saisis, à la charge par de se conformer aux Ordonnances et Lois concernant la Marine et notamment aux Lois des 31 janvier 1793 (vieux style) et 23 thermidor, an III, concernant le nombre d'hommes devant former son équipage, de faire enregistrer au Bureau de l'Inscription Maritime du lieu de son départ; d'y déposer un rôle signé et certifié de et du Capitaine, contenant les noms, surnoms, âges, lieux de naissance et demeures des gens de son équipage, et à la charge par ledit capitaine de faire à son retour et en cas de relâche son rapport par devant l'Administrateur de la Marine.

Les Consuls de la République invitent toutes les puissances amies et alliées de la République Française, et leurs agents, à donner audit capitaine tout assistance, passage et retraite en leurs ports avec son dit bâtiment, et les prises qu'il aura pu faire, offrant d'en user de même en pareilles circonstances. Ordonnent aux Commandants des vaisseaux de l'État de laisser passer ledit avec son bâtiment et ceux qu'il aura pu prendre sur l'ennemi, et de lui donner secours et assistance.

Ne pourra la présente servir que pour six mois à compter de la date de son Enregistrement.

En foi de quoi, les Consuls de la République ont fait signer la présente lettre de marque, par le Ministre de la Marine et des Colonies.

Donné à Paris, le Messidor, l'an huitième de la République Française.

Signé : FORFAIT.

Par le ministre de la Marine et des Colonies,

Signé : J. FORESTIER.

Il ne faut pas s'étonner outre mesure de la courte durée de la validité que le gouvernement de la République attachait à ces lettres de marque ; cela tenait à la façon toute particulière dont se pratiqua alors la course et qui différa totalement de celle qui fut immortalisée au XVIIe siècle par les grands corsaires dont nous avons cité les noms, ainsi que par les flibustiers, leurs rivaux de la mer des Antilles. Les corsaires de la Révolution et de l'empire, au lieu de tenir la mer comme leurs devanciers pour la parcourir en tous sens, restaient prudemment à couvert dans un port, jusqu'à ce qu'une occasion propice leur fût signalée ; ils se lançaient alors à la poursuite de cette proie, l'attaquaient et la capturaient s'ils n'étaient pas pris ou détruits eux-mêmes.

Leurs expéditions ne duraient que quelques jours.

Les armements, d'ailleurs, n'étaient faits que pour une durée limitée généralement à vingt jours effectifs de mer, mais que les événements pouvaient abréger ou prolonger suivant les cas, et après laquelle il était procédé à la liquidation des prises par le tribunal de commerce du lieu de l'armement.

Il n'était pas rare que, pendant ces courtes croisières, le même corsaire se rendît maître de deux, trois, quatre et quelquefois même cinq bâtiments ennemis, qu'il conduisait aussitôt dans le port français le plus rapproché et où il était procédé à la vérification et à la vente de la prise.

Cette simple énonciation et les preuves que nous en donnerons plus loin suffiront à établir le véritable rôle joué à cette époque par les armements en course. On comprend aisément tout le tort fait par ces irréguliers de la mer au commerce maritime des Anglais et de leurs alliés. C'est par milliers de bâtiments qu'il faut évaluer l'importance de leurs prises.

Quelquefois, il arrivait que le corsaire se trouvait fort embarrassé de sa capture, soit qu'il craignît une attaque des croiseurs ennemis, devant lesquels il n'aurait pu fuir assez vite avec sa remorque, soit que cette remorque l'empêchât de se livrer à une attaque qui lui paraissait plus fructueuse, soit pour toute autre cause dont le capitaine était seul juge. Alors, il imposait au commandant du navire capturé une rançon en espèces, et il le laissait continuer sa route après s'être fait délivrer des otages en garantie du paiement de la rançon.

Voici le modèle du contrat qui intervenait alors entre les deux capitaines :

TRAITÉ DE RANÇON

—

N°

Le

—

Nous, soussigné capitaine du le armé au port de par le C^{en} cautionné par le C^{en} porteur d'une Lettre de Marque expédiée sous le N° agissant d'après l'autorisation spéciale que j'ai reçue le desdits armateurs commandant le navire le

Et

sommes convenus de ce qui suit :

Savoir :

Moi , j'ai pris le du présent mois d' de l'an à la hauteur de ledit navire le de tonneaux, ayant hommes d'équipage, naviguant sous pavillon muni d'un passe port délivré à appartenant à demeurant à chargé de pour le compte de , expédié de allant à lequel navire j'ai rançonné à la somme de pour laquelle j'ai remis en liberté ledit navire

Pour sûreté de ladite rançon montant à la somme de , j'ai reçu en ôtage :

Et moi, commandant ledit navire le tant en mon nom qu'en celui de propriétaires dudit navire et de sa cargaison, déclare m'être soumis volontairement au paiement de la dite rançon, montant à la somme de que je m'engage à acquitter ou faire acquitter par lesdits propriétaires, le plus promptement qu'il me sera possible.

Pour sûreté du présent traité, j'ai donné en ôtage au dit capitaine du corsaire français le

Fait double à bord du le du mois d'

A défaut de la pêche à Terre-Neuve devenue matériellement impossible, et de la navigation au long cours rendue aussi périlleuse pour les marins que ruineuse pour les armateurs, par les aléas qu'elle comportait, les armements à la course entrèrent si facilement et si profondément dans nos mœurs maritimes qu'ils se traitèrent entre armateurs et intéressés comme de véritables opérations commerciales. Bientôt même il se forma dans la plupart de nos ports des sociétés en commandite par actions ou par parts d'intérêts ayant la course pour objet.

Il nous suffira, pour en donner un exemple, de reproduire le document suivant :

Armement en course

*Cession d'intérêt dans le corsaire-lougre l'*Aigle, *etc.*

Le soussigné, armateur, reconnaît et déclare céder par le présent acte, à M , action dans la totalité du corsaire et de son armement, ainsi que dans les bénéfices qu'il pourra produire..

S'oblige M

1° A payer comptant la somme de pour le montant

de son intérêt, calculé sur la dépense présumée par l'article 1er de la police sus-datée.

2° A payer la contribution de son intérêt dans l'excédent de la dépense présumée, s'il y a lieu.

3° Il déclare accepter, agréer et consentir toutes les conditions de l'armement exprimées dans la police du 26 août 1807, enregistrée le 28 du même mois, dont copie précède.

De sa part, l'armateur s'oblige à se conformer aux dispositions des lois pour les comptes à rendre.

Voici maintenant les principales clauses de la police d'armement dont il est parlé dans ce document :

Les proportions du corsaire sont 56 pieds de quille traînant sur terre ;

13 pieds de bau ;

5 pieds 9 pouces de creux.

Il sera armé de 14 canons ou caronades et toutes les menues armes nécessaires, comme fusils, pistolets et sabres ; l'équipage sera de 48 hommes ; sa croisière sera de vingt jours effectifs de mer.

CONDITIONS DE L'ARMEMENT

Art. 1er. — Cet armement sera fait par économie, et présumer devoir coûter trente mille francs, sans garantir le plus ou le moins : il sera divisé en soixante actions de cinq cents francs.

Art. 2. — Dans le cas où la dépense présumée par l'article premier ne s'élèverait pas à la somme déterminée, l'excédent servira aux frais de relâche, ou sera réparti à la société comme bénéfice ; dans le cas contraire, les actionnaires resteront débiteurs envers l'armateur de la dépense qui excèdera ladite somme de trente mille francs.

Art. 3. — Les actionnaires s'engagent à contribuer audit armement, ainsi qu'aux frais de relâche et autres, en raison et proportion des actions énoncées par leurs signatures, et à payer comptant le montant de leurs souscriptions.

Art. 4. — L'armement se faisant par économie, il demeure bien entendu entre les intéressés et l'armateur que si quelque événement politique empêchait la sortie du corsaire, la perte qui résulterait de cet armement tomberait au compte des actionnaires, chacun en proportion de son intérêt.

Art. 5. — En cas de prise, l'armateur en poursuivra la condamnation et la vente, et s'oblige de faire la répartition du produit dans la quinzaine de la rentrée des fonds. Sa commission sera de 3 %, tant sur les frais d'armement, relâches et autres, que sur le produit brut des prises, n'importe où elles seraient conduites et ce, nonobstant toute loi contraire. Il sera alloué la commission d'usage aux consignataires des ports.

Art. 6. — L'armateur est autorisé à allouer au capitaine un chapeau de 5 % sur le produit brut des prises ; à faire avec les capitaine et équipage les arrangements et conditions d'usage, relativement à leurs traitements et part aux prises ; comme aussi à prendre toutes les mesures, et à faire tout ce qu'il jugera convenable pour le bien de l'armement et la régie des prises s'il y a lieu. Il est également autorisé à faire ou faire faire aux frais de la Société tous voyages utiles, soit à l'armement et relâches du corsaire, soit à la régie, surveillance et vente des prises.

Art. 7. — L'armateur est autorisé à réarmer après la course, même dans le cas où des circonstances imprévues viendraient à la rompre, mais il consultera les actionnaires, et le consentement de la majorité sera obligatoire pour tous.

Art. 8. — Les actionnaires sont autorisés à acheter aux ventes des prises ; à cet effet, il leur sera délivré des bons par l'armateur, jusqu'à la concurrence des sommes présumées devoir leur revenir.

Art. 9. — Pour tout ce qui n'est pas prévu par la présente police, l'armateur consultera les intéressés, et toujours le vœu de la majorité, calculée par le nombre d'actions, sera obligatoire pour tous.

Quand la chance favorisait le capitaine du corsaire en faisant passer à portée de ses canons ou de ses grappins un bâtiment marchand isolé, apportant d'Amérique ou des Indes quelque riche cargaison qu'il laissait rarement échapper, l'opération pouvait devenir très brillante pour l'armateur et ses coassociés, malgré la vente difficile et souvent faite à très bas prix du bâtiment capturé et des marchandises qu'il portait.

Ce n'étaient pas les occasions qui faisaient défaut, car la Manche était la route directe et naturelle par laquelle passaient, à chaque instant les nombreux navires battant pavillon anglais, et qui apportaient à Londres les productions variées des côtes d'Afrique et des Indes orientales et occidentales, ou qui s'en allaient porter dans le monde entier les produits ouvrés sortant des manufactures anglaises.

Mais, le plus souvent, ceux qui en valaient la peine par l'importance de leur chargement se faisaient escorter à grands frais par un navire de guerre britannique, et il fallait livrer, pour s'en emparer, une véritable bataille dont l'issue était quelquefois fatale aux nôtres, malgré la bravoure et la véritable furie dont ils faisaient preuve dans l'attaque. Mais malheur à celui qui osait s'aventurer dans la Manche seul et sans autre défense que les moyens personnels dont il pouvait disposer à son bord : sa présence dans nos eaux ne tardait pas à être signalée, et il lui était bien difficile d'échapper alors aux grappins que le corsaire lui lançait pour s'attacher à ses flancs, sauter à l'abordage et faire prisonniers tous ceux de son équipage que le canon ou la hache avait épargnés. Un seul coup d'éclat pouvait ainsi devenir une véritable fortune pour l'armateur comme pour le capitaine du corsaire, ainsi qu'une riche aubaine pour les marins et autres gens de l'équipage. En effet, défalcation faite des frais de garde, de jugement, de vente, etc., de la prise, ainsi que des 5 °/₀ en faveur des invalides de la marine, les deux tiers du produit net de cette liquidation revenaient à l'armateur et ses associés, et le capitaine, en dehors de sa part, stipulait un tant pour cent sur le produit brut de la campagne, ce qui arrondissait d'autant son lot.

En dehors de ce gros gibier qui se faisait plus rare d'année en année, et se montrait plus difficile à approcher et plus dangereux à chasser, les corsaires se rabattaient sur le menu fretin, c'est-à-dire les navire d'un plus faible tonnage, portant un chargement moins riche, qui n'étaient pas toujours à dédaigner et dont l'abondance suppléait la valeur.

Voici d'ailleurs l'analyse du jugement de :

Liquidation générale et définitive de la troisième croisière de vingt jours effectifs de mer du corsaire l'*Espoir* armé à Saint-Valery-en-Caux, capitaine Jacques Augustin Collos ; armateur, M. Victor Rigoult, commencée le 18 août 1807 et finie le 4 décembre suivant.

Pour un armement qui n'avait pas duré quatre mois, le capitaine Collos avait capturé quatre bâtiments anglais, et le produit de la croisière se formait comme il suit :

Premièrement, de la somme de quinze mille neuf cent trente-sept francs quatre-vingt-cinq centimes pour le produit net de la prise anglaise *Lisabella*, conduite au port de Fécamp, suivant liquidation particulière faite par le Tribunal de commerce dudit lieu, le 11 décembre 1807, enregistré au même lieu, etc. ci.............................. 15.937 fr. 85

Deuxièmement, de la somme de onze mille soixante-douze francs, soixante-dix-sept centimes, pour le produit net de la prise anglaise le *Northumberland*, conduite au port de la Hougue, etc., ci........................ 11.072 fr. 77

Troisièmement, de la somme de treize mille cinq cent cinquante francs soixante-six centimes, pour le produit net de la prise anglaise le *William*, conduite au port de la Hougue, etc, ci........................ 13.550 fr. 66

Quatrièmement, enfin, de la somme de quatre-vingt-treize mille quatre cent quarante-trois francs soixante-deux centimes, pour le produit net de la prise anglaise l'*Elisabeth*, conduite au port de Boulogne, etc., ci....... 93.443 fr. 62

Ensemble... 134.004 fr. 90

Les dépenses communes, comprenant la commission de l'armateur pour 2.213, 56, et le chapeau du capitaine pour 2.680, 10 s'élevant à............................ 7.465 42

Il restait à répartir.. 126.539 fr 48

Dont le tiers revenant à l'équipage était.	42.179	83
Et les deux tiers aux intéressés.	84.359	65

Le montant total des frais d'armements, avances à l'équipage, mises dehors, relâches, etc., y compris un naufrage à Fécamp, ne s'était élevé qu'à la somme relativement minime de quarante-neuf mille francs, qui rapporta aux intéressés un bénéfice net de 43.793 fr. 50.

L'armateur, M. Victor Rigoult, avait divisé son entreprise en soixante actions ou parts d'intérêts. Le bénéfice net attribué par le tribunal à chacune des parts ressortit à six cent quatre-vingt-treize francs trente-neuf centimes quarante-trois soixantièmes, soit près de 90 °/₀.

La retenue effectuée au profit des invalides de la marine produisit 4.107 fr. 18.

Ce résultat était déjà suffisamment rémunérateur, si l'on se place au simple point de vue de la spéculation : il devenait inespéré pour tous quand la seule prise de *Fortuna*, ramené à Fécamp le 18 février 1809, produisait à la vente une somme de 486.067 fr. 63, et celle de *The Experiment*, ramené par le corsaire l'*Espoir* le 11 août de la même année, et qui ne produisit pas moins de 772.781 fr. 56.

Tous nos capitaines n'avaient pas cette même chance ; c'est ainsi que le 5 février 1810, la *Victoire*, appartenant à M. Rigoult, et qui rentrait au port de Fécamp avec un brick anglais qu'elle avait capturé la veille, est tout d'un coup attaquée par une goëlette et un autre brick anglais qui lui reprennent son butin.

D'autres sont moins heureux encore et périssent victimes de leurs audacieuses entreprises.

Quelques-uns enfin sont pris par les Anglais, et leurs équipages vont grossir la masse des prisonniers français entassés sur les pontons britanniques, de sinistre mémoire.

Un grand nombre de marins pêcheurs, devenus corsaires autant par goût que par nécessité, subirent là de longues années de captivité, car les portes de leurs bagnes ne s'ouvrirent qu'en 1815. Toutefois, malgré la surveillance étroite dont ils étaient l'objet, quelques-uns parvenaient de temps en temps à s'en échapper. C'est ainsi que le 24 décembre 1810, vingt-quatre prisonniers français retenus sur les pontons de la rivière de Teythmouth dans le Devonshire, ayant réussi à tromper l'œil vigilant de leurs gardiens, se jetèrent à la nage et, sous le commandement de l'un d'eux, nommé Nicolas Larrieu, aspirant de marine de la flotte impériale, attaquèrent la goëlette le *Griffon*, mouillée à quelques encâblures de là, s'en emparèrent et prirent la mer pour revenir en France. Ils ont le bonheur d'échapper à toutes les croisières anglaises, et, le 24 du même mois, ils entrent avec leur prise dans le port de Fécamp où ils font aussitôt leur rapport devant le commissaire de la marine, qui les félicite de leur courage et de leur réussite.

L'année suivante, c'était le tour de trois marins de Granville, qui, en s'échappant des pontons, s'emparent du sloop anglais *Mary Warsah* avec lequel ils traversent la Manche et viennent échouer à Étretat.

Et à côté de cette chasse aux bâtiments de commerce dont la prise constituait une source de revenus à nos corsaires, que de combats livrés aux navires de guerre pour se défendre de leurs attaques, et qui ne tournèrent pas toujours à l'avantage de l'amirauté anglaise !

Le 10 nivôse an XIII, le lougre français le *Wiméreux* armé en course sous le commandement du capitaine Pollet, est rencontré, près de Saint-Pierre-en-Port, par deux croiseurs et un corsaire anglais qui l'attaquent de concert. Le *Wiméreux*, qui jaugeait seulement 59 tonneaux, n'avait à opposer à l'ennemi que 14 canons et 55 hommes d'équipage comprenant, outre le capitaine Pollet, cinq lieutenants et un officier de santé. Se voyant dans l'impossibilité de fuir assez vite, Pollet accepte courageusement le combat qui se fait corps à corps avec le plus grand acharnement de part et d'autre. Mais les Français, qui combattent pour leur liberté, font des prodiges de valeur et, malgré sa grande infériorité, Pollet peut rentrer au port de Fécamp avec sept prisonniers anglais. De son côté, dix hommes ont été tués et dix autres grièvement blessés. Tous ont reçu des coups de hache dans la figure ou dans la poitrine.

Le rapport du commissaire de marine Renateau, auquel nous empruntons ces détails, se termine ainsi :

Le capitaine doit des éloges à tous les hommes de son équipage sur la défense qu'ils ont faite.

M. le capitaine Pollet, né à Boulogne, qui commande en course, depuis 1795, a soutenu, dans cette affaire, la réputation de bravoure qu'il s'est acquise par ses actions précédentes, et qui lui ont mérité l'Aigle d'Honneur.

Monté sur son banc de quart, il y est resté avec intrépidité pendant toute l'action, sans autre arme que son porte-voix, avec lequel il animait les siens au combat. Il doit sa conservation à l'amour filial de Charles Pollet, son fils, qui a toujours combattu à côté de son père et au dévouement de ses officiers qui ont détourné les coups qui menaçaient ses jours.

Sept ans après ce mémorable événement, le 14 février 1811, nous retrouvons à Fécamp le capitaine Pollet qui commandait alors le corsaire le *Génie* ; il était venu faire relâche dans ce port où il fut le héros d'une aventure que nous allons conter.

Suivant un ordre exprès, émanant du Gouvernement, le commissaire de marine, qui était alors M. Gastagliota, informe le corsaire qu'un certain nombre de ses hommes sont susceptibles d'appel et qu'il va les lever pour les expédier aussitôt au service de l'empereur. En entendant cette communication, Pollet entre dans une colère bleue ; il envoie à tous les diables le commissaire et son messager, ainsi que le ministre qui a donné de pareils ordres ; il jure qu'il s'opposera par tous les moyens à l'exécution de cette mesure qui le priverait de la meilleure partie de son équipage et le mettrait dans l'impossibilité de continuer sa croisière.

Devant cette résistance obstinée, le commissaire de marine demande main-forte au commissaire de police, au maire et au commandant de place, qui se rendent aussitôt dans la cour de la caserne où l'équipage entier du *Génie* est appelé et passé en revue.

Après la vérification des livrets et du rôle, quatorze hommes sont déclarés aptes au service et retenus par le commissaire de marine qui, malgré les protestations et les imprécations du capitaine, les fait enfermer dans les locaux de discipline sous la surveillance d'un piquet de police commandé par un caporal et un sergent. Puis, vers midi, tout le monde se retire pour aller dîner, remettant au soir la continuation de l'opération par la revue des équipages des corsaires le *Cerf-Volant* et le *Sauvage*, également en relâche dans le port.

Mais à peine les autorités sont-elles parties que Pollet revient à la tête des hommes qui lui restent et qu'il a armés jusqu'aux dents. Les portes de la caserne sont enfoncées, la garde surprise et désarmée, et les quatorze hommes du *Génie* délivrés de la prison ; ils y sont remplacés par les soldats chargés de leur surveillance et que les corsaires enferment à double tour pour les empêcher de donner l'alarme. Ce bel exploit accompli, Pollet, suivi cette fois de tous ses hommes, remonte à bord de son bâtiment, lève l'ancre et sort du port avant que ni le commissaire de marine ni le commandant de place n'aient été informés de ce qui se passait.

Un rapport détaillé de cette rébellion à main armée contre la force publique, qui avait stupéfié les autorités maritimes et militaires de Fécamp et jeté l'émoi dans toute notre population, fut aussitôt adressé au ministère de la marine par le commissaire. Ce dernier, furieux d'avoir été ainsi joué, demandait que le capitaine Pollet fût cassé de son grade et remis matelot *à la basse paye*.

Dans sa réponse, le ministre se montre très indulgent pour notre héros. Rappelant les services de Pollet qui navigue depuis 1762 et commande en course depuis 1795, il ne saurait oublier qu'en dehors des nombreux bâtiments marchands dont le corsaire s'est emparé, celui-ci s'est encore rendu maître tout récemment de deux corvettes anglaises. De sorte que, eu égard à sa conduite antérieure, le capitaine du *Génie* n'est condamné qu'à quelques jours d'arrêts de rigueur qu'il fera à son retour en France.

C'était d'ailleurs l'intérêt, bien entendu, du Gouvernement de ménager les hommes de cette trempe qui étaient ses meilleurs auxiliaires dans la lutte qu'il fallait soutenir contre la puissance maritime de l'Angleterre ; et bien des fois l'empereur leur fit des propositions très avantageuses pour les faire entrer comme officiers dans la marine impériale.

Si quelques-uns, préférant l'indépendance absolue qu'ils possédaient comme corsaires aux honneurs qu'on leur offrait, déclinèrent ces offres, d'autres les acceptèrent, et parmi ces officiers se trouve le grand-père du côté maternel de l'auteur de cette étude. Jacques-François-Henry Desprairie, né au Havre, le 23 décembre 1774, avait été reçu capitaine au long cours le 14 fructidor an X ; il arma successivement en course et commanda lui-même l'*Heureux-Hasard* et le *Hussard*. Fait prisonnier en 1810, au cours d'une de ces croisières, il est emmené en Angleterre d'où il est assez heureux de se sauver après une captivité relativement courte. En 1812, il est nommé enseigne de vaisseau, à titre auxiliaire, dans la marine de l'État, où il est chargé de convoyer les navires de pêche et de commerce.

Voici la lettre qui le commissionnait à cet effet :

MARINE IMPÉRIALE

Au nom de l'Empereur.

Jean-Baptiste-Montagnies Delaroque, capitaine de vaisseau, officier de la Légion d'Honneur, commandant le 15e équipage de flottille, chargé de la défense des côtes et de la protection du commerce dans le deuxième arrondissement maritime,

Ordonne à Monsieur Desprairies (Jacques-François-Henry), enseigne de vaisseau auxiliaire, commandant la canonnière la *Brûlante* d'appareiller au premier tems favorable pour se rendre au Havre, sous les ordres de Monsieur le Capitaine de frégate Lemaître, major du 15e équipage de la flottille. Il prendra, sous son escorte, les bâtiments de transport, de commerce et de pêche.

L'ennemi ayant établi sa croisière depuis Cherbourg jusqu'à la distance de 4 à 5 lieues, il aura toujours la plus grande attention à ce que le trajet d'Armanches à la Percée soit toujours fait de nuit, à moins de circonstances majeures, dont il justifiera en cas d'événement.

L'habitude des convois et les connaissances locales qu'il a acquises me sont un sûr garant du succès de la mission qui lui est confiée.

Cherbourg, le 25 février 1812.

Le capitaine de vaisseau, commandant le 15e,
Signé : Montaignies DELAROQUES.

Monsieur Desprairies mourut en 1820 à Saint-Domingue.

Malgré l'abondance et la diversité des documents qui nous resteraient à citer sur cet intéressant chapitre, nous terminerons sur ce fait l'histoire de nos pêcheurs devenus corsaires autant par goût que par patriotisme et dont quelques-uns se sont élevés au rang de véritables héros.

Nous dirons cependant quelques mots des *smogleurs* qui tinrent aussi une certaine place pendant les guerres maritimes que nous venons d'esquisser à grands traits.

On a quelque peine à se bien pénétrer du rôle véritable que jouèrent ces industriels, sorte de contrebandiers officiels autorisés et patentés par le Gouvernement du roi pour transporter en fraude en Angleterre certaines marchandises désignées à l'avance, qu'ils venaient charger dans quelques ports français de la Manche. L'histoire des dernières années de l'ancien régime révèle vraiment d'étranges coutumes.

Tandis que les corsaires étaient tenus d'avoir un équipage français, ou composé d'au moins les deux tiers de marins français, les smogleurs[1] étaient anglais et naviguaient sous pavillon anglais avec un congé de l'amirauté anglaise; mais ils étaient munis d'un sauf-conduit qui leur était délivré sous certaines conditions par le roi de France ou l'amiral.

Par ordonnance royale du 13 février 1779, les bateaux smogleurs furent autorisés à venir armés dans le port de Fécamp pour y charger des marchandises françaises ; mais ces fraudeurs, dit l'autorisation, ne pouvaient avoir que les armes nécessaires pour se défendre contre les bateaux de la douane anglaise qu'ils devaient éviter pour n'avoir pas à acquitter les droits prohibitifs dont nos produits étaient alors frappés à leur entrée dans les ports du Royaume-Uni de Grande Bretagne et l'Irlande.

Cette ouverture du port de Fécamp aux smogleurs aurait-elle été ordonnée pour compenser, en sa faveur, le détriment qui lui avait été causé, en 1717, par son exclusion de la liste des ports ouverts au commerce direct avec les colonies d'Amérique; ou bien, ne serait-ce point seulement parce que Fécamp, à cause de l'abandon dans lequel il avait été laissé jusque-là, était presque délaissé par la marine royale, et ne pouvait, par suite, donner aux étrangers aucun renseignement précis sur le mouvement de notre armée navale pendant ses opérations contre les ennemis? Nous inclinerions plutôt à accepter cette dernière hypothèse, car nous voyons partout les smogleurs écartés avec soin des grands ports où les escadres du roi avaient l'habitude de relâcher, soit pour éviter les mauvais temps, soit pour venir s'approvisionner entre deux croisières.

D'un autre côté, nous voyons que l'immense majorité des smogleurs était composée d'Irlandais, ces antagonistes nés des institutions anglaises que Jacques II nous avait habitués à voir se réclamer de l'alliance française, et qui employaient toutes leurs facultés à faire échec à leurs

1. Ce nom, qu'on avait francisé pour l'occasion, vient de l'anglais smuggler (contrebandier).

douanes. De tout temps, depuis les guerres de Louis XIV, les corvettes et les frégates du roi, ainsi que les corsaires français, avaient protégé tacitement les bâtiments des malheureux Irlandais.

Pour en revenir à ces smogleurs dont la tolérance dans nos ports semblait avoir le double but de frustrer d'une part le gouvernement anglais déjà passablement endetté par ses dernières guerres avec la France, des produits qu'il espérait pouvoir retirer de ses douanes et de favoriser, d'autre part, le débouché de nos marchandises et principalement des vins et eau-de-vie dont l'Angleterre faisait une très grande consommation et que la guerre avait accumulés dans nos magasins au grand détriment des producteurs, nous croyons devoir reproduire la lettre suivante pour donner à la question tout l'éclaircissement qu'elle comporte.

Elle émane de M. de Sartine et est adressée au commissaire des classes à Fécamp :

Marly, 19 octobre 1778.

J'ai pris les ordres du roy, Monsieur, sur le commerce que fond les fraudeurs anglais nommés *smogleurs*, dans les différents ports du Royaume. Sa Majesté a reconnu que les détails de ce commerce composaient un objet fort intéressant pour ses sujets, et que s'il y avait quelques dangers à le tolérer, on perdrait des avantages certains en le supprimant ; elle a pensé que les ports auxquels il pouvait être restreint, n'étant pas regardés comme les premiers dépôts des forces de l'État, n'offraient pas des détails très intéressants pour la curiosité de ses ennemis, qu'outre les raisons du commerce qui la décident à admettre les smogleurs dans quelques-uns de ses ports, la permission qu'ils auraient de continuer ce commerce empêcherait les matelots, qui y seraient employés, de servir sur les vaisseaux du Roy d'Angleterre, ou dans des armements particuliers.

Mais, malgré toutes ces considérations, Sa Majesté a cru devoir prendre des précautions contre les abus que l'admission des smogleurs pouvait entraîner, et vous aurez le soin de soumettre tous les capitaines des bâtiments anglais qui continueront ce commerce aux conditions suivantes :

1° Les fraudeurs qui désireront fréquenter votre port donneront les noms de leurs bâtiments et de leurs capitaines, et ne pourront aborder dans aucun autre port du Royaume, à moins d'y être forcés par la tempête, auquel cas ils ne pourront y faire aucun achat de marchandises ;

2° Les bâtiments ne devront pas être armés de canons ni de pierriers, et n'avoir que 12 à 15 hommes d'équipage ;

3° Ils seront tous adressés à des négociants de votre port connus et solvables, et qui se rendront caution de la somme de vingt mille livres pour chaque voyage des abus que le capitaine ou les gens de son équipage pourraient faire de la permission qui leur est accordée ;

4° Il sera prescrit aux smogleurs de ne pas s'écarter de leur route directe à moins de force majeure ou pour éviter les bateaux de la douane anglaise ;

5° Le capitaine et le mousse seront seuls autorisés à descendre à terre, et devront loger dans une maison connue du commandant de la place.

Je suis, Monsieur, votre humble et obéissant serviteur.

Signé : De Sartine.

CHAPITRE VI

LA PÊCHE AU BANC PENDANT LE XIXe SIÈCLE

La nouvelle de l'abdication de Fontainebleau fut accueillie avec bonheur par quelques-uns, avec un véritable soupir de soulagement par toute notre population maritime qui, plus que toutes les autres classes industrielles, avait souffert d'un chômage forcé de vingt-deux ans.

Il semblait à tous ces braves gens, qui avaient vécu si longtemps de privations, que le successeur de Napoléon, quel qu'il pût être, serait pour eux un véritable sauveur qui ramènerait le travail et l'aisance. L'Empire n'avait été qu'une guerre ininterrompue que n'avait pas coupée la plus petite trêve leur permettant de mettre un bout de ligne à la mer, sans risquer leur vie ou tout au moins leur liberté; le nouveau gouvernement devait être la paix perpétuelle. Aussi l'arrivée de Louis XVIII est-elle saluée avec des transports de joie, et l'espérance renaît dans tous les cœurs.

Les traités de 1814 et 1815, si désastreux qu'ils aient été pour la France, avaient au moins l'avantage de rétablir la liberté et la sécurité des mers, comme de faire rentrer dans leurs foyers tous les marins valides dont les uns, — c'était le plus grand nombre, — étaient retenus prisonniers en Angleterre, et les autres levés pour le service de l'État.

De toutes parts, les armements se préparent avec une fiévreuse activité. Le Gouvernement, d'ailleurs, semble prendre en mains la cause de nos pêcheurs et particulièrement de ceux qui vont chercher la morue à Terre-Neuve; en tout cas, il se préoccupe sérieusement de la situation qui pouvait être faite à nos matelots dans les mers où la pacification pouvait n'être pas encore faite complètement.

La France, en effet, n'avait pas encore repris possession de Saint-Pierre-et-Miquelon, ni de ses pêcheries de Terre-Neuve qui lui étaient rétrocédées par les traités, de sorte que nos nationaux ne pouvaient compter sur aucun secours en cas de manque de vivres et d'approvisionnements en sel ou d'avaries dans ces parages si éloignés de la métropole, et ils risquaient, le cas échéant, de compromettre leur campagne.

Ils avaient été mis en garde contre ce danger par une lettre du comte Beugnot, alors ministre de la marine depuis la rentrée de Louis XVIII, et dont voici la teneur :

Le Ministre, secrétaire d'État au département de la Marine, à M. le Préfet maritime à Cherbourg.

Paris, le 5 janvier 1815.

Monsieur le Préfet,

Lorsqu'après le traité d'Amiens, en 1802, les ports de France expédièrent des bâtiments à Saint-Pierre-et-Miquelon, pour la pêche de la morue, les armateurs, comptant sur les farines et les salaisons que les Américains pouvaient y apporter, et sur les ressources que leur offrirait, à cet égard, le magasin de l'État, n'eurent pas l'attention de munir leurs bâtiments des quantités de vivres nécessaires à la consommation des équipages jusqu'au retour en France.

Cette négligence eut des inconvénients graves qu'il importe de prévenir aujourd'hui.

Je vous prie, en conséquence, de prendre les mesures les plus efficaces pour qu'il ne soit autorisé, dans votre arrondissement, aucune expédition pour la pêche, qu'après avoir acquis la certitude que chaque bâtiment aura été approvisionné dans une proportion suffisante, non seulement pour la traversée, mais pour le séjour et le retour.

Vous voudrez bien pourvoir avec soin à l'exécution de cet ordre, transmettre ampliation de la présente dépêche dans chacun des ports de la dépendance de Cherbourg.

Signé : Comte Beugnot.

Quelques jours après, nos armateurs recevaient communication d'une seconde dépêche du comte Beugnot ainsi conçue :

Le Ministre, secrétaire d'État de la Marine et des Colonies, au Commissaire chef maritime au Havre.

Paris, le 23 janvier 1815.

Monsieur,

Plusieurs armateurs m'ont exposé, avec raison qu'ils manqueraient la saison favorable pour le succès de leurs opérations à Saint-Pierre-et-Miquelon, s'il ne leur était permis de faire sortir, dès les premiers jours de mars, les navires qu'ils se proposent d'envoyer dans cet établissement.

Vous voudrez bien, en conséquence, informer les négociants qui prépareraient des armements pour les îles dont il s'agit, que leurs expéditions ne pourront être protégées par le pavillon du roi avant les premiers jours de mai, époque présumée de l'arrivée dans ces parages, de l'expédition de Sa Majesté, chargée de la reprise de possession, mais qu'il ne sera point mis d'obstacle au départ des bâtiments ayant cette destination lorsque les armateurs ne verront aucun danger pour leurs intérêts à devancer cette époque.

Signé : BEUGNOT.

Sur ces entrefaites, Napoléon rentrait en France et Louis XVIII se réfugiait à Gand, de sorte que les expéditions préparées pour Terre-Neuve n'eurent pas lieu cette année-là, la sécurité de nos nationaux étant encore une fois compromise sur l'Océan.

Le 24 avril, le duc Decrès, redevenu ministre de la marine de l'empereur, écrivait au préfet maritime du Havre :

« Les expéditions pour Terre-Neuve ne sont pas interdites ; c'est aux armateurs à apprécier les circonstances et les dangers qui pourraient éventuellement naître. »

Ces dangers n'étaient que trop réels pour que nos armateurs pussent consentir à s'aventurer de nouveau sur les mers où les Anglais se livraient à une chasse acharnée contre tout bâtiment battant pavillon français. Pourtant, ils ne consentaient pas volontiers à laisser plus longtemps improductifs les capitaux qu'ils avaient consacrés à leurs armements ; leur inaction avait duré trop longtemps et ils avaient hâte d'en sortir par tous les moyens possibles. Ils voyaient avec douleur et envie les étrangers se livrer paisiblement à la pêche de la morue sur ces mêmes bancs qu'ils avaient explorés les premiers et où ils avaient si longtemps régné en maîtres absolus.

Mais le pavillon tricolore qu'ils étaient forcés d'arborer comme signe de leur nationalité, chaque fois qu'ils en étaient requis par les navires de guerre étrangers, pouvait devenir pour eux une cause de confiscation ou de destruction par les Anglais et leurs alliés. C'était donc ce pavillon qu'il fallait pouvoir cacher à l'occasion et remplacer par celui d'une puissance neutre ou alliée à nos ennemis.

Cette simulation de nationalité étrangère avait déjà été pratiquée sous l'Empire par les navires de commerce français ; la même faculté fut demandée par nos armateurs pour les bâtiments à expédier à la pêche de la morue sur le grand banc de Terre-Neuve. Voici la réponse qu'ils reçurent, à cet effet, du duc Decrès :

Paris, le 18 mai 1815.

Monsieur,

Je réponds à votre lettre du 11 de ce mois par laquelle vous demandez si les armateurs peuvent simuler leurs bâtiments sous pavillon espagnol ou portugais.

Les armateurs sont libres de choisir le pavillon qui leur paraît le plus favorable, et vous leur laisserez, à cet égard, toute liberté.

Sa Majesté, désirant laisser encore plus de facilités, a décidé que l'autorisation de ces simulations serait absolue, c'est-à-dire que les armateurs seront libres d'admettre dans leurs équipages tel nombre de marins étrangers qu'ils jugeront convenable, sans être tenus d'avoir un capitaine français et les trois quarts de l'équipage en marins français, comme on l'exigeait précédemment, suivant l'article 1er du décret du 3 juillet 1810 et la circulaire du 10 août de la même année.

Il est bien entendu que les armateurs seront obligés de fournir le cautionnement prescrit par l'arrêté du 13 prairial an XI, pour garantir la réintégration de leurs bâtiments sous pavillon national.

Signé : Decrès.

A cette dépêche était annexé le modèle du permis de simulation à délivrer par les commissaires de l'inscription maritime aux armateurs qui en feraient la demande. Voici la forme de ce document que nous reproduisons ici à titre de curiosité :

ARRONDISSEMENT MARITIME

d

Quartier d

Port d

PERMIS DE SIMULATION

—

Le de marine, préposé à l'Inscription maritime au port d d'après l'autorisation à nous donnée par la dépêche de S. E. le Ministre de la Marine et des Colonies, du 18 mai 1815, permet à M armateur domicilié à d'expédier sous pavillon de le navire français le immatriculé au port de en destination pour d'en composer l'équipage en tel nombre de marins français et étrangers qu'il jugera convenable.

Le présent permis de simulation n'est valable que pour un an.

L'armateur fournira le cautionnement prescrit par l'arrêté du 13 prairial an XI (2 juin 1803), pour assurer le retour dudit bâtiment sous pavillon national, et ledit armateur reste d'ailleurs soumis à toutes les lois et règlements sur la police de la navigation et sur les douanes.

nous serait bien difficile de dire si nos armateurs

purent bénéficier des avantages de cette décision qui ne resta pas en vigueur trois mois entiers.

Le 8 juillet 1815, Louis XVIII rentrait à Paris, replacé sur le trône pas nos ennemis victorieux et la paix était rétablie de nouveau. Elle fut durable cette fois, et les armateurs s'empressèrent de la mettre à profit.

Quelques jours après, le 21 juillet, sortait du port de Fécamp, l'*Éléonore*, brick de soixante tonneaux, armé par M. Rigoult, pour aller à la pêche de la morue sur le Grand-Banc. Ce navire, commandé par François Leborgne, capitaine au long cours, ne rentra à son port d'armement que le 6 février 1816, après avoir livré sa morue à Cette. L'équipage comprenait, outre le commandant, un second, huit matelots dont un saleur, un novice et un mousse. Il n'y avait donc pas, comme on le voit, de changement sensible dans la composition des équipages terre-neuviers.

Le 3 août suivant, l'*Adolphe*, un autre brick un peu plus fort que l'*Éléonore*, — il jaugeait quatre-vingt-quatorze tonneaux — partait également de Fécamp pour la pêche au Banc. Il ne rentra que le 6 février 1816, après avoir porté sa morue à Cette.

Ces deux faits, tout locaux, que nous relatons ici à titre purement documentaire, nous montrent que la Révolution a fait subir au commerce de la morue un bouleversement complet en transportant, des côtes de la Manche à celles de la Méditerranée, l'industrie du séchage. En effet, avant 1793, les armateurs de Fécamp séchant peu chez eux livraient les produits de leur pêche à Dieppe ou à Honfleur, qui étaient de véritables centres commerciaux pour cette denrée, comme l'étaient également Granville et Saint-Malo. Quand se produit la reprise de 1816, c'est vers Cette qu'ils se dirigent, suivis en cela par un grand nombre d'autres bateaux pêcheurs.

Cependant, si les sécheries de la Manche ne purent résister au nouveau courant commercial qui s'établissait ainsi et était encore favorisé, sinon entièrement causé par la facilité que trouvaient nos Terre-Neuviers à s'approvisionner de sel en Méditerranée quand leur déchargement était effectué, le marché de Bordeaux sut maintenir son importance séculaire qui s'accrut encore de la décadence des autres marchés de l'Atlantique, jusqu'à arriver à se constituer de nos jours un véritable monopole.

Timides à l'origine, les armements ne tardèrent pas à se développer quand on eut acquis la conviction que l'on pouvait enfin pêcher en toute sécurité dans les parages de Terre-Neuve, et, dès l'année suivante, il se trouva sur le Banc presque autant de bâtiments français qu'avant la Révolution. C'étaient pour la plupart des bricks dont le tonnage variait entre cinquante et cent tonneaux, les pêcheurs qui dépassaient cette dernière jauge étaient rares et ils ne faisaient, pour ainsi dire, qu'accidentellement la pêche. Nous les trouvons, en effet, faisant alternativement la pêche et le commerce.

Au mois de février 1818, afin de favoriser la pêche de la morue et de lui faciliter des débouchés pour l'écoulement de ses produits, tant à l'étranger que dans les colonies de France, le comte Molé, l'un des nombreux et éphémères successeurs du duc Decrès, au ministère de la Marine, autorisait les armateurs à Terre-Neuve qui voudraient se servir de leurs navires-pêcheurs comme transports de Saint-Pierre-et-Miquelon à la Martinique, à la Guadeloupe, à la Guyane et aux Indes occidentales, à débarquer, pour être renvoyés en France, les marins qui ne seraient pas nécessaires pour la conduite du navire pendant cette campagne de long cours.

Armés au commerce avec un équipage réduit, ces navires porteraient ainsi la morue qui a été préparée et séchée sur les lieux de pêche de la côte de Terre-Neuve ou de Saint-Pierrre aux colonies d'où ils pourraient revenir en France avec un fret pris dans ces colonies.

Cette autorisation était d'autant plus facile à accorder par le ministre, que les terre-neuviers ne pouvaient être commandés, à cette époque, que par des capitaines au long cours.

D'après une note jointe à la circulaire ministérielle précitée, la consommation de la morue aux Antilles s'élevait à environ trente mille boucauts, pesant chacun un millier. La Guyane, à elle seule, consommait le quart de cette quantité, et les Indes occidentales françaises 28.000 milliers de morues. Malheureusement, c'était l'étranger qui fournissait la plus grande partie de ce poisson.

Suivant la pensée du Ministre, l'autorisation qu'il accordait aux bâtiments terre-neuviers devait fournir aux armateurs français, le moyen de lutter avec moins de désavantage contre leurs concurrents étrangers, et, d'après des expériences faites par la marine de l'État, soixante-quinze bâtiments de deux cents tonneaux pourraient utiliser ces transports dans un avenir prochain et occuper ainsi environ deux mille marins en dehors de la saison de pêche.

A mesure que les armements se développent, nous constatons également que de grandes améliorations se produisent dans la manière d'effectuer la pêche sur le banc.

Nous voyons pourtant reparaître au début la pêche errante avec lignes à la main, manœuvrées tout le jour durant, par les malheureux pêcheurs immobilisés dans le baril recouvert du tablier de cuir et avec lequel ils semblent faire corps.

Le Dictionnaire des pêches, de M. Baudrillart, publié à Paris en 1827, nous donne encore la description, avec gravures à l'appui, d'un petit bâtiment de Granville, équipé pour la pêche de la morue sur le banc de Terre-Neuve, avec tous ses engins de pêche et de préparation du poisson, ses barils solidement amarrés au bord, sous le vent, pour y placer les pêcheurs et le pavois de toile goudronnée, destinée à les garantir de la pluie et de la trop grande force du vent.

« J'ai vu récemment, dit l'auteur de ce Dictionnaire, à « Dieppe et à Saint-Valery, des bâtiments armés pour la « pêche de la morue, où l'on a substitué de petits carrés en « planches aux barils granvillois. »

Et M. Baudrillart semble ainsi faire de la pêche à la ligne de main, la méthode à peu près exclusivement employée sur le banc à l'époque où il publiait son ouvrage, c'est-à-dire dix ans après la reprise de cette industrie.

C'est comme exception qu'il cite la pêche à la faux, variété de la pêche à la ligne de main, et dans laquelle on n'amorce pas les haims; ceux-ci sont formés de deux ou trois crochets bien aiguisés pour que, en les retirant par secousses brusques, on prenne le poisson qu'on pique tantôt par un endroit, tantôt par un autre. Ce procédé, comme on le comprend, ne pouvait donner des résultats bien satisfaisants que sur les fonds très poissonneux. Il se pratiquait, soit du pont du navire comme pour la ligne à la main boettée soit dans la chaloupe.

Quant à la pêche à la ligne dormante, M. Baudrillart n'en parle pas; c'est peut-être parce qu'elle était encore défendue par les prescriptions administratives comme dangereuse pour la vie des hommes qu'on envoyait par tous les temps à la mer pour poser les lignes. Nous pouvons cependant, affirmer que l'innovation du capitaine Sabot n'était point abandonnée et que son procédé allait au contraire chaque année s'améliorant.

C'est ainsi que nous voyons apparaître les chaloupes en 1815, c'est-à-dire dès la reprise de la pêche au banc. A partir de cette époque, les navires qui voulurent faire la pêche aux lignes dormantes emportèrent deux grandes chaloupes dont une de rechange, et un canot plus petit que l'on appelait porte-manteau, parce que chaque soir cette petite embarcation était hissée sur les potences de ce nom. Ces potences étaient placées verticalement par le travers du parc, entre les deux mâts des dogres et des brigantins, et les apparaux fixés à la tête des deux mâts de hune.

La voilure de ces chaloupes se composait d'un foc, d'une misaine et d'un tape-cul.

Les chaloupes de Fécamp n'étaient pas tout à fait gréées comme celles de Dieppe. Dans ces dernières, le mât de misaine était plus à l'avant ; le point d'amure de la voile se trouvait croché sur l'étrave, et la voile était bordée à l'arrière du canot. Dans les chaloupes de Fécamp, le mât était placé plus au centre, mais, bien que la voile fut également bordée à l'arrière de l'embarcation, le point d'amure était croché sur le lof, ce qui lui permettait de serrer plus le vent. En outre de leurs voilures, les chaloupes étaient encore munies de sept avirons. La plus grande de ces embarcations était généralement montée par cinq hommes et un novice ; l'équipage du porte-manteau ne comprenait que quatre hommes et un mousse.

La grande chaloupe prenait 35 pièces de ligne de 60 brasses chacune ; elle faisait tribord. Le porte-manteau ne prenait que 25 pièces de ligne, de 60 brasses chacune également ; il faisait bâbord. Il n'est pas sans intérêt de faire remarquer ici que, d'une façon générale, et pendant bien longtemps encore, la tessure de bâbord est moins longue que celle de tribord.

Vers 1840, on abandonne le porte-manteau ; la pose des lignes se fait au moyen de deux chaloupes d'égale grandeur et montées du même nombre d'hommes ; cependant l'anomalie que nous signalions plus haut, relativement à l'inégalité des deux tessures, se continue. Voici, à notre avis, la meilleure explication qui peut en être donnée : on confiait une moindre longueur de lignes à la chaloupe qui allait à bâbord pour qu'elle s'écartât moins du navire ; les hommes qui la montaient, contrariés par le vent, devaient avoir plus de mal et mettre généralement plus de temps pour regagner le bord que ceux de l'autre embarcation. Il arrive souvent, en effet, que le vent qui est sud-sud-ouest le matin, passe, peu à peu, vers l'ouest sous l'influence du soleil et de la température, de sorte que la chaloupe de bâbord se trouve avoir vent contraire, et être obligée de se servir de ses rames pour regagner le navire.

Pour répartir également cette fatigue entre les matelots, on changeait chaque dimanche l'équipage des chaloupes, de sorte que les hommes faisaient alternativement huit jours bâbord et huit jours tribord. La tessure de bâbord comprenait alors trente pièces de lignes et celle de tribord quarante; ces lignes étaient mises le soir à la mer pour être relevées le lendemain matin.

Jusque là, on avait conservé, pour mouiller, l'usage du câble entièrement en chanvre; ce ne fut qu'en 1842 que l'on commença à l'améliorer en lui ajoutant un bas de fond en chaîne-câble en fer d'une longueur d'environ 50 brasses. Puis, en 1848, on remplace le chanvre par des chaînes-câbles entièrement en fer, semblables à celles qui sont encore employées de nos jours.

L'administration, d'ailleurs, était revenue de ses préventions routinières contre les lignes de fond, et, ne pouvant remonter le courant qui s'était produit en faveur de cette méthode à la fois moins fatigante pour les hommes et plus avantageuse pour les intéressés, elle s'était enfin décidée à permettre ce qu'elle n'avait pu empêcher en réglementant l'usage ou tout au moins en prescrivant des mesures de precaution à prendre par les hommes montant les chaloupes et autres embarcations détachées du navire pour aller poser les lignes ou les lever.

C'est ainsi que, dès 1821, le baron Portal, alors ministre de la marine, prescrivait l'emploi d'une ligne fixée par l'une de ses extrêmités au bâtiment mouillé sur le banc et qu'un homme de la chaloupe aurait filée au fur et à mesure de manière à s'assurer le retour à bord en cas de brume. Il recommandait aussi l'usage des pierriers pour faire, en temps de brume, des signaux d'appels aux embarcations restées à la mer, et que le brouillard empêchait de retrouver le navire.

Voici d'ailleurs le texte de la circulaire ministérielle qui fixe une date certaine à la reconnaissance officielle de la nouvelle méthode de pêche.

POLICE DE LA NAVIGATION N° 4

Le Ministre de la marine et des colonies au Commissaire général de la marine, au Havre.

Paris, le 30 janvier 1821.

Monsieur,

Vous trouvez, ci-joint, la copie d'une lettre qui m'a été écrite par M. Fayolle, commandant et administrateur pour le roi, aux îles Saint-Pierre et Miquelon.

Cette lettre est relative aux dangers que présente la pêche avec les lignes de fond au Grand Banc de Terre-Neuve, et sur lesquels vous avez appelé vous-même mon attention, le 28 octobre dernier.

M. Fayolle expose que les embarcations qui se détachent des navires pour aller tendre les lignes sont fréquemment dans l'impossibilité de rejoindre ensuite leurs bâtiments respectifs, ou du moins n'y parviennent que très difficilement, en raison des brumes épaisses qui règnent sur le banc, indépendamment des obstacles que leur oppose une mer presque toujours agitée.

Afin d'obvier à ce grave inconvénient, qui a amené des résultats funestes pendant la dernière campagne, M. Fayolle énonce l'opinion que chaque chaloupe détachée devrait être munie d'une ligne, qui, fixée par l'une de ses extrémités à bord du navire, serait filée par l'un des hommes de la chaloupe, dont elle faciliterait ensuite le retour. M. Fayolle pense, en outre, qu'il conviendrait d'embarquer sur chaque navire banquier deux pierriers qui, dans l'occasion, donneraient aux bâtiments le moyen de faire connaître sa position aux chaloupes dont les lignes se seraient brisées.

Je vous charge de faire donner connaissance de ces précautions aux armateurs dans ceux des ports du sous-arrondissement du Havre, où il se fait habituellement des expéditions pour la pêche du Grand Banc de Terre-Neuve.

Pour les armateurs qui se détermineraient à placer des pierriers sur leurs navires, vous leur accorderiez, à cet égard, l'autorisation nécessaire; mais, dans ce cas, vous devriez tenir la main à l'exécution des formalités prescrites par la dépêche ministérielle du 10 novembre 1817, sous le timbre artillerie, relativement à l'obligation qu'auraient à souscrire les mêmes armateurs de rapporter ces pierriers et à la mention à faire, de cet engagement, sur le rôle d'équipage, ainsi que de la quantité de poudre qui aurait été embarquée.

Il conviendra aussi de faire remarquer aux armateurs, qu'il serait à désirer, dans leur propre intérêt, comme dans celui des hommes qui montent les chaloupes, que ces embarcations, lorsqu'elles lèvent les lignes de fond, ne prissent point une charge trop considérable de poisson, sauf à revenir, dans un second voyage, lever les lignes qu'elles auraient laissées en indiquant leur situation par une bouée.

Recevez, etc.

Signé : Baron Portal.

La lettre de M. Fayolle, dont il est question dans cette circulaire, était conçue en ces termes :

Le commandant et administrateur pour le Roi à Saint-Pierre et Miquelon, au Ministre de la Marine et des Colonies.

Saint-Pierre de Terre-Neuve, le 14 novembre 1820.

Monseigneur,

Je crois qu'il est de mon devoir de rendre compte à votre Excellence des craintes que j'éprouve que des événements malheureux n'arrivent aux bâtiments de commerce qui font la pêche sur le Grand-Banc ; craintes fondées sur ce qui est arrivé cette année au capitaine de commerce Gourdan, du brick l'*Auguste*, de Nantes, lequel a perdu sa chaloupe montée par cinq hommes.

Plusieurs des patrons des chaloupes détachées du bord de ces bâtiments négligent de prendre avec eux une ligne qu'ils doivent filer à mesure qu'ils s'éloignent de leur bâtiment. Après avoir tendu leurs lignes, ces hommes ne peuvent, malgré leurs efforts, trouver leur navire ; démunis de provision, battus par une mer presque toujours grosse, la mort les attend, à moins que, par un de ces secours inopinés envoyé par la Providence, ils ne se trouvent sauvés par quelqu'autre bâtiment mouillé sur le Grand-Banc.

Je regarde donc, Monseigneur, sous le rapport de l'humanité, comme un devoir indispensable, que des ordres positifs soient donnés aux capitaines d'enjoindre impérativement à leurs officiers et patrons de ne jamais quitter la ligne dont chaque embarcation devra être munie, et je pense, en outre, que chaque bâtiment de commerce destiné à cette pêche devrait avoir deux pierriers à l'aide desquels le capitaine pourrait indiquer sa situation, dans le cas où la ligne viendrait à casser.

Signé : FAYOLLE.
Pour copie conforme :
Signé : Baron PORTAL.

Depuis lors, quelques modifications insignifiantes se produisirent, soit dans la longueur des tessure qui, à partir de 1855, devinrent égales entre elles et se composèrent d'abord de 75 pièces de 60 brasses chacune, pour atteindre 90 pièces chacune en 1871, soit dans l'accroissement de l'équipage des chaloupes et le nombre de ces embarcations dont chaque bâtiment emporte trois, à partir de 1855. Le seul changement important qui soit à noter dans ce genre d'idée est le remplacement des lourdes chaloupes si encombrantes et si difficiles à manier, par les doris actuelles, dans lesquelles seulement deux hommes peuvent prendre place, mais elles sont si légères qu'on peut les remonter, chaque soir, sur le pont, et si peu encombrantes qu'on les empile les unes dans les autres pendant les traversées d'aller et de retour.

Ces doris sont d'invention américaine ; il y avait longtemps qu'elles étaient employées à la pêche de la morue, sur les bancs, par les marins de cette nationalité, quand l'essai en fut fait pour la première fois en 1875 par nos nationaux. L'expérience fut si concluante que, quelques années plus tard, tous nos bâtiments en étaient armés. Il en résulta nécessairement un changement dans la manière de pêcher ; les hommes purent prendre moins de lignes, n'étant que deux pour les filer et les relever.

En même temps que se produisait cette importante réforme dans l'armement, une transformation complète se produisait dans les engins employés ; les anciens hameçons français en fer étamé étaient remplacés par des hameçons en acier de fabrication anglaise, norwégienne, ou française ; les grosses lignes d'autrefois, avec leurs avançons, devinrent plus fines, et le coton fut employé pour la fabrication, au lieu du chanvre qui avait été précédemment la seule matière première mise en œuvre pour cet usage.

Au moment où les questions du salariat et du rapport entre le capital et la main-d'œuvre présentent la plus grande acuité, nous sommes heureux de constater que le principe qui a toujours présidé au règlement du salaire des marins pêcheurs à Terre-Neuve, est celui de l'engagement à la part. Dans ces conditions toutes particulières, les matelots comme les officiers sont intéressés au bon succès de l'entreprise dont ils partagent avec l'armateur les bonnes et mauvaises fortunes, sans, toutefois, participer aux pertes nettes qui pouvaient se produire.

Ces engagements à la part pouvaient donc, avec plus de raison, être appelés engagements avec partage des bénéfices et exonérations des pertes.

A l'origine et jusqu'en 1743, les conditions d'engagement pouvaient varier suivant les navires : chaque armateur ayant conservé sa liberté d'action vis-à-vis de ses équipages et pouvant modifier, par suite, certains points particuliers de la convention généralement adoptée. Ils s'écartaient, cependant, très peu des conditions suivantes que nous relevons sur un contrat de 1728.

Les quatre cinquièmes du produit de la vente du poisson revenaient à l'armateur qui avait fourni le navire complètement gréé et avitaillé pour la saison de pêche ; le cinquième restant appartenait à l'équipage qui se le partageait.

Avant le départ pour le Banc, chaque homme recevait, de l'armateur, des avances qui se montaient aux chiffres suivants :

Le capitaine	150	livres.
Le pilote	90	—
Le maître	80	—

Le chirurgien........................	80	livres.
Les autres officiers, chacun.........	75	—
Chaque matelot.......................	60	—
Chaque novice........................	30	—
Chaque mousse........................	15	—

Ces avances étaient retenues à l'arrivée, sur la part des bénéfices afférente à chacun pour être remboursée à l'armateur.

Le 27 mars 1743, une assemblée générale des intéressés eut lieu, avec la permission du roi, sous la présidence de Ch. Le Tourneur, commissaire des classes de la Marine, aux fins d'élaborer un règlement général fixant, pour l'avenir, les conditions des engagements et les principales clauses des rôles d'équipage pour la pêche au Banc.

Les intérêts respectifs des parties furent représentés et défendus à cette réunion, tant par les armateurs que par les capitaines et officiers de navires, et une entente définitive s'établit sur des bases qui ne différaient pas sensiblement des conditions que nous avons énoncées plus haut. Le règlement qui intervint fut homologué le 25 mai suivant par l'Amirauté.

Cette règlementation particulière, mutuellement consentie en 1743, fut religieusement respectée pendant toute la fin de l'ancien régime et même à la reprise des opérations de pêche, en 1815.

Elle n'eut cependant jamais un caractère d'obligation absolue pour ceux-là même qui l'avaient rédigée et consentie à l'origine, et les armateurs comme les marins eussent pu, s'ils l'avaient voulu, ne point s'y conformer. Les uns et les autres avaient conservé la faculté, qui ne peut jamais être prescrite, de faire entre eux, pour chaque armement, telles conventions ou arrangements qui leur paraîtraient le plus conforme à leurs intérêts.

Il était d'ailleurs expressément observé dans la délibération du 27 mars 1643, que, « quoique l'uniformité fut établie par les conventions entre les armateurs et les équipages des navires expédiés à la pêche de la morue, l'acquiescement des deux parties pouvait faire considérer les dispositions consignées dans la délibération du 27 mars 1743, comme une collection de conventions spéciales et individuelles faites par chaque armement ».

Cependant, l'usage une fois établi, personne ne songea à profiter de la faculté de déroger à un ordre de choses qui n'avait fait que confirmer ce qui se pratiquait précédemment.

Ce ne fut qu'en 1817 que les armateurs jugèrent bon d'apporter quelques modifications à l'ancien règlement dont certaines prescriptions étaient devenues surannées et ne pouvaient plus être appliquées.

Les temps, d'ailleurs, étaient mauvais, les guerres du Premier Empire avaient été désastreuses pour nos populations maritimes qu'elles avaient décimées au point que les armateurs éprouvaient les plus grandes difficultés à recruter leurs équipages dans les limites du quartier maritime. Ces difficultés rendaient les marins plus exigeants; le chiffre des avances qu'on avait eu l'habitude de leur verser en les engageant, fut augmenté dans des proportions notables, en même temps que ces avances prenaient le caractère de véritables pots-de-vin; il fut, en effet, convenu que ces avances ne seraient plus retenues à l'arrivée comme elle l'avaient été jusqu'alors, au moment du règlement des parts.

Pour préciser tous ces points, des réunions eurent lieu chaque année à Dieppe, entre les négociants de Dieppe, de Fécamp, de Saint-Valery-en-Caux, se proposant d'armer pour la pêche au Banc, et chaque année un nouveau règlement fut voté; il n'était valable que pour un an et n'engageait que les signataires.

Parmi tous ces règlements successifs qui ne différaient, d'ailleurs, que par quelques points de détail, nous reproduisons, ci-après, celui de 1819, qui nous paraît être le plus complet en la matière.

RÈGLEMENT

Adopté en 1819, par les armateurs de Dieppe, Fécamp et Saint-Valery-en-Caux, pour la pêche de la morue à Terre-Neuve, en 1819.

Article premier. — Les armateurs fourniront leurs navires entièrement gréés, munis en suffisance de vivres et d'objets de pêche; les pertes et avaries jusqu'à l'embarquement du sel pour leur compte particulier.

Art. 2. — Le sel nécessaire à la pêche étant embarqué à bord du navire, et le capitaine étant muni de ses expéditions, les frais de sortie et les pertes d'ustensiles de pêche, câbles, ancres, canots, avirons et autres objets dépendant de l'armement, seront considérés comme avaries communes, ainsi que celles arrivées au gréement et au corps du navire; il en sera de même pour les frais de relâche, postérieurs à l'embarquement du sel.

Art. 3. — Les avances seront consenties entre l'armateur, le capitaine et l'équipage, et portées sur le rôle. Elles seront regardées comme pot-de-vin et sans répétition sur le produit du voyage.

Elles sont, pour l'année 1819 seulement, fixées de la manière suivante :

Au capitaine 300 francs, plus 100 francs de gratification pour les peines et soins à l'armement jusqu'à la mise dehors du navire, et indemnité de nourriture, pour tous bâtiments gréés en trois-mâts, bricks et goëlettes; 50 francs seulement pour ceux gréés en bateaux dogres[1] et flambarts.

Au second, 120 francs s'il n'est pas saleur, et dans le cas où il serait second et saleur : 140 francs.

Au saleur	100 fr.
Aux matelots	80 fr.
Aux novices à 3/4	60 fr.
Aux — 2/3	54 fr.
Aux mousses	40 fr.

Art. 4. — Les avances payées, l'armateur sera libre de faire

1. Sorte de petites goëlettes.

prendre au navire son sel dans le port d'armement ou tout autre à sa convenance, sans que l'équipage puisse demander une indemnité, ni l'armateur une réduction.

Art. 5. — Indépendamment des lots stipulés sur le rôle de l'équipage, il sera alloué les pratiques suivantes, à titre d'encouragement :

Au capitaine, le tiers du produit des huiles rapportées, jusqu'à la concurrence de trois barriques, et 10 °/₀ sur ce qui excédera ce nombre, sous la condition que les diverses espèces d'huile ne seront pas mélangées; le produit d'un baril de langues, jusqu'à la concurrence de 20.000 morues, et un quart de baril par chaque 5.000 morues excédant cette quantité; 10 °/₀ sur le produit des rogues et 250 kilog. de morue par chaque cargaison.

Au second, la moitié des pratiques allouées au capitaine s'il est second et saleur, et dans le cas où il ne remplirait pas les deux fonctions, la somme résultant de cette moitié se partagera avec le marin embarqué en cette qualité de saleur dans la proportion suivante :

Deux tiers au second.

Un tiers au saleur.

Les différentes sommes résultant des pratiques ci-dessus, seront, comme d'usage, portées en dépenses au chapitre des avaries communes.

Art. 6. — Seront réputées avaries communes, les barillages qui auront servi à contenir le produit de la pêche, soit en morues, huiles, rogues ou autres abatis.

Il en sera de même pour la différence entre le prix du sel des marais français et les sels blancs de Saint-Ubes ou autres provenant de l'étranger.

Art. 7. — Lorsque les armateurs croiront convenable, pour l'intérêt commun, de faire opérer le retour du navire dans un autre port que celui de l'armement, toutes les dépenses (y compris les vivres du bord et autres fournies à l'équipage) qui auront lieu jusqu'à la mise à terre de l'entière cargaison seront classées dans la catégorie des avaries communes.

Dans le cas où, après la décharge opérée, le navire relèverait pour retourner à son port de désarmement, les dépenses qu'il pourrait faire continueront à être classées dans la même catégorie.

Si le bâtiment trouve un fret en retour, le produit en sera porté en recette, au profit de la communauté, et le capitaine aura un chapeau de 5 % sur le fret.

Art. 8. — Si l'équipage exigeait d'être payé du montant du voyage au lieu de la vente, il lui sera fait une retenue pour garantir sa part des avaries et dépenses qui pourraient avoir lieu jusqu'à la remise du navire au port de désarmement.

Art. 9. — Le navire arrivé dans son port de désarmement, les frais de dégréement et la mise d'icelui en magasin, seront au compte de la communauté.

Art. 10. — Après la déduction de toutes les avaries, y compris la commission de vente de l'armateur à 4 % sur le produit brut de la cargaison, le surplus du produit net sera partagé par cinquièmes, dont quatre pour l'armateur et un pour l'équipage, lequel sera divisé en autant de lots qu'il y aura de têtes à bord, plus un second lot pour le capitaine.

La différence en bonification de masse servira à l'armateur pour compléter les suppléments qu'il consentira, suivant l'usage, en faveur du capitaine, second et saleur ou de tout autre qu'il aurait intérêt, pour le bien commun, à encourager.

Art. 11. — Le navire amarré au quai, les voiles serrées et la pompe franche, l'équipage sera congédié. Cependant, il sera préféré, pour travailler au désarmement, mise à terre de la cargaison et le jet à la mer du sel immonde. Ses journées seront payées au cours de la place et les dépenses résultant de ces diverses opérations seront portées au chapitre des avaries communes.

Art. 12. — Il sera délivré à l'armateur douze poignées de morues de choix dites de présent, pour faire tel usage qu'il croira convenable.

Art. 13. — Le présent Règlement n'aura lieu que pour l'année 1819 seulement; il sera revu en janvier 1820, en assemblée générale de tous les armateurs, pour y faire telle augmentation ou réduction que l'expérience aura montrée indispensable et nécessaire, attendu que quelques armateurs ont insisté pour qu'il fut passé en avaries communes divers articles que la majorité n'a pas cru devoir, quant à présent, accueillir favorablement, à cause de l'état vraiment malheureux dans lequel les équipages se trouvent réduits par suite des circonstances pénibles qui affligent notre pays.

Art. 14. — Les contestations qui pourraient survenir entre l'équipage et l'armateur seront jugées par quatre arbitres du choix des parties, dont deux pris parmi les armateurs et deux parmi les capitaines, lesquels s'adjoindront, en cas de désaccord, telles ou telles personnes qu'ils croiront à propos; lesquels jugeront souverainement sur les points en litige.

Art. 15. — Le présent sera imprimé au nombre de deux cents exemplaires pour être distribués aux armateurs soussignés.

Fait et signé triple à Dieppe, le 5 février mil huit cent dix-neuf, pour une expédition, être déposée au bureau de la Marine, une autre à la Chambre de Commerce, et la troisième ès-mains de MM. Frédéric et Georges Legriel frères, stipulant pour la communauté des armateurs.

Signé : F. et G. LEGRIEL frères, D. DESLANDES, LUCAS, VALLERY, BRETEL, B. VASSE, V. CAVELIER et fils, J.-B. VINCENT, SANSON et fils, E. le BARON, LEBORGNE FLOUEST, J.-D. LE CANU fils et sœurs.

Non seulement les matelots faisaient défaut, mais encore il était fort difficile de trouver les capitaines au long cours que la loi exigeait pour le commandement des navires se rendant sur le Banc de Terre-Neuve; il y avait, en effet, pénurie de ces officiers. Pendant toute la durée des guerres de l'Empire, les inscrits maritimes valides avaient été levés dès l'âge de 16 ans, et très peu d'entre eux avaient pu suivre les cours d'hydrographie assez longtemps pour se faire recevoir.

Puis, et c'est là le point principal, les commandants des navires terre-neuviers ne doivent pas seulement faire preuve de connaissances nautiques nécessaires pour pouvoir diriger le navire, assurer la sécurité des équipages en mer et les ramener à bon port en fin de campagne; ils doivent encore posséder des connaissances spéciales en matière de pêche et de préparation des produits de cette pêche, une pratique suffisante de ce genre d'opérations qui leur permette de devenir sur le Banc, non plus des officiers de marine marchande, mais bien des véritables chefs d'exploitation auxquels l'armateur, leur commettant, puisse confier en toute sécurité un capital d'une centaine de mille francs qu'ils doivent faire fructifier par une bonne pêche.

Pour cela un capitaine au long cours, fût-il le plus instruit et le plus intelligent, ferait toujours un très mauvais commandant de terre-neuvier, s'il n'avait pas l'expérience de la pêche à la morue, et l'armateur qui lui confierait le commandement de son navire serait obligé de lui adjoindre un pêcheur expérimenté et muni de sa confiance, mais qui n'a pas les capacités requises pour commander l'équipage pendant la route.

D'un autre côté, ce pêcheur expérimenté, auquel l'armateur est tout disposé à confier ses intérêts est parti trop jeune comme mousse, pour avoir acquis à l'école primaire, qu'il a peu ou point fréquentée, l'instruction élémentaire absolument indispensable pour suivre avec profit les cours d'hydrographie et se faire recevoir capitaine au long cours. Le programme de cet examen était trop élevé pour cette catégorie d'élèves et les décourageait au point que le nombre des candidats allait chaque année en diminuant.

C'est ce que les armateurs exposèrent au Ministre de la Marine, en lui demandant d'être autorisés à confier le commandement de leurs navires à des maîtres au cabotage dont les connaissances en navigation sont suffisantes pour faire le voyage au Banc, où ils sont allés chaque année depuis leur plus jeune âge. Le recrutement de ces maîtres au cabotage pouvait être facilement assuré parmi les pêcheurs eux-mêmes.

Le Ministre ne se rendit pas immédiatement aux raisons des négociants ; il accorda cependant quelques autorisations exceptionnelles ; mais les armateurs ne se tinrent pas pour battus ; ils renouvelèrent chaque année leur demande jusqu'à ce que la loi du 21 juin 1836 vînt leur donner gain de cause en autorisant les maîtres au cabotage à commander tous les navires armés pour la pêche de la morue, soit au Banc, soit à la côte de Terre-Neuve.

Il leur fut toutefois interdit de commander les transports autorisés, comme nous l'avons vu, à porter la morue sèche de Saint-Pierre aux Antilles, comme de prendre, au départ de France, un fret pour les lieux de pêche.

Terminons cette étude historique sur les différentes phases de la pêche au Banc par quelques mots sur les bateaux dont on s'est successivement servi pour faire les voyages de

FIG. 20. — Nef du xve siècle servant à l'origine de la pêche de la morue à Terre-Neuve.

Terre-Neuve aux différentes époques que nous venons de résumer et sur l'aménagement intérieur de ces vaisseaux.

Depuis les baleiniers qui ne présentaient plus assez de sécurité pour affronter les glaces polaires où les monstres traqués de toutes parts les attiraient chaque année plus avant, jusqu'aux harenguiers désarmés qu'on radoubait pour les lancer dans une navigation au long cours à laquelle ils n'avaient pas été destinés tout d'abord, on pourrait presque dire que tous les types connus y passèrent; il en est cependant quelques-uns qui furent plus spécialement adoptés par les armateurs.

En premier lieu, nous trouvons les caravelles que le R. P. Fournier définit : « des vaisseaux ronds de médiocre « calibre, du port de six à sept vingts tonneaux, qui ont « quatre mâts et quatre voiles latines ou d'artimon, ou « autrement d'oreilles de lièvres. » Les Basques les affectionnaient surtout à cause de leur vitesse.

FIG. 21. — Caravelle du XVe siècle, employée par les pêcheurs normands pour aller faire la pêche au Banc.

Dans les ports normands de la Manche, les caravelles qui portent aussi les noms de crevelles, sont généralement plus petites que celles de l'Océan et leur jauge varie entre 50 et 70 tonneaux.

Le premier document authentique qui nous fixe sur la forme exacte de ces bateaux, ainsi que sur leur gréement, est un manuscrit du XVIe siècle, déposé à la Bibliothèque nationale de Paris, et dû à J. Devaux, pilote du Havre. Il représente une *caravelle* armée, toutes voiles déployées.

Le bateau proprement dit est une coque très élargie à l'avant, avec une *guibre* assez allongée, il a une forte tonture et est très étroit à l'arrière où l'on trouve, pour la première fois, un *gouvernail à thucion*.

Il était gréé d'un *bout-dehors* sur lequel venait s'établir une petite voile carrée, d'un mât tout à fait à l'avant, sur lequel était fixée, à l'aide d'une vergue, la voile carrée, un

FIG. 22. — Le lougre « Bougainville » de Fécamp allant faire la pêche de la morue à Terre-Neuve.

grand mât avec une voile latine, un second mât plus petit armé également d'une voile latine, et un troisième mât qui semble jouer le rôle du *tape-cul* de nos jours avec une petite voile latine également.

Il y a sur le pont deux dunettes superposées : l'une, entre le grand mât et le second mât ; l'autre commence à ce second mât : cette disposition fait que la partie arrière du bâtiment est beaucoup plus élevée que l'avant.

Le pavillon national se portait au grand mât.

Quand on les arma pour la pêche au Banc, on leur donna un équipage de 12 à 15 hommes.

Un peu plus tard, et principalement vers le XVIIIe siècle, les caravelles furent remplacées par les *dogres*, espèces de goëlettes sans voiles hautes et les *brigantins*, navires de bas bord, allant à voile et à rame, et sur lesquels les équipages

Fig. 23. — Type de goëlette métropolitaine armée pour la pêche de la morue sur les bancs de Terre-Neuve (1825).

furent portés à 20 et 24 hommes. Ces vaisseaux de bas bord étaient tout à fait favorables au genre de pêche qui était alors pratiqué sur le Banc.

Vers la fin du XVIIIe siècle, les bateaux que Fécamp envoyait à la pêche de la morue avaient une coque à peu près semblable à celle que présentent, de nos jours, les cotres-dandys qui lui servent à la pêche du hareng et du maquereau. Le bateau était aussi large à l'arrière qu'à l'avant

Fig. 24. — Le « Jacques », trois-mâts barque de Fécamp, armé pour la pêche au Banc avec chaloupes (1850).

et la dunette avait disparu. Ils étaient gréés en lougres avec trois mâts ; ils portaient une misaine, une grande voile avec un hunier au-dessus, et un tape-cul.

Ce fut aussi vers cette époque qu'apparurent les goëlettes, légers navires de 50 à 80 tonneaux, plus allongés et moins larges que les précédents portant deux mâts très inclinés en arrière ; la grande voile et la voile de misaine, de formes trapézoïdales, enverguées à une corne ou pic et surmontées de huniers et des focs formaient sa voilure.

Fig. 25. — Brick « Russie » de Fécamp, armé pour la pêche de la morue sur le Grand-Banc.

Depuis la Révolution, les armements métropolitains ont abandonné successivement tous ces petits bateaux pour ne plus envoyer aujourd'hui sur le Banc que de grands navires gréés en bricks, bricks-goëlettes, trois-mâts, trois-mâts goëlettes, type américain, trois-mâts goëlettes français et le trois-mâts carré.

Les bâtiments armés aujourd'hui à Fécamp pour aller faire la pêche de la morue sur le Banc sont des trois-mâts et des trois-mâts goëlettes de 400 à 500 tonneaux de port.

Au début, les navires banquais n'avaient guère d'aménagement spécial pour la préparation et la conservation du poisson, ni même pour le logement des hommes et les approvisionnements. Nous voyons seulement qu'ils avaient un grenier sur lequel reposaient alternativement le sel, puis la morue et un entrepont à la partie arrière sur lequel on mettait les provisions.

Il en fut à peu près ainsi jusqu'à la Révolution.

Ce ne fut qu'à la reprise des opérations en 1817, quand on vint à se servir de navires plus spacieux, que le grand entrepont de l'arrière disparut. Il fut alors remplacé par deux coupées sous le pont, l'une à l'avant, l'autre à l'arrière, qui servirent à recevoir le cidre, l'eau et les autres provisions; sous ces coupées, on établit des parcs ou compartiments destinés à recevoir les appâts salés, harengs, sardines, capelans, etc..., emportés de France ou pris à Saint-Pierre pour boëtter les lignes. Ces parcs permirent de supprimer les barils trop encombrants qui servaient précédemment au transport et à la conservation de la boëtte.

Cette dernière innovation ne fut pas la seule, car, vers 1820, les parcs furent établis sur le pont des navires normands pour recevoir les morues pêchées et en cours de préparation. Les Bretons les imitèrent, mais plus tard, car nous voyons encore dans le *Dictionnaire des Pêches*, de M. Baudrillart, ouvrage avec plans et gravures, publié à Paris en 1827, la description d'un navire de Granville sur le pont duquel on ne trouve aucune trace de ces installations, et qui est au contraire garni de barils comme les anciens navires armés dans notre port avant la Révolution.

Lorsque vers la même époque la ligne de fond du capitaine Sabot vint à remplacer définitivement la ligne à la main, la nouvelle méthode de pêche qui obligeait le navire à mouiller ses ancres pour envoyer ses embarcations à la mer, et à relever chaque fois que le fond était épuisé, força les armateurs à perfectionner leur outillage et à modifier leur armement. Ils commencèrent, comme nous l'avons déjà dit dans le chapitre précédent, par embarquer de forts câbles en chanvre, assez longs pour permettre de jeter l'ancre sur tous les fonds, et laisser en même temps assez de jeu au navire pour obéir à la houle et aux vagues. Puis, comme il fallait virer assez souvent, les écubiers furent changés et garnis d'une collerette en plomb pour diminuer l'usure du câble qui ne tardait pas à se couper par un frottement trop fréquent. En même temps, le grossier engin qui, précédemment, ne servait qu'accidentellement pour lever l'ancre dans un port ou une rade de relâche, fut progressivement amélioré pour arriver au guindeau à bringuebales actuel.

Fig. 26. — Type de goëlette saint-pierraise faisant la pêche au Banc.

Ce câble de chanvre qu'on employa d'abord dans tous les bateaux, présentait, certes, de sérieuses qualités par son élasticité et sa mobilité; mais, malgré la collerette de plomb de l'écubier, malgré la garniture dont on avait soin de le munir pour le garantir contre le frottement, il s'usait très rapidement et était, de plus, très encombrant pour un bâtiment où l'espace est mesuré si parcimonieusement. Aussi, vers 1842, quelques armateurs firent l'essai d'un câble mixte, fait mi-partie de chanvre et mi-partie de métal. Les résultats obtenus ayant été jugés satisfaisants, Fécamp adoptait définitivement, en 1848, la chaîne-câble en fer;

Fig. 27. — Chantiers de construction de Fécamp avec différents types de dundees servant à la pêche de la morue et à celle du hareng.

quelques-uns de nos armateurs continuèrent cependant, pendant longtemps encore à se servir de l'ancien câble en chanvre qui ne disparut tout à fait que dans ces dernières années.

Puis, comme complément à cette mesure, pour conserver aux nouveaux câbles une certaine élasticité, et afin que le navire rappelât moins sec au tangage, nos armateurs y ajoutèrent, en 1872, un *stoppeur* placé entre l'écubier et le guindeau, et garni de rondelles en caoutchouc.

Il nous est impossible, comme on le comprendra, de suivre, par le détail, toutes les modifications et améliorations apportées chaque année aux armements terre-neuviers ; nous nous contentons donc de citer les plus importantes, parmi des centaines d'autres.

C'est ainsi que les huniers pleins des anciens trois-mâts, si difficiles et si dangereux à carguer par gros temps, ont fait place successivement aux huniers à baleston, puis aux doubles huniers. Le fil de fer a remplacé le filin dans les dormants du navire où l'acier, d'ailleurs, est employé aujourd'hui pour un grand nombre d'usages. Les carènes doublées en cuivre ont été substituées aux anciennes coques en bois, dans lesquelles les voies d'eau s'ouvraient si facilement par suite d'une usure très rapide.

Au point de vue de l'alimentation, les caisses à eau dont tous nos terre-neuviers sont aujourd'hui pourvus, assurent à l'équipage, pour toute la durée de la campagne, une eau saine et de bon goût, au lieu de l'eau saumâtre et nauséabonde qu'il trouvait autrefois dans ses barriques en bois; les conserves ont également remplacé avantageusement les anciennes salaisons si souvent rances, et permettront de varier, autant qu'il est possible, le menu du bord.

Le poste où couchent les hommes s'est agrandi et a été disposé de façon à recevoir toute l'aération exigée par une hygiène rationnelle ; les chambres réservées aux capitaines et aux officiers sont vastes et bien aménagées.

En outre de la pompe de cale, on a établi une pompe

spéciale pour laver la morue sur le pont pendant sa préparation et une autre pour enlever la saumure et le sang qui découlent des morues empilées dans la cale. Les embarcations elles-mêmes et les engins de pêche ont suivi le cours des transformations de l'armement qui arrive aujourd'hui à coûter cinquante mille francs par bâtiment; mais la perfection est loin d'être atteinte, et nous verrons certainement, dans un avenir prochain, nos navires avoir une machine à vapeur auxiliaire qui servira à actionner les pompes, le guindeau, le sifflet d'alarme, etc..., et leur donnera l'électricité qui jouera un rôle probablement important dans la pêche future, en même temps qu'elle permettra à nos navires d'avoir des feux d'une intensité assez grande pour percer la brume et signaler leur présence aux rapides steamers qui sont, pour eux, un danger continuel.

CHAPITRE VII

L'INDUSTRIE DE LA PÊCHE ET DE LA PRÉPARATION DE LA MORUE AU XIXe SIÈCLE

Toutes ces transformations successives, que nous venons de voir se succéder au cours de cette longue période de pêche qui comprend au moins quatre siècles, nous conduisent tout naturellement à jeter un rapide coup d'œil sur les armements actuels de la pêche de la morue à Terre-Neuve et sur les procédés de préparation qui constituent de nos jours l'industrie morutière française.

Quel contraste nous offrirait, si elle pouvait se faire, la comparaison entre les Terre-Neuviers modernes et les nefs harenguières qui s'aventurèrent les premières, à la suite des Basques, sur la route des Terres-Neuves de l'Amérique. Que de changements se sont produits depuis lors dans la condition des hommes tant au point de vue du travail qu'à celui de l'hygiène et des salaires.

Et pourtant la pêche au Banc n'a pas encore dit son dernier mot, chaque année nous apporte de nouvelles améliorations qui nous font prévoir à bref délai l'adoption de la vapeur pour la manœuvre du guindeau et l'introduction de l'électricité pour la pêche et l'éclairage des bâtiments. Mais n'anticipons pas.

Les navires qui ont été construits en ces dernières années ou simplement retirés du long-cours et transformés pour être envoyés à la pêche de la morue sur le Grand Banc et le Banquereau sont de grands trois-mâts solides et élégants, jaugeant de 300 à 450 tonneaux et gréés les uns en barque avec des vergues au mât de misaine et au grand-mât, les autres en goëlettes avec des vergues au premier de ces mâts seulement. La valeur moyenne d'un de ces navires, tout

Fig. 28. — Trois-mâts barque « Patrie » partant pour la campagne de pêche au Grand-Banc (type de 1885).

armé et prêt à partir, est, quand il est neuf, d'environ 175.000 fr. y compris les 15.000 fr. de purs dons et de pots de vin versés à chaque équipage au moment de l'engagement.

Ces équipages se composent en moyenne de 30 hommes comprenant :

1 capitaine, qui doit être reçu maître au cabotage ;

1 second, qui fait généralement l'office de trancheur sur les lieux de pêche ;

1 saleur, qui fait fonction de lieutenant ou de chef de quart ;
12 patrons de doris ;
12 matelots ;
1 novice ;
2 mousses ;

Le matériel d'armement comprend essentiellement :

500 brasses de chaînes-câbles en fer ;
4 ancres de pêche, de 425 à 450kilog. chacune ;
18 doris avec leur gréement et leurs avirons ;
75 ancres de doris ;
750 pièces de ligne, mesurant chacune 75 brasses ;
150,000 avançons de 1 mètre à 1 m. 10 ;
150,000 hameçons en acier ;
Les cordes pour les bouées et pour la pêche aux bulots ;
Les chaudrettes, mannes et paniers pour cette même pêche :
50 barils de harengs salés pour servir d'appât dans la pêche aux bulots ;
300 tonnes de sel pour la préparation de la morue ;
10 tonnes de charbon de terre pour la cuisine ;
Du bois et toutes les victuailles pour un équipage de 30 hommes qui doit être absent pendant six longs mois ;
120 pièces bordelaises de cidre pour la boisson ordinaire des équipages ;
10 barriques de vin ;
100 litres de genièvre ;
2,000 litres d'eau-de-vie ;
5,000 kilogs de biscuits ;
1,500 kilogs de pommes de terre ;
Du lard et du bœuf salé ;
Des conserves de viande et de légumes ;
Du beurre, de la graisse et de l'huile à manger.

En un mot, tout ce qu'il faut pour que ce navire n'ait besoin de rien pendant cette longue campagne pour laquelle on doit tout emporter, même l'eau potable, qui est renfermée dans des caisses en tôle où elle se conserve très pure et salutaire.

Les navires terres-neuviers, armés comme celui que nous

prenons ici comme type, le sont pour faire la campagne entière, c'est-à-dire partir de France pour le Banc avec son équipage complet pour la pêche, effectuer cette pêche et revenir en France sans avoir eu besoin de toucher nulle part pendant la campagne.

Fig. 29. — Trois-mâts Goëlette partant pour la Pêche au Banc.

Nous supposons un navire pris parmi les derniers construits ou achetés et susceptible de rapporter en France 6,000 quintaux de chacun 55 kilogs de morue verte.

Le seul port de Fécamp a armé, en 1901, pour faire la campagne au Banc, 68 navires jaugeant ensemble 10.828 tonneaux. C'est actuellement le premier port de France pour la pêche à la morue de Terre-Neuve. Viennent ensuite par ordre d'importance ceux de Saint-Malo et de Saint-Servan, dont les armements sont aujourd'hui réunis dans les statistiques, puis ceux de Granville, de Cancale, etc.

Lorsque le capitaine qui, comme nous l'avons dit, doit être reçu maître au cabotage, ne réunit pas, aux yeux de l'armateur, toutes les qualités spéciales qui font un bon pêcheur, tout en restant pour cela excellent marin et parfait manœuvrier, il lui est adjoint, comme subrécargue, un simple matelot dépourvu de tout brevet, mais reconnu comme bon pêcheur et qui est chargé de la direction de l'opération commerciale proprement dite, aussitôt que le bâtiment est sur les fonds de pêche. Le recrutement de l'équipage est une chose presque aussi importante que le choix du capitaine ou du subrécargue, car de là peut dépendre la bonne ou la mauvaise réussite de la campagne, et un matelot, excellent au commerce, peut être très mauvais sur le Banc. Ce recrutement, généralement confié au capitaine ou au subrécargue, commence dès l'arrivée en France des marins qui ont fait la campagne précédente : chacun cherche à s'assurer les meilleurs pêcheurs, et il se produit alors sur la place un véritable achat d'hommes, car, en les engageant, on leur verse de la main à la main un pur don, sorte d'arrhes ou de denier à Dieu, qui varie suivant les sollicitations dont l'homme se trouve l'objet et s'élève, d'après les capacités et la bonne réputation du pêcheur, depuis 200 francs jusqu'à 400 et même 500 francs. Ce pur don, qui n'est pas porté sur les rôles d'équipages, n'est pas non plus soumis à la retenue des 3 % en faveur de la caisse des Invalides de la marine ; mais il augmente d'autant la part qui revient ensuite à chaque homme dans la liquidation qui se fait au bureau de l'Inscription Maritime à la fin de la campagne et qui est seule accusée par les statistiques officielles.

Tous les engagements sont faits à la part, c'est-à-dire que les hommes ne reçoivent pas des salaires mensuels fixes comme dans les armement au commerce. Avant le départ, en passant au bureau de la marine, où les engagements portés au projet de rôles sont rendus définitifs, les équipages reçoivent de nouveau une somme fixe nommée pot-de-vin, répartie de la manière suivante :

Le capitaine	500 francs.
Le second et le saleur, chacun...	450 —
Chaque matelot	300 —
Le novice	250 —
Chaque mousse	150 —

FIG. 30. — Capitaine et matelots de quart en traversée.

Bien qu'il n'y soit pas obligé, l'armateur peut encore faire à ses hommes des avances à reprendre plus tard sur la part qui leur reviendra.

A la fin de la campagne, lorsque la morue est vendue et payée, le règlement définitif de l'opération est fait devant le Commissaire de l'Inscription maritime du port d'armement et d'après les bases suivantes, qui sont communes à tous les armements. Les avaries communes sont déduites du produit brut de la pêche; cette déduction opérée, l'armateur retire les quatre cinquièmes et l'équipage se partage l'autre cinquième de la manière suivante : le capitaine reçoit deux lots plus un troisième lot à titre de gratification si le gain du voyage dépasse 300 francs au lot. Il a en outre 2 °/₀ de pratiques sur le produit brut de la pêche, escompte et commission déduits, et 15 francs par 1.000 morues pesant 2 kilog. 250 sur l'excédent de 50,000 morues ramenées à ce poids moyen. Le second et le saleur reçoivent chacun un lot et demi, plus 1/2 °/₀ de pratiques sur le produit net de la pêche. Les patrons de doris reçoivent un lot et un patronage de 60 francs. Il est en outre établi trois primes, la première de 100 francs, la seconde de 60 francs et la troisième de 40 francs, en faveur des trois doris qui ont la meilleure pêche et que chaque patron partage avec son matelot.

Les simples matelots ont chacun un lot.

Les novices ont trois quarts de lot.

Les mousses ont un demi-lot.

La totalité de la somme qu'il aurait gagnée s'il eût fait la campagne entière est payée aux familles du marin qui vient à décéder ou à disparaître en mer, même quand cette disparition a lieu au début du voyage. Ce n'est pas tout encore ; aussitôt leur arrivée en France au lieu de débarquement des produits de pêche, les équipages sont mis au commerce, c'est-à-dire payés au mois après le congédiement d'une partie des hommes.

L'équipage compte alors :

Le capitaine par mois..	150	francs.
Le second	80	—
Le saleur............	70	—
14 hommes, chacun....... ..	50	—
Le novice..........	35	—
Les mousses, chacun....	25	—

La durée de l'armement au commerce est en moyenne de deux mois au cours desquels le navire peut, s'il en trouve, prendre un frêt de retour sur lequel le capitaine reçoit son chapeau ordinaire.

En dehors de ces conditions générales qui sont portées

au projet de rôle, des conventions particulières et qui varient avec les maisons d'armement interviennent le plus souvent entre l'armateur et le capitaine ou subrécargue et viennent encore favoriser ces derniers en les encourageant à faire une meilleure pêche.

FIG. 31. — Type de pêcheurs morutiers rejoignant leur navire dans leur chaloupe.

En résumé, l'armement d'un navire à la pêche de la morue, sur le Grand-Banc de Terre-Neuve avec un équipage moyen de 30 hommes, rapporte à cet équipage pour les neuf mois que dure la campagne (année moyenne) :

Pur don au moment de l'engagement des hommes, environ	9.600 francs.
Pot-de-vin payé au bureau de la marine avant le départ	9.150 —
Partage au retour du cinquième de l'équipage	14.500 —
Salaire des deux mois de commerce	2.170 —
Total	35.420 francs.

Il résulte de ce qui précède que le salaire moyen des hommes, engagés comme pêcheurs dans nos Terre-Neuviers. peut être établi comme il suit pour une période de neuf mois :

Par don et pot-de-vin avant le départ......	700 francs.
Valeur moyenne du lot à l'arrivée..........	400 —
Salaire des deux mois de commerce........	100 —
Total........	1.200 francs.

En outre, pendant les trois mois que dure le désarmement, un certain nombre d'hommes restent occupés à tra-

Fig. 32. — Type de pêcheur harenguier en mer sur son dundee.

vailler sur le bateau, ce qui augmente d'autant leur salaire. D'autres, notamment à Fécamp, peuvent pendant ce temps prendre part à la pêche fraîche d'hiver et particulièrement à celle du hareng qui se fait alors en Manche devant Dieppe, Saint-Valery-en-Caux, Fécamp et Le Havre.

Bien que cette question de salaires nous ait déjà détourné quelque peu de la question principale, nous croyons intéressant d'établir ici un parallèle entre les profits que retirent de la pêche nos marins terre-neuviers et ceux auxquels peuvent prétendre les autres matelots français naviguant tant au long-cours qu'au cabotage ou s'occupant des autres pêches maritimes.

Commençons par les armements aux grandes pêches du maquereau et du hareng avec salaison à bord qui se pratiquent au moins à leur début l'une sur les côtes d'Écosse dans la Mer du Nord et l'autre sur les côtes d'Islande dans l'Océan Atlantique et à des époques où la mer est la plus tourmentée par les gros temps d'équinoxe. Les comptes réglés dans les bureaux de l'Inscription Maritime accusent pendant la même période de neuf mois et pour un équipage de 22 hommes un salaire total moyen de 24.600 francs qui peut se répartir ainsi :

Saison du hareng environ............	17.800 francs
Saison du maquereau........ ...	6.800 —
Total.........	24.600 francs.

La différence n'est que de 4 ou 5 °/₀ en faveur des armements à Terre-Neuve; mais si nous comparons ces salaires avec ceux qui sont payés aux marins du commerce, nous verrons que :

1° Pour le cabotage, en prenant pour type un navire de 300 tonneaux monté par un équipage de 11 hommes, le total des salaires pour 12 mois de navigation s'élève à 8,760 francs, se répartissant ainsi :

Le capitaine, par mois.............	150 francs
Le second........................	100 —
Le maître........................	70 —
7 matelots à 55 francs..............	385 —
Le mousse	25 —
Total, par mois......	730 francs

Soit, pour l'année de 12 mois, 730 × 12 = 8.760 francs.

2° Pour le long-cours, en prenant pour type un steamer de 1.000 tonneaux monté par 22 hommes d'équipage, le total des salaires pour 12 mois de navigation s'élève à 26.700 francs, se décomposant comme suit :

Le capitaine, par mois	300 francs
Le second	180 —
Le lieutenant	150 —
Le 1er mécanicien	275 —
Le 2e mécanicien	200 —
Le 3e mécanicien	110 —
6 matelots à 60 francs	360 —
3 chauffeurs à 80 francs	240 —
2 soutiers à 70 francs	140 —
2 novices à 40 francs	80 —
Le mousse	30 —
Le cuisinier	80 —
Le maître d'hôtel	80 —
Total, par mois	2.225 francs

Soit, pour l'année de 12 mois, 2.225 × 12 = 26.700 fr.

3° Un voilier de 1.000 tonneaux, armé au long-cours et monté par 19 hommes, rapporte à son équipage pour 12 mois de navigation une somme de 17.820 francs, savoir :

Le capitaine, par mois	300 francs
Le second	150 —
Le maître	125 —
Le cuisinier	70 —
12 matelots à 60 francs	720 —
2 novices à 45 francs	90 —
Le mousse	30 —
Total, par mois	1.485 francs

Soit, pour l'année de 12 mois, 1.485 × 12 = 17.820 fr.[1]

1. A la suite des grèves récentes qui se sont produites dans tous nos grands ports de commerce, pendant que notre ouvrage était à l'impression, les salaires des marins du commerce ont été un peu relevés et ne sont plus exactement ceux que nous citons plus haut; mais pour diminuer cette surcharge que leur créait cette augmentation des salaires particuliers, un grand nombre d'armateurs réduisirent les équipages ou les complétèrent par des pilotins payants, de sorte que la dépense générale est restée sensiblement la même. D'ailleurs l'accroissement continuel et rapide des armements de Terre-Neuve a fait augmenter dans la même proportion les purs dons versés aux pêcheurs au moment de leur engagement.

Ainsi, même en supposant, hypothèse tout à fait inadmissible, que les bâtiments du commerce navigueraient 12 mois par an sans désarmer, ou bien que leurs hommes trouveraient immédiatement un embarquement sur un autre navire, l'avantage reste encore à nos Terre-Neuviers qui, pour une période de neuf mois seulement, procurent plus d'argent aux familles de nos pêcheurs que ne le feraient les plus grands navires armés au long-cours ou au cabotage.

Fig. 33. — Pêcheur dans son canot manœuvré à la godille.

Le départ de cette véritable armée de pêcheurs, qui quitte chaque année à des époques à peu près fixes les différents ports du littoral normand et breton pour aller, au milieu des dangers de toute sortes, exploiter les Bancs et le French-Shore de Terre-Neuve, constitue, pour nos populations maritimes, un événement de premier ordre qui, malgré sa périodicité, émeut les cœurs des plus indifférents. En quelques jours, nos bassins, encombrés de navires, d'où émerge une forêt de mâts dont les vergues s'entrecroisent et sur lesquels s'agite une foule affairée, se vident et semblent plongés dans un sommeil léthargique qui durera jusqu'au retour des terre-neuviers dont les dernières voilures disparaissent à l'horizon grisâtre.

Partout, le spectacle qu'offre le départ de ces courageux marins est grandiose et imposant, et, cependant il diffère dans chaque port.

A Saint-Malo, on voit d'abord partir les pelletas ou graviers, dont le métier consistera à faire sécher le poisson sur les graves, puis les marins engagés pour monter les goëlettes armées à Saint-Pierre et enfin les *marins à la pouche* qui, partant sans engagement et avec le seul espoir de trouver

Fig. 31. — Embarquement à Saint-Malo sur un transport spécial des graviers et pêcheurs destinés aux goëlettes des Saint-Pierre.

là-bas une occupation soit à la Grande-Pêche pour compléter les équipages que la maladie a décimés, soit même pour faire la petite pêche sur les côtes de Saint-Pierre ou de Miquelon. Toute cette catégorie d'hommes est embarquée à bord de transports spéciaux qui en portent de 1.000 à 1.500 par voyage. Rien n'est plus saisissant que le spectacle de l'embarquement de toute cette fourmilière humaine, venue de tous les points de la côte bretonne, Cancale, Saint-Malo, Dinan, Saint-Brieuc, Paimpol, Tréguier, etc... Entre temps partent également les banquais armés à Saint-Malo et qui emportent avec eux leurs équipages complets.

A Fécamp, où les navires, tous banquais et de fort tonnage, s'en vont directement sur les lieux de pêche, le spectacle est tout autre.

Les départs de la flottille fécampoise qui se compose de 68 grands navires dont quelques-uns dépassent 400 tonneaux s'effectuent toujours par petits groupes de 4, 6, 8, quelquefois même 10 navires, à la même marée ; ils s'échelonnent depuis fin mars jusqu'à la dernière quinzaine d'avril, suivant l'état de la mer, la direction des vents et aussi la rapidité plus ou moins grande avec laquelle se sont opérés les réparations, l'armement et les approvisionnements ainsi que l'engagement de l'équipage.

Aussitôt que tout est paré à bord, une revue de détail du bâtiment et de ses agrès est passée par les capitaines visiteurs du port, qui voient si rien ne manque, si toutes les réparations ont été bien faites, et les précautions prises pour que le navire puisse, sans risque, entreprendre la dure campagne à laquelle il est destiné ; ils délivrent alors un *certificat de visite* sans lequel le bâtiment ne pourrait être expédié par la Marine.

L'équipage recruté pendant l'hiver, par le capitaine ou par le subrécargue, s'il doit y en avoir un à bord, passe au bureau de l'Inscription Maritime, où il est fait lecture des conditions de l'engagement qui, à part celles concernant le capitaine ou le subrécargue, sont les mêmes pour tous les bateaux de Fécamp. Chaque homme reçoit alors de l'armateur ou de son représentant les avances qui lui sont nécessaires pour se *gréer* lui-même et permettre à sa famille de vivre pendant son absence,

Enfin, une messe est dite à la chapelle de Notre-Dame-du-Salut, cet antique lieu de pèlerinage des marins et de leurs familles qui élève ses constructions massives au sommet de la Côte de la Vierge, presque au pied du phare. A cette messe ne manquent jamais d'assister avec l'équipage au grand complet, les mères, les femmes et les sœurs des marins qui vont partir.

Puis le jour du départ arrive enfin. C'est un spectacle grandiose et touchant que celui qu'offrent en ce moment les abords des quais et des jetées qui sont noirs de monde. Les parents, les amis et jusqu'aux simples curieux venus de plusieurs lieues à la ronde ont tenu à serrer la main, souhaiter un bon voyage et une bonne réussite et qui sait? peut-être dire un éternel adieu à ceux qui s'en vont si loin, exposés pendant six longs mois à tous les dangers qu'offrent la mer et surtout les parages brumeux de ce Grand-Banc de Terre-Neuve, où un navire reposant paisiblement sur ses ancres peut être coupé et coulé avec ses trente hommes d'équipage, avant même que le navire abordeur se soit aperçu de sa présence. Sans même se connaître, chacun, dans la foule, échange ses impressions ; on se rappelle les sinistres de l'année précédente, et bien des yeux se remplissent de larmes en voyant arriver un par un, escortés de leurs femmes et de leurs enfants, les pêcheurs qui vont se réunir près du bord en attendant l'ordre d'embarquer.

Ah ! ils ne sont pas gais à ce moment-là tous ces braves marins qui ont pourtant déjà risqué vingt fois leur vie sans peur comme sans regret, et que l'on s'imagine généralement endurcis par la mer et les dangers qu'ils ont courus, au point de les rendre insensibles à tout et incapables de toute émotion ! Ils ne pensent pas à eux, mais à ceux qu'ils laissent en partant, et ils se détournent pour ne pas pleurer. Malheureusement, quelques-uns cherchent à s'étourdir en buvant de nombreux petits verres, et l'on assiste çà et là à des scènes tragi-comiques qui jettent une note discordante dans ce concert humain mais que chacun est porté à excuser. Pour les éviter, les armateurs ont soin de fixer les départs à la marée du matin.

Une heure environ avant l'instant de la pleine mer, les portes des bassins sont ouvertes et les navires en partance sont halés dans l'avant-port où va se faire l'embarquement.

L'étale est arrivée, le pavillon blanc, avec croix noire en forme d'X, flotte seul au mât de signaux, le remorqueur fait entendre son sifflet ; un remous se produit dans la foule près des bateaux ; on s'embrasse une dernière fois, et les marins sautent à bord où le capitaine commence l'appel. C'est l'instant solennel, car tous ces hommes qu'on voit alignés sur le pont du navire qui n'est plus retenu que par une simple amarre qu'on commence déjà à larguer, sont maintenant condamnés à vivre pendant six mois complètement séparés du reste du monde, sur ce plancher flottant, bientôt point imperceptible au milieu de l'Océan, et que le vent poussera au gré de ses caprices.

La foule est devenue plus compacte encore sur les quais où il est presque impossible de circuler ; chacun veut assister à l'appareillage qui commence pendant que le remorqueur évolue dans l'avant-port, et s'approche du trois-mâts pour prendre sa remorque. Un dernier coup de sifflet retentit ; lentement le terre-neuvier s'écarte du quai et suit le petit vapeur qui l'entraîne vers le chenal ; les mouchoirs s'agitent, les paroles d'adieu et les derniers souhaits se croisent dans l'air.

Il gagne la haute mer, le pavillon s'abaisse par trois fois saluant la terre de France. Le voilà parti !

Le temps que mettent nos Terres-Neuviers pour se rendre sur les lieux de pêche est essentiellement variable et entièrement subordonné à la direction du vent, à l'état de la mer et aux qualités du navire. On en a vu qui banquaient douze jours seulement après leur départ de Fécamp, tandis que d'autres, après ce même laps de temps, n'étaient pas encore sortis de la Manche, et mettaient près de six semaines pour arriver sur le Banc. On peut dire cependant que la durée moyenne du voyage est de vingt à vingt-cinq jours ; il faut compter un mois pour se rendre à Saint-Pierre et Miquelon.

Dès le départ, les hommes sont répartis en deux bordées qui font le quart alternativement, les *tribordais* sous la direction du second, les *babordais* sous celle du saleur. Le quart est de quatre heures, de nuit comme de jour. Le capitaine et les mousses sont exemptés de cette corvée.

Pendant le jour ceux qui sont de quart et qui ne sont pas occupés à la manœuvre, préparent les agrès pour la pêche sur le Banc, tels que gaffes, piqueux, ancres de doris, avirons, bouées, chaudrettes et mannes ; puis ils gréent les doris de manière à n'avoir pas à perdre un instant et à commencer la pêche aussitôt que le navire sera mouillé.

Quelques jours avant d'arriver sur le Banc, on monte les lignes.

Chaque doris reçoit 24 pièces de lignes de 75 brasses chacune, ce qui représente une longueur totale de 1.800 brasses ou 3 kilomètres de ligne. A un mètre et demi de distance les uns des autres sont attachés les *avançons* ou *pilles* qui ont un mètre de longueur et dont chacun se termine par un hameçon en acier de fabrication anglaise, norvégienne ou française n° 13 $^1/_2$ ou 14.

On profite d'une belle journée avant d'arriver pour déverguer les voiles blanches qui ont servi pour faire la traversée ; on dégrée le mât de perroquet que l'on met sur la drôme qui se compose de la mâture et des vergues de rechanges attachées solidement entre le mât de misaine et le grand-mât. Puis, l'on met en place les voiles préparées spécialement pour le séjour sur le banc et que l'on désigne sous le nom de *voiles de batture.*

Pour les garantir contre l'humidité continuelle à laquelle elles sont exposées à cause des brumes qui règnent presque journellement dans ces parages, on fait subir à ces voiles une préparation spéciale qui consiste à les enduire d'un mélange de graisse et de goudron clair très chaud.

Dès que l'on n'est plus qu'à 25 ou 30 milles du Banc, l'apparition des oiseaux, qui deviennent de plus en plus nombreux, indique que l'on arrive : cette présence des oiseaux est un signe certain qui n'a jamais trompé nos marins, et que la sonde, d'ailleurs, ne tarde pas à confirmer.

Généralement, on mouille en arrivant à l'est du Banc, entre 44° et 44° 30' de latitude nord, 52° et 52° 10' de

Fig. 35.
Navires pêcheurs sur le Grand-Banc.

longitude ouest. Autrefois, quand on allait à Saint Pierre chercher le hareng frais qui servait à boëtter les lignes en première pêche, on commençait cette pêche par l'Ouest du Banc, on faisait ensuite du sud et l'on terminait la campagne à l'est; maintenant, on commence à l'est pour y revenir finir la pêche avant de *débanquer*. Entre le commencement et la fin, il n'y a plus aujourd'hui d'itinéraire

Fig. 36. — Doris à la rame allant mettre ses lignes à la mer.

déterminé, les navires parcourent le Banc dans tous les sens, cherchant les places où l'on trouve le bulot ou l'encornet.

Lorsque le capitaine croit avoir trouvé un fond à morue sur lequel il puisse également se procurer de la boëtte pour ses lignes, car le problème doit être envisagé sous cette double face, il mouille, c'est-à-dire qu'il fait jeter l'ancre pour se maintenir sur ce fond. Dans la plupart des cas, trois maillons de chaînes de 25 brasses chacun lui suffisent pour cette opération ; mais si la mer devient grosse, il sera obligé d'en filer une plus grande longueur afin de permettre à son bateau de se relever plus facilement, en rappelant moins dur.

Les doris qui, comme nous l'avons dit, ont été gréées pendant la traversée, sont aussitôt mises à la mer; deux hommes, le patron et son matelot s'y installent, et munis de chaudrettes attachées à de longues cordes et qu'ils ont amorcées au moyen des harengs rapportés de France; ils commencent la pêche au bulot qui se fait tout près du navire. Tout l'équipage participe à cette première opération et il ne reste à bord que le capitaine et les mousses. Quand la récolte est suffisante, les bulots sont envoyés à bord et broyés dans des moulins spéciaux. On les passe au crible pour les séparer des morceaux de coquilles auxquels ils adhèrent et l'on commence le boëttage des lignes, c'est-à-dire à garnir les haims avec la chair de ces mollusques.

C'est alors que commence la pêche proprement dite.

Environ deux ou trois heures avant le coucher du soleil, si l'état de la mer le permet, dix des doris sur les dix-huit qui ont été emportées de France sont envoyées, chacune dans une aire de vent différente mettre dehors les lignes qu'elles emportent lovées dans quatre petites mannes ou barils placés au fond entre les deux hommes qui la montent. Chacune des doris est munie d'une petite boussole montée à la Cardan dans une boîte de sapin, d'une ancre destinée à mouiller sur le Banc en cas de brume trop intense pour pouvoir retouver le bâtiment, d'une corne à brume faite généralement d'une coquille de lambi et qui sert à se faire entendre du navire. En outre, les règlements ministériels prescrivent aux capitaines des Terre-Neuviers de faire mettre à bord de leurs petites embarcations une provision d'eau fraîche et de biscuits que nos marins emportent dans de petites boîtes rectangulaires en fer-blanc qui ne tiennent aucune place dans la doris.

Au début d'un mouillage, on commence à filer les lignes à une distance d'environ cent brasses du navire; mais peu à peu, les détritus jetés du bord et qui se décomposent, empoisonnent progressivement le fond et en éloignent le poisson, de sorte que, chaque jour les doris doivent s'écarter davantage sans toutefois aller à plus de trois ou quatre milles. On a déjà vu qu'une ligne complète mesure environ 3 kilomètres de longueur ; l'extrémité mise dehors la dernière est munie d'un flotteur ou bouée en liège qui se maintient à la surface de l'eau et indique ainsi la position exacte de l'engin aux pêcheurs qui viendront le lever le lendemain matin.

L'opération de mise dehors dure environ deux heures quand la mer est calme. Les hommes rentrent alors à bord et hissent les doris sur le pont pour ne pas les laisser à la merci de la mer.

Fig. 37. — Doris sous voile allant mettre ses lignes à la mer.

Quand tout le monde est rentré on soupe et l'on pompe pour débarrasser la cale de la saumure et du jus de poisson qui s'est écoulé des piles de morues préparées, ainsi que de l'eau de mer qui a pu s'y introduire. Chaque soir, la moitié de l'équipage est occupée à cette manœuvre des pompes, un jour ce sont les patrons, le lendemain ce sont les matelots et ainsi de suite.

On appelle alors les hommes à la prière qui est généralement faite à haute voix soit par le capitaine, soit par un matelot, désigné à cet effet, et que, pour cette raison, on appelle le *curé*.

A ce moment, la nuit est tout à fait tombée, on a allumé les feux de position et tout le monde va se coucher. Un seul homme reste sur le pont pour faire le quart et veiller à la sécurité de l'équipage. Le quart ne dure qu'une heure ; c'est tout ce que l'on peut demander à ces marins harassés par quinze ou dix-huit heures du plus dur labeur. Cependant, malgré la fatigue qui les engourdit, les hommes de quart s'endorment bien rarement.

Un grand nombre de marins, surtout parmi les Bretons, se jettent tout habillés avec leurs vêtements mouillés et couverts d'écailles de morue sur la paillasse qui leur sert de lit, les Normands se déshabillent généralement ou enlèvent tout au moins leurs cirés et les gros vêtements de laine qui leur servent pour le travail et qui sont plus ou moins trempés d'eau de mer. Quoi qu'il en soit, il règne une odeur fade et écœurante dans l'étroit réduit éclairé d'un quinquet fumeux alimenté à l'huile de foie de morue où 20 à 25 hommes dorment à la fois mélangeant leur haleine forte à la buée qui se dégage de leurs hardes souillées de débris de poisson. Nous sommes cependant heureux de constater que dans les nouveaux terre-neuviers les postes d'équipages sont plus vastes et mieux aérés que par le passé.

Quand le jour va percer, l'homme de quart éveille l'équipage de façon à ce que tout le monde soit prêt à partir quand il fera suffisamment clair pour prendre la mer, ce qui a lieu entre 3 heures et demie et 4 heures en été. On appelle à la prière et l'on verse à chaque homme un boujaron d'eau-de-vie, *environ 6 centilitres*, en même temps qu'on fait une distribution de biscuit. Notons en passant que le biscuit est toujours laissé à la discrétion des hommes qui peuvent en manger autant qu'ils le désirent.

On débarque alors les doris et chacun va relever les lignes qu'il a mises dehors la veille au soir et en décrocher les morues qui, pendant la nuit, se sont prises aux haims. Au fur et à mesure qu'elles sont sorties de l'eau, les lignes sont remises dans les bailles ou petits barils installés au fond de la doris ; les morues prises sont jetées pêle-mêle au fond de l'embarcation ; celles qui se décrochent d'elles-mêmes en sortant de l'eau sont rattrapées au moyen d'une gaffe dont les doris sont toujours munies. Les morues de trop petites dimensions sont rejetées à l'eau où, ne pouvant revenir à la vie, elles servent généralement de pâture aux chiens de

Fig. 38. — Goëlette Saint-Pierraise sur le banc de Terre-Neuve.

mer ou marasses qui harcèlent nos pêcheurs et atteignent quelquefois une longueur de 1 m. 50 à 2 mètres, présentant ainsi toutes les apparences de petits requins. Ce ne sont pas seulement des morues que nos marins trouvent pris à leurs hameçons, ils relèvent aussi assez souvent des flétans et surtout des raies qu'ils rejettent aussitôt pour n'en point charger leurs doris. L'opération du lever des lignes dure environ trois heures. Quelquefois, quand la morue donne, la même doris est obligée de faire deux voyages pour ne pas perdre de poisson et ne pas s'exposer à charger jusqu'à couler bas. Aussi, suivant l'abondance du poisson et surtout l'état de la mer, les pêcheurs rentrent au navire de 8 h. 1/2 à midi.

Aussitôt que la doris a accosté le bâtiment, la morue est embarquée, c'est-à-dire jetée sur le pont au moyen d'un piqueux, et les petites embarcations sont filées derrière.

Fig. 39. — Morue du Grand-Banc de Terre-Neuve.

Pendant que 20 hommes sont ainsi occupés à pêcher la morue, 3 ou 4 doris restées près du bateau font la pêche au bulot avec les chaudrettes que l'on amorce maintenant avec des têtes et des issues de morue.

Quand la dernière doris est enfin rentrée, on déjeune. Le menu de ce déjeuner n'est guère varié. Pendant toute la durée de la banquaison et tant que la pêche peut s'effectuer, il se compose de poisson bouilli dont la morue fraîche fait généralement les frais, quelquefois, mais rarement, on remplace la morue par de la raie ou du flétan. On y joint des pommes de terre tant que dure l'approvisionnement de cette denrée, c'est-à-dire jusqu'au mois d'août. Comme boisson on donne du cidre à discrétion.

Après le déjeuner, on se met à travailler la morue, et si la provision de bulots faite dans la matinée n'est pas suffisante, tout le monde y va, même le capitaine qui ne regarde

Fig. 40. — Trois-mâts goëlette sur le banc de pêche.

pas à descendre dans une doris pour pêcher à la chaudrette comme les simples matelots. Les mousses seuls sont dispensés de cette corvée.

Les bulots, passés au moulin et criblés, on boëtte les lignes, et quand l'opération est terminée, les hommes collationnent. On leur donne pour cela un quart de vin, du biscuit et du beurre.

Alors, comme la veille, on va mettre les lignes dehors, au retour, on embarque les doris, on soupe, et on se couche.

Pour le souper, on ajoute au poisson bouilli une soupe qui se fait aux poireaux au début de la campagne et à l'oseille quand la provision de poireaux est épuisée. Les hommes qui ont réussi à prendre un dadain pendant leurs moments de loisirs, qui sont rares, rompent la monotonie de cette nourriture dont la morue bouillie fait le fonds en faisant

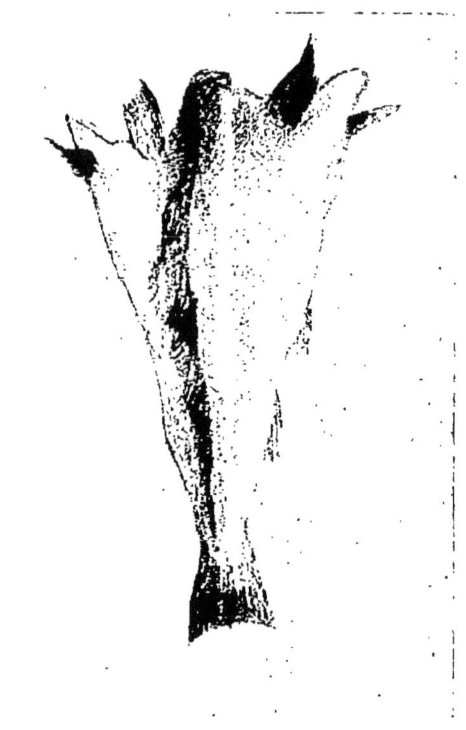

Fig. 41. — Morue préparée au plat.

rôtir pour eux-mêmes cet oiseau qu'ils dépouillent plus souvent qu'ils ne le plument.

Le bœuf et le lard salés qui font partie de l'approvisionnement embarqué au départ ne sont consommés que pendant les voyages d'aller et de retour comme pendant les changements de fonds et les jours de mauvais temps où l'on ne peut prendre de morue.

Tous les dimanches et jeudis matin le boujaron d'eau-de-vie est remplacé par une ration de genièvre.

Le jour de Pâques, chacun des hommes reçoit 3 ou 4 œufs.

Aussitôt que les doris sont de retour au navire, quand le poisson est jeté sur le pont et dûment compté, chacun commence par *ebreuiller* les morues qu'il a prises.

Fig. 42. — Morue préparée au rond.

Pour cela, il leur fend l'abdomen depuis l'anus jusqu'à la gorge; il en retire les œufs ou rogues qui sont mis à part, dans un baril, pour être salés, le foie qui est jeté dans la fassière où il se transformera en huile et enfin les breuilles ou intestins qui seront ensuite jetés à la mer.

Cette première opération terminée, il détache la tête du poisson dont il met la langue à part pour être salée, et il jette la morue ainsi vidée et décollée dans un parc près duquel se tient le trancheur.

Celui-ci, qui n'est autre que le capitaine ou le subrécargue, reprend ce poisson à demi-préparé et le fend d'un bout à l'autre, mais en conservaut assez de chair sur le dos pour que les deux parties, une fois ouvertes, semblent ne faire qu'un seul et même poisson plat. Il coupe ensuite l'arête dorsale à quelques nœuds au-dessus de l'anus et enlève la partie supérieure de cet os dont l'inférieure est conservée pour donner plus de fermeté au poisson. Enfin avec une cuiller de fer, il presse sur l'arête qui reste pour faire sortir le sang qui séjourne en cet endroit et en retirer le plus possible, afin de rendre le produit plus blanc.

Les figures 41 et 42 montrent le poisson tel qu'il sort des mains du trancheur.

Ainsi préparée, la morue tranchée est passée aux mousses qui sont chargés de la laver dans de grandes bailles remplies d'eau de mer que l'on renouvelle aussi souvent qu'il est besoin au moyen d'une pompe installée le long du bord. Comme nos marins ne saignent pas la morue quand ils la sortent de l'eau, ainsi que cela se fait en Norvège, il est indispensable, si l'on veut obtenir un bon produit, de la laver abondamment en dedans et en dehors avant de la livrer au salage. Cette opération doit porter principalement sur le tour du collet et la partie de la raquette qui reste adhérente au poisson ; car c'est en ces deux endroits qu'il est resté le plus de sang coagulé.

Le poisson est ensuite envoyé dans la cale où il est livré au saleur.

Deux méthodes sont employées pour saler la morue ainsi préparée :

1° Le salage en saumure dans un récipient étanche ;

2° Le salage au sel sec en arrimes qui permet au poisson de s'égoutter et de perdre ainsi le sang qu'il peut encore conserver après le lavage.

La saumure est généralement employée aux États-Unis, en Écosse et en Belgique.

Le salage en arrimes est plus usité dans les grands centres de pêche, et, lorsque le poisson est convenablement préparé, il donne un produit de conservation plus durable et meilleur pour l'exportation dans les pays chauds. Aussi est-ce ce dernier mode qui a prévalu chez nous.

On laisse le poisson s'égoutter convenablement après le

Fig. 43. — Type de vapeur apportant le sel aux navires terre-neuviens.

lavage. La morue doit ensuite être étendue soigneusement en arrimes afin d'éviter que des plis ne se forment, car il serait très difficile de faire disparaître ces plis lors de la préparation définitive.

Une grande attention doit être apportée pour que le sel soit réparti d'une manière uniforme sur chaque couche de poisson en proportion de son épaisseur. Trop de sel *brûlerait* le poisson, trop peu le rendrait doux. Aussi le choix du sel est-il une question très importante qui a souvent divisé les armateurs. Depuis un quart de siècle, ce sont les sels de la Méditerranée qui sont en faveur à Fécamp.

Ce sel est transporté des salins d'origine au port d'armement par de grands navires affrétés à cet effet et qui jaugent de 2.500 à 3.000 tonneaux.

Lorsque les débuts de la campagne ont été favorables et que les premiers mois de pêche ont donné de bons résultats, un certain nombre de navires de la flottille fécampoise vont encore porter à Saint-Pierre les produits de cette première pêche; ils en profitent pour compléter s'il y a lieu leur approvisionnement en sel et emportent, en quittant cette colonie, quelques barils de capelan qui leur sert de boëtte au début de la seconde pêche.

Mais lorsque le navire a emporté de Fécamp une quantité suffisante de sel et qu'aucune cause ne l'oblige à une relâche coûteuse et qui constitue dans tous les cas une perte de temps relativement considérable, il revient directement en France quand il débarque, c'est-à-dire lorsqu'il quitte le banc, à la fin de la campagne de pêche.

Les principaux ports de retour sont : Bordeaux, Port-de-Bouc, Martigues, La Rochelle et Nantes, où sont établies des sécheries et qui constituent de nos jours les plus grands marchés français pour le commerce de la morue.

Il y a quelques années seulement, peu de navires revenaient directement à leurs ports d'armement où ils ne pouvaient trouver l'écoulement de leurs produits et d'où les transports par voies ferrées jusqu'aux centres cités plus haut étaient trop onéreux pour être employés utilement. Mais les conditions ont bien changé depuis. D'une part, une nouvelle industrie, le *repaquage* de la morue verte salée en tonnes semble vouloir s'implanter dans les ports de la Manche; il s'en fait déjà un commerce assez important pour l'intérieur de la France qui y gagne d'avoir un produit beaucoup plus succulent et moins salé que la morue sèche; d'un autre côté des tarifs spéciaux ont été consentis par les grandes compagnies de chemins de fer pour le trans-

Fig. 44. — Vue d'ensemble de la sécherie à air libre et à vapeur de M. Mellis, à Bordeaux.

port par wagons du poisson salé provenant des ports de la Manche à la destination de Bordeaux et des ports de la Méditerranée et permettent aux armateurs de faire les expéditions sans peser trop lourdement sur le prix de la marchandise.

Ces modifications et améliorations ont eu pour première

Fig. 45. — Sécherie de M. Mellis, à Bordeaux.
Vue montrant la disposition employée pour les entrées de l'air.

conséquence d'inciter les armateurs à faire revenir directement en Manche une partie de leurs navires qui évitent ainsi les frais de relâche et de séjour à Bordeaux ou Port-de-Bouc. La campagne n'en finit que plus tôt pour les pêcheurs qui rentrent ainsi dans leurs familles aussitôt leur arrivée du Banc sans être exposés aux excès de toutes sortes qui leur sont coutumiers quand ils débarquent dans un autre port après les six ou sept mois de privations qu'ils ont dû subir à leur bord.

Il y aurait donc double bénéfice à ce que la mesure se

généralisât, bénéfice pour l'armateur qui peut échapper aux conditions souvent léonines du syndicat des acheteurs de Bordeaux auquel il est livré aussitôt que sa cargaison a remonté la rivière, bénéfice pour le matelot qui n'a pas à dépenser son argent dans les mille établissements plus ou moins hospitaliers qui lui ouvrent leurs portes pendant

FIG. 46. — Sécherie de M. Mellis, à Bordeaux.
Vue latérale montrant le ventilateur.

ce séjour forcé de quelques semaines et quelquefois même de quelques mois loin de sa famille et dans une inaction dangereuse.

Le séchage de la morue, c'est-à-dire sa préparation définitive, constitue une industrie spéciale complètement distincte de la pêche proprement dite et à laquelle l'armateur ne participe en aucune façon. Pour ce dernier, en effet, comme pour les marins qui montent ses bâtiments, l'association à la part, résultant du contrat d'engagement passé au Bureau de la Marine, cesse aussitôt que le poisson rapporté du banc est rendu en France, et le règlement des parts se fait d'après le produit de la morue verte débarquée et livrée à l'acheteur.

Sur nos marchés français, la morue verte se vend au quintal de 55 kilogrammes. Le payement s'en fait à 30 jours avec escompte de 3 1/2 0/0. Il est dû au commissionnaire qui intervient entre l'acheteur et le vendeur une commission de 2 0/0 qui se prélève sur le produit brut de la vente.

Les premiers arrivages de nos banquais à Bordeaux ou à Port-de-Bouc se font dès le 15 septembre pour les bateaux les plus favorisés. Suivant l'état de la mer et les dates de départ du Banc, ils peuvent se prolonger jusqu'au 15 novembre et quelquefois même plus tard.

La dernière préparation que l'on fait subir à terre à la morue verte, apportée de Terre-Neuve par nos banquais pour la transformer en un produit d'exportation qui puisse sans danger affronter les intempéries et résister sans se corrompre aux chaleurs excessives des colonies, a pour but de débarrasser le poisson de l'excès d'eau qu'il conserve encore après le salage, cette eau étant le véhicule naturel des germes de la corruption.

Deux méthodes existent pour cela : le pressage et le séchage.

C'est le séchage seul qui a toujours été employé par les Français, comme d'ailleurs par la plupart des peuples qui ont exercé cette industrie. Mais, là encore, les procédés diffèrent.

Jusqu'à ces dernières années, on ne connaissait que deux procédés, basés tous les deux sur l'évaporation lente de la partie aqueuse par l'exposition directe du produit de la pêche à l'action de l'air vif de la mer.

Dans certains endroits, on étendait simplement le poisson sur les graves, comme cela s'est pratiqué de toute antiquité sur les côtes de Terre-Neuve.

Dans d'autres, au contraire, on se servait d'échafauds en bois auxquels on suspendait les morues à préparer à une certaine distance du sol.

Les avantages obtenus par ce dernier procédé comparé au précédent sont :

1° Que l'air passant sous la morue, l'eau qu'elle contient s'évapore plus rapidement, et par suite elle demande une exposition moins longue à l'air;

2° Le poisson est moins exposé à être brûlé par le soleil dont les rayons le frappent plus obliquement;

3° Il est moins exposé à l'action de l'eau douce résultant de la condensation des vapeurs atmosphériques au contact du sol refroidi puisqu'il en est plus éloigné ;

4° La poussière et les autres saletés peuvent être plus facilement écartées;

5° Le poisson séché sur des échafauds perd moins de poids, car il garde mieux son sel que celui préparé sur des rochers ou sur des graves.

A Bordeaux, les industriels qui font la préparation de la morue française avaient déjà depuis longtemps remplacé les échafauds par des vigneaux en bois sur lesquels le poisson était suspendu par la queue. Le séchage s'opérait ainsi beaucoup plus promptement ; dans l'espace de deux à six jours seulement, on pouvait obtenir un bon produit d'exportation ayant très peu perdu de son poids; mais il se conservait un peu moins longtemps que celui préparé sur les échafauds.

Il y a peu de temps une circulaire ministérielle appelait tout particulièrement l'attention des négociants sur le péril que courait l'industrie morutière française menacée sur tous les marchés étrangers par la concurrence des Américains qui venaient d'inventer un nouveau procédé de préparation pour la morue sèche d'exportation.

Les produits qu'ils opposaient aux nôtres étaient en effet d'excellente qualité, et leur aspect l'emportait encore sur cette qualité, de sorte qu'ils obtenaient partout la préférence.

Il fallait donc parer au plus vite à ce nouveau danger qui pouvait avoir des conséquences incalculables pour nos populations maritimes. Le chiffre des exportations de ce produit spécial s'élève en effet à la somme de dix millions de francs et le transport fournit plus de 18.000 tonnes de frêt à la marine française.

Nos négociants surent se mettre à la hauteur de la situation, et, à l'heure actuelle, Bordeaux possède ses sécheries

Fig. 47. — Sécherie de M. Mellis, à Bordeaux.

Vue intérieure montrant la disposition adoptée pour le chauffage par thermosiphon.

artificielles qui sont en pleine activité et qui ne tarderont pas à lutter avec avantage contre leurs concurrents.

Le séchage artificiel de la morue par le procédé américain consiste à exposer le poisson sur des plateaux dans un séchoir où la température est portée à 80° et 90° Farenheit (*27° à 32° centigrades*). On laisse pénétrer l'air du dehors par des ouvertures pratiquées dans la partie inférieure du bâtiment, et cet air s'échappe par des cheminées placées sur le toit.

Tout autre est le procédé français Chédru, Dupont et Mellis pour lequel les inventeurs, parmi lesquels se trouve notre concitoyen M. Chédru, ont pris un brevet. Le voici en deux mots :

Un bâtiment isolé constitue l'atelier ; il est isolé parce qu'il faut que l'air y pénètre de tous les côtés à la fois. On y a adopté le chauffage breveté au thermosiphon de Dupont, de Bordeaux. Le tuyautage est disposé sur les côtés et sous le plancher. Ce bâtiment doit avoir un tiers de plus de longueur que de largeur. Sur le sens de la largeur, du côté opposé à la chaudière du thermosiphon, se trouve un ventilateur-aspirateur. Tout autour du bâtiment sont ménagées nombre de petites ouvertures, servant d'appels d'air, pratiquées en face des tuyaux du termosiphon.

Les morues sont pendues par la queue dans l'intérieur du séchoir, à des tringles nommées listeaux, comme elles le seraient dans les sécheries à air libre. On porte la température du séchoir à 30° et 32° centigrades, puis on ouvre les appels d'air et on fait fonctionner le ventilateur. L'air extérieur rentre alors rapidement dans le bâtiment, vient frapper contre les tuyaux chauds, se dégage de son humidité, puis est attiré par le ventilateur et expulsé après avoir traversé les morues, qu'il agite comme le ferait un vent léger.

Le séchage des morues, destinées à la consommation de la France et des pays voisins, demande une préparation de 12 à 18 heures ; il faut compter 36 heures pour les produits qui doivent affronter le climat des colonies.

L'avantage considérable de ce procédé, c'est qu'il permet d'obtenir la siccité presque parfaite du poisson et, par suite, la faculté de l'expédier sans danger dans les climats excessifs et d'ouvrir ainsi un nouveau marché dans tous les pays chauds, et principalement dans l'Amérique du Sud. C'est donc, à bref délai, un débouché assuré et très important pour tous nos produits.

La morue verte n'est pas le seul produit qui se prépare à bord de nos Terre-Neuviers pour être rapporté en France et livré à la grande consommation ; nous ne parlerons pas des langues qui sont salées à part dans les barils et forment un excellent produit très prisé par les gourmets, car de nos jours cette préparation spéciale est bien tombée et nos pêcheurs n'en rapportent plus guère que pour eux et leurs familles ; une mention plus importante devrait être faite des *rogues* ou *œufs salés* en barils sur les lieux de pêche, et qui, à l'arrivée, sont expédiés en Bretagne pour servir d'appât dans la pêche de la sardine. Mais le produit le plus important et que nous ne saurions passer sous silence est, sans contredit, l'huile de foie de morue.

Cette huile, dont chacun connaît les propriétés curatives dans le traitement de la scrofule et des affections de poitrine, n'est pas seulement employée par la médecine qui, tout en en faisant une grande consommation, ne constituerait qu'un débouché de peu d'importance. La grande industrie l'emploie concurremment avec les autres huiles de poisson et notamment celle du hareng, pour le graissage et la préparation des cuirs. Ce sont naturellement les produits de qualités inférieures qui reçoivent cette destination, et il s'en fait de nos jours un très grand commerce. C'est pourquoi nous en dirons quelques mots en passant.

Pour préparer une bonne huile qui puisse servir aux usages médicinaux, le choix des foies doit être la première préoccupation du capitaine qui ne peut employer à cet usage que les meilleurs, les plus sains et les plus gras à la fois. On les reconnaît à leur teinte crème et à leur consistance molle telle qu'une simple pression du doigt suffise à les traverser. Les bruns ou tachetés de points verdâtres doivent être rejetés ou mis à part pour ne servir qu'à la préparation de l'huile industrielle. Quant aux foies durs et d'une teinte très foncée, ils ne donnent pas assez d'huile pour être employés utilement.

Sur le banc de Terre-Neuve, la fabrication de l'huile de foie de morue est, en outre, subordonnée aux loisirs que peut laisser à l'équipage la préparation du poisson ; on comprend, en effet, qu'on ne négligera pas cet objet principal qui occupe tous les bras dans les bonnes marées, et qu'on ne s'exposera pas à jeter des morues à la mer pour traiter les foies. Il faut aussi tenir compte de la température atmosphérique, car il est impossible d'obtenir un bon produit quand il fait trop chaud ou quand les foies ne sont pas manipulés aussitôt qu'ils sont retirés du poisson. L'espace aussi fait souvent défaut à bord pour y installer convenablement cette industrie.

Toutes ces causes réunies font que la fabrication de l'huile de foie de morue n'est pas pratiquée régulièrement sur nos terre-neuviers, d'autant plus que les prix de vente de cette denrée vont en diminuant d'année en année. Aussi, les armateurs laissent-ils à leurs capitaines toute liberté à ce sujet.

C'est surtout au début de la campagne, quand il ne fait pas trop froid que nos pêcheurs utilisent les foies, et qu'ils en retirent les meilleurs produits, c'est-à-dire une huile très limpide, à peine teintée en rose, et presque sans odeur.

Pour cela, ils installent sur le pont, près des parcs à morue, plusieurs tonneaux à gueule bée, échancrés d'un côté et nommés *fassières*. On y jette les bons foies au fur et à mesure que les morues sont ébreuillées, et l'on attend que l'huile se fasse d'elle-même par le seul tassement de ces foies qui s'y accumulent. L'huile surnage bientôt au-dessus de la masse qui se désagrège au fond ; on la retire avec des poches pour l'enfermer dans des barriques que l'on descend dans la cale aussitôt qu'elles sont remplies.

Lorsque le temps est froid, et que l'huile tarde trop à se séparer, on aide à la désagrégation des foies en versant dessus quelques pots d'eau chaude, mais le produit ainsi obtenu n'a pas une aussi belle couleur que celui qui se forme naturellement.

Plus tard, vers le milieu de la campagne, quand la température, qui s'est élevée graduellement, est devenue relativement chaude, la décomposition s'opère très rapidement;

mais l'huile qu'on en obtient a une couleur roussâtre et une odeur désagréable qui la fait rebuter par la médecine : elle ne peut plus être employée qu'à des usages industriels, et les prix qu'on en obtient sont peu rémunérateurs.

En Islande, en Norwège, aux Loffoden, en Russie, dans tous les pays, enfin, où la morue est pêchée par de tout petits bateaux qui reviennent chaque jour à terre pour y rapporter le poisson qu'ils ont pêché et qui n'est pas encore ébreuillé, la fabrication de l'huile de foie de morue a pris les proportions d'une grande industrie qui emploie des moyens mécaniques et des procédés spéciaux impossibles à transplanter sur nos bateaux.

Sur divers points de ces pêcheries, on a établi, depuis environ cinquante ans, de grandes usines à vapeur dans lesquelles les foies sont traités de la manière suivante :

Ces foies sont enfermés dans des caisses en tôle à doubles parois, entre lesquelles circule un courant continu de vapeur d'eau.

La première huile obtenue est très limpide et très blanche ; elle est livrée au commerce sous le nom d'*huile vierge* ou *huile blanche*. C'est la plus appréciée par la médecine, comme possédant la plénitude de ses propriétés curatives. C'est d'ailleurs celle qui est obtenue à bord de nos terre-neuviers au début de leur campagne.

En remuant les foies à l'aide de spatules mues mécaniquement, on fabrique une huile tirant sur le jaune ; c'est l'huile brune ou huile *de second choix* que l'on blanchit très facilement aujourd'hui par des procédés chimiques spéciaux pour être ainsi vendue comme huile blanche.

Si l'on surchauffe la masse qui reste encore dans les chaudières après cette seconde opération, on obtient alors un produit noirâtre et visqueux qui, soumis à l'action de fortes presses, donne l'*huile noire* du commerce. Les Anglais sont arrivés à former avec cette huile de dernière qualité, un liquide très blanc, presque incolore qui est vendu au commerce sous le nom d'*huile anglaise* (*English cod oil*), mais dont les propriétés curatives sont peu actives.

On donne le nom de boëtte à l'appât dont on garnit les haims pour prendre la morue.

Nous avons vu que sur le Banc la pêche à la ligne est la seule possible : l'approvisionnement de nos Terre-Neuviers en boëtte est donc le premier problème dont la solution s'impose aux capitaines banquais. En effet, que leur servirait de trouver un bon fond à morues s'ils venaient à manquer d'appât pour l'attirer et la faire mordre à l'hameçon de leurs lignes ? Le manque de boëtte leur est aussi préjudiciable que l'absence de morues. Le Parlement de Terre-Neuve l'a si bien compris que, pour arriver à la ruine de notre industrie, pour éloigner nos bateaux de ces régions où nous lui portons ombrage il a rigoureusement interdit à ses nationaux, par la Loi restée célèbre sous le nom de Bait-Bill, de vendre à nos pêcheurs l'appât que nous avions coutume de leur acheter. Et tant que nous n'eûmes pas trouvé le moyen pratique de nous passer de leurs services, l'émotion fut grande parmi nos populations maritimes qui craignirent un instant d'être forcées d'abandonner le Banc.

Nous dirons donc quelques mots en passant de cette boëtte dont le problème peut se poser à nouveau dans un avenir peut-être très prochain.

En faisant l'historique de l'ancienne pêche au Banc nous avons déjà indiqué une variété considérable d'appâts qui ont été successivement employés pour amorcer les lignes et l'on serait presque tenté de croire, en parcourant cette énumération, que toutes les substances animales sont propres à cet usage, et cette opinion semblerait corroborée par la voracité bien connue de la morue. Mais si ce poisson est très vorace, et si, quand il est affamé, il se jette avidement sur toutes les proies qu'il rencontre sur son passage, il n'en a pas moins des préférences bien marquées, et, quand il a le choix entre deux proies, il se montre très difficile dans ses goûts.

Le même choix s'impose donc à nos capitaines terre-neuviers. Aussi les variétés d'appâts qui sont aujourd'hui employées d'une manière générale par les pêcheurs des différentes nations peuvent-elles être réduites à six :

Le hareng frais, le capelan, l'encornet, le bulot, la grande coque et la moule.

Le hareng frais est surtout employé en Norwège ou il forme pour ainsi dire l'unique appât de la pêche à la ligne ; sur le Grand-Banc il a également servi d'appât au début de la campagne, pendant la période connue sous le nom de première pêche et qui s'étend d'avril à juin. On comprend aisément qu'on ne puisse emporter cet appât des ports de France où la pêche est d'ailleurs terminée plus d'un mois avant le départ des Terre-Neuviers. Par contre, sur les côtes de Terre-Neuve, où il est très nombreux, il ne fait son apparition qu'en mars ou avril. Mais depuis l'établissement du Bait-Bill, nos capitaines en seraient réduits, soit à l'acheter aux Saint-Pierrais qui n'en pourraient fournir que des quantités insuffisantes, soit à l'aller pêcher eux-mêmes dans les baies du French Shore et notamment dans la baie de Saint-Georges. C'est précisément ce que l'on a fait lors de la promulgation du Bait-Bill ; mais aujourd'hui tous nos navires métropolitains ont renoncé à cette boëtte qu'ils seront peut être forcés de reprendre quelque jour.

Le capelan, moins connu sur nos côtes que le hareng où on le trouve cependant à certaines époques dans les filets de chalutiers, est encore plus recherché par la morue ; malheureusement, il ne paraît qu'en juin sur les côtes de Terre-Neuve, mais alors on l'y trouve en bandes si nombreuses qu'il forme de véritables bancs.

Autrefois quand les lois de la colonie le leur permettaient encore, les Terre-Neuviens, vers cette époque de l'année, en prenaient d'immenses quantités qu'ils vendaient à nos marins pour servir d'appât en seconde pêche. Quand ce commerce cessa, nos Terre-Neuviers allèrent eux-mêmes prendre le capelan dans les baies du French-Shore et notamment dans celles de la Conche, de la Scie, etc., sur la côte Est, où le poisson se montre particulièrement abondant.

Depuis quelques années on a cessé d'y aller, de sorte qu'aujourd'hui, il n'y a plus guère que les Saint-Pierrais qui se servent de cet appât qu'ils vont chercher le plus habituellement dans la baie de Saint-Georges, sur la côte Ouest. La pêche du capelan se fait au filet flottant ou à la seine, par des barques appelées pour cette raison barques capelanières. Pour ne pas détériorer le poisson, qui est très délicat à manipuler, on se sert pour le retirer du filet où il a été emprisonné, d'instruments appelés *sallebardes*, et qui présentent

Fig. 48. — La pêche à l'encornet en rade de Saint-Pierre.

la plus grande analogie avec le lanet servant à la pêche de la salicoque. Il est alors mis en baril avec quelques poignées de sel pour l'empêcher de se corrompre sans le saler entièrement, ce qui lui ferait perdre la plus grande partie de ses qualités. La boëtte salée est en effet bien inférieure à la boëtte fraîche : s'il en était autrement il serait facile à nos pêcheurs d'emporter avec eux du hareng, du sprat et de la sardine salés qu'ils se procureraient à très bas prix tant en

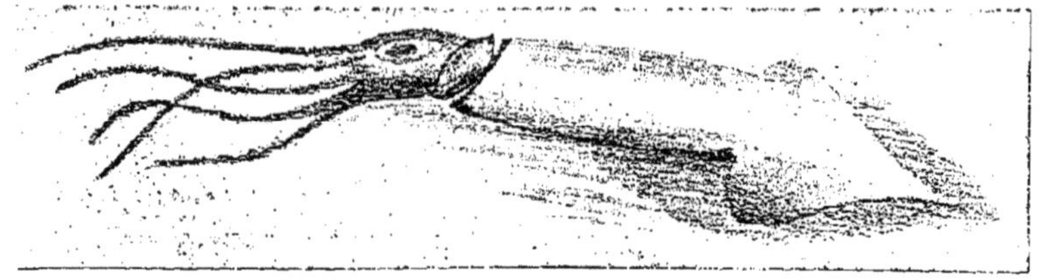

FIG. 49. — Encornet.

France qu'en Espagne et qui leur éviteraient ainsi une perte de temps considérable sur le Banc.

L'*encornet* dont la morue se montre encore plus friande que du capelan est un mollusque ressemblant à la seiche que l'on trouve de temps en temps sur nos côtes. Il constituerait certainement la boëtte par excellence si on le trouvait en toute saison, et si, quand il se montre, on pouvait le pêcher en quantité suffisante pour boëtter toutes les lignes. Malheureusement, on ne le rencontre qu'à des intervalles tout à fait irréguliers, poursuivant avec acharnement des bancs de poisson migrateur qui viennent à traverser le banc et qu'il attaque avec une voracité, un acharnement tels que ceux-ci sont obligés de fuir devant leurs assaillants. Aussi le passage de l'encornet est-il très rapide et quand on le voit passer ou bien quand un indice quelconque décèle sa présence près du bâtiment, tout l'équipage s'arme de *turluttes* pour en faire la pêche. Ces turluttes se composent essentiellement d'une petite masse de plomb hérissée de nombreuses petites pointes d'acier recourbées en crochet sur lesquels viennent se prendre les mollusques. Pour cela aucun appât n'est nécessaire, on se contente de peindre le

Fig. 50. — La pêche à l'encornet dans les doris.

plomb en rouge ou de le nickeler pour attirer l'encornet. Les hommes restent généralement à bord ; ils s'échelonnent simplement le long de la liste et agitent dans l'eau leurs turluttes qu'ils montent quelquefois à deux ou trois sur la même ligne. D'autres fois, cependant, les pêcheurs se répartissent dans les doris qui sont, comme nous l'avons dit, filées derrière le navire en attendant d'aller mettre les lignes dehors. Il est assez rare que l'on puisse, même dans les meilleurs jours, pêcher assez d'encornet pour en boëtter toutes les lignes, mais il est d'usage de ne jamais laisser échapper une seule occasion pour s'en procurer, ne fût-ce que d'une quantité très minime. Il a d'ailleurs été constaté que, quand il y en a trop dans un lieu, la morue, qui peut se rassasier à son aise de proies vivantes, ne mord plus aux lignes. Il arrive même aussi que, parfois, le poisson disparaît subitement d'un fond qui vient d'être visité par ces mollusques et n'y revient qu'au bout de quelques jours.

Nos marins attribuent ce départ subit à la poursuite que la morue fait au banc d'encornet.

Le bulot comme l'encornet est un mollusque et non un poisson, mais son corps, au lieu d'être nu, est renfermé dans une coquille contournée en spirale : c'est l'escargot de mer ou gros vignot que l'on trouve également dans la Manche. Sur le Banc, on le rencontre presque partout et dans certains parages on peut dire qu'il y pullule. Sa chair coriace n'a pas pour la morue le même attrait que l'encornet ni même le capelan, elle s'en repaît cependant volontiers et mord assez facilement aux haims qui en sont garnis. En somme, le bulot ne constitue pas la meilleure des boëttes, mais il en est la plus précieuse, car dans les parages où il vit, on peut le pêcher en toute saison, et il se laisse aisément prendre. Aussi, depuis que les navires banquais métropolitains évitent d'aller à Saint-Pierre pour économiser leur temps et les frais de relâche, le bulot fournit à lui seul presque toute la boëtte des pêcheurs français. Le bulot a été connu de tout temps par les pêcheurs de Terre-Neuve qui s'en servirent de temps à autre pour garnir leurs lignes quand leur boëtte habituelle venait à leur faire défaut ; mais jamais l'usage n'en était devenu général avant l'invention du Bait-Bill. Il appartenait aux pêcheurs de Fécamp d'adopter ce mollusque comme système de boëtte et de le faire accepter par leurs compatriotes des autres ports. Cette heureuse innovation qui a déjà rendu les plus grands services à notre industrie morutière date à peine de douze ans. Depuis lors les conditions de la pêche de la morue ont totalement changé sur les bancs de Terre-Neuve. Les pêcheurs trouvant leur appât dans les lieux mêmes où ils doivent pêcher la morue, ne sont plus contraints d'aller, comme auparavant, deux fois par saison à Saint-Pierre pour s'approvisionner de boëtte fraîche ; ils peuvent ainsi consacrer à la pêche tout le temps qu'ils passent hors de France. Par suite, il leur faut des bateaux d'un plus fort tonnage que par le passé, afin de pouvoir conserver à bord les produits de la campagne entière. D'un autre côté l'ancien itinéraire de leurs déplacements sur le Grand Banc s'est trouvé forcément modifié pour leur permettre de rester sur les fonds à bulots, car, comme nous l'avons dit, si l'on trouve le bulot presque partout, il n'est pas, sur tous les points, assez nombreux pour fournir à tous les besoins de la pêche. Des cartes bulotières ont pu être dressées et mises à la disposition des capitaines qui les consultent avec fruits quand ils ont besoin de changer leur mouillage. On voit, d'après ces cartes, que le bulot habite surtout la partie sud-est du Grand-Banc tandis qu'il est rare et presque nul dans le nord et l'ouest. Ce mollusque d'ailleurs affectionne plus particulièrement les fonds hauts et sablonneux, tandis que la morue se plaît mieux sur les fonds rocheux.

Le bulot nous a permis de parer le coup que les Anglais voulaient porter à l'industrie de la grande pêche française en promulgant le Bait-Bill ; nous avons pu nous priver, sans aucun dommage pour nous, des services qu'ils ne voulaient plus nous rendre, et ce sont leurs nationaux seuls qui y ont perdu ; mais nous ne devons pas nous laisser endormir par une sécurité trompeuse. Déjà, nos capitaines ont pu constater que les bulots qu'ils lèvent maintenant dans leurs chaudrettes sont beaucoup plus petits que ceux qu'ils ramenaient il y a douze ans. A quoi faut-il attribuer cette décroissance si rapide ? Ne serait-ce point que ce mollusque ne se reproduit pas assez vite pour combler les vides que font dans leurs rangs les chaudrettes de nos pêcheurs ? et ne présage-t-elle pas, à brève échéance, sinon la disparition complète, tout au moins une diminution du nombre de ces coquillages, qui ne suffira plus au besoin de notre industrie ?

Fig. 51. — Bulots et coques de mer.

La grande coque de mer dont tout le monde connaît la coquille bivalve cannelée régulièrement et qui se trouve en grande abondance dans le golfe du Saint-Laurent et sur les côtes de l'île du Cap Breton et de la Nouvelle Ecosse est préférée par les pêcheurs anglais et américains qui l'apportent sur les lieux de pêche salée en barils. Les Français qui ont essayé cette boëtte n'y ont pas trouvé les avantages que vantent leurs concurrents. Elle présenterait d'ailleurs pour nous le grave inconvénient d'obliger nos pêcheurs à faire le voyage de Saint-Pierre ou d'Halifax pour se la procurer au début de la campagne ce qui les ferait partir beaucoup plus tôt de leurs ports d'armements.

Enfin la moule ordinaire, également salée en barils, est employée aussi depuis plusieurs années par les Américains concurremment avec la grande coque. Nous ignorons encore quels ont été les résultats de ces essais.

Après tout ce qui a été dit sur la grande pêche de la morue, à Terre-Neuve, il est inutile d'insister davantage sur l'importance qu'a acquise, de nos jours, en France, cette intéressante industrie. Elle fait vivre directement plus de 20.000 familles, et donne lieu à un commerce général de plus de 40 millions de francs, par ses seuls produits de consommation qui procurent, en outre à notre marine marchande, un fret annuel de plus de 60.000 tonnes, dans lesquelles ne sont pas compris les sels destinés à la préparation du poisson, ni les denrées d'approvisionnement.

Si nous la considérions, maintenant, au point de vue plus élevé de la défense nationale, nous verrions qu'elle occupe annuellement près de 12.000 marins dans la force de l'âge et qui y sont maintenus dans un continuel état d'entraînement, formant ainsi le noyau le plus solide de la réserve de notre armée de mer, dans laquelle ils seraient aussitôt incorporés, si un danger venait à menacer notre patrie.

Il est de l'intérêt bien entendu de la nation de ne point laisser péricliter cette branche de l'industrie maritime française, au moment même où l'Allemagne, l'Angleterre, l'Italie et les États-Unis font les plus grands sacrifices pour leurs flottes, et quand la crise la plus intense sévit sur notre marine marchande qu'elle menace de ruiner.

Aussi, s'ils veulent rester sincères et patriotes, les adversaires même les plus acharnés de la doctrine protectionniste confesseront qu'un gouvernement éclairé et soucieux de la grandeur du pays doit protéger et encourager, par tous les moyens, une industrie qui est la véritable pépinière de nos marins, et qui est menacée dans son développement par la baisse graduelle des cours de la morue et l'augmentation sans cesse croissante des frais d'armement.

Certes, le Parlement français obéit a un louable sentiment de patriotisme en se préoccupant de la réfection de la flotte destinée à assurer la défense de nos côtes, mais il ne doit pas perdre de vue que pour monter ses cuirassés et ses croiseurs, il faut des marins éprouvés que l'État ne peut former lui-même et qu'il ne trouvera que dans la marine marchande, principalement chez nos pêcheurs qui restent six mois de l'année au milieu de l'Océan passant alternativement de leurs voiliers dans les frêles doris où ils acquièrent à la fois la pratique de la mer, l'accoutumance aux dangers et l'endurance qui font les meilleurs matelots.

D'ailleurs, tous les gouvernements qui se sont succédé en France, depuis un siècle et demi, ont reconnu la nécessité inéluctable de protéger la pêche à la morue qui ne pourrait d'elle-même résister à la concurrence des étrangers placés dans des conditions plus favorables qu'elle.

Tant que nous fûmes les maîtres absolus de toutes les côtes septentrionales de l'Amérique et de toutes les terres avoisinant les Bancs où l'on peut pêcher la morue, nos marins se trouvaient évidemment dans une situation privilégiée par rapport à leurs concurrents étrangers, moins bien placés qu'eux pour se procurer cette denrée.

Mais quand nos revers arrivèrent, quand nos rivaux s'établirent sur les lieux mêmes de pêche dont ils nous écartèrent progressivement pour nous chasser tout à fait en 1783, les conditions se trouvèrent complètement changées pour nous.

Tandis que les Américains et les colons anglais de Terre-Neuve, de la Nouvelle-Ecosse, du Cap Breton et du Canada exercent presqu'à leurs portes l'industrie de la pêche pour laquelle ils peuvent alors employer des bateaux plus légers, rentrant très souvent dans les ports d'armement pour y débarquer leurs produits, se ravitailler et faire une nouvelle provision de boëtte fraîche, les pêcheurs français sont obligés à des dépenses d'armement beaucoup plus considérables nécessitées par des bâtiments plus grands et des campagnes plus longues. Les voyages qu'ils doivent faire, tant pour se rendre sur les lieux de pêche que pour rapporter en France les produits qu'ils en tirent, leur font perdre un temps considérable que les étrangers peuvent consacrer à la pêche.

Aussi, si nous comparons l'industrie morutière française à l'industrie américaine, nous voyons que la nôtre nécessite des capitaux beaucoup plus considérables et entraîne des dépenses beaucoup plus grandes, que nos pêcheurs courent des risques plus grands, essuyent par suite plus d'avaries et qu'enfin, ils pêchent moins longtemps que leurs rivaux.

Il résulte de cette situation d'infériorité dans laquelle nous ont mis les traités de 1783 et de 1815 que la même morue coûte plus cher aux Français qu'aux Américains.

Pour rétablir l'équilibre, pour essayer de mettre les pêcheurs français sur le même pied que leurs concurrents étrangers, tous les gouvernements, sans interruption, ont accordé à l'industrie morutière des encouragements qui lui ont permis de vivre et de se développer normalement. Ainsi réconfortée, elle a pu résister aux coups qui lui ont été successivement portés par ses rivaux étrangers qui, de leur côté, ont fait les plus grands efforts pour nous supplanter sur ce terrain, comme ils l'ont fait dans presque toutes les autres branches du commerce maritime. Mais il est hors de doute qu'elle serait frappée à mort par la suppression des primes, et qu'elle ne tarderait pas à disparaître entièrement le jour où l'État lui retirerait son appui, comme quelques-uns l'ont déjà proposé.

Les encouragements que le Gouvernement français accorde ainsi à notre grande pêche nationale lui sont donnés, soit sous forme de primes en espèces, soit sous forme d'exonération de certains impôts portant tant sur les sels employés à la préparation du poisson, que sur les hameçons étrangers employés pour la pêche, et les boissons, le tabac et les autres consommations du bord.

Il faut y ajouter les droits presque prohibitifs qui frappent le poisson étranger à son entrée en France, et qui ne s'élèvent pas à moins de 48 francs par 100 kilogs de morue salée ou de klippfish.

Les premières primes en espèces qui furent allouées aux pêcheurs de morue remontent au gouvernement de Louis XV. Nous avons vu en effet, qu'en 1767, ce roi avait accordé une gratification de 500 livres à chacun des navires français allant pêcher la morue sur la côte de Terre-Neuve comprise entre les caps Bona-Vista et Saint-Jean.

Ces encouragements avaient un caractère tout à fait spécial ; il s'agissait, en effet, de reprendre possession d'une partie du French-Shore sur lequel les Anglais s'étaient établis à demeure et où ils maltraitaient nos nationaux pour les empêcher d'y venir exercer leur industrie. Les résultats furent négatifs, car les Anglais, par leur ténacité, restèrent les maîtres des havres contestés.

Mais à côté de cette question de détail, ne tarda pas à se poser un problème autrement sérieux, à la solution duquel était attachée l'existence même de l'industrie morutière française que les traités de 1713 et de 1763 avaient placée dans un état d'infériorité ruineuse vis-à-vis de ses concurrents anglais et américains.

C'est alors qu'intervint l'Ordonnance du 18 septembre 1785, complétée par le règlement du 7 février 1787, et qui créa les premières primes régulières, tant à l'armement des bâtiments pour la pêche, qu'à l'exportation des morues séchées, soit à Terre-Neuve et à Saint-Pierre, soit en France.

En 1790, le produit de la pêche française de la morue s'élevait à près de seize millions ; les primes payées à l'exportation atteignirent le chiffre de 300.000 francs. La quotité de ces primes était de 10 francs par quintal de 100 livres de poisson expédié aux colonies françaises ; elle était de 5 francs seulement par quintal pour les morues séchées à destination de l'Espagne, du Portugal, de l'Italie et du Levant.

Un des premiers soins de l'Assemblée nationale fut de confirmer ces encouragements en y ajoutant même une prime additionnelle de 3 francs par quintal pour les morues sèches à destination de l'Espagne, du Portugal, de l'Italie et du Levant.

Pour raison budgétaire, le payement de ces primes fut suspendu temporairement en 1793 ; mais les lois des 17 ventôse, 17 prairial et 4 messidor an X, les rétablirent en les fixant à 24 francs par quintal métrique.

L'Empire n'apporta aucun changement à cet état de chose ; la pêche, d'ailleurs, ne fut guère pratiquée sous ce régime.

Mais quand nos pêcheurs purent retourner au Banc après le rétablissement définitif de la paix, le gouvernement de Louis XVIII rendit, le 8 février 1816, une ordonnance qui fixa, pour ainsi dire, la base sur laquelle les primes furent depuis lors accordées à l'industrie morutière française ; la quotité seule en fut modifiée par les différentes ordonnances et lois qui furent successivement rendues sur la matière.

Cette ordonnance du 8 février 1816 créait trois espèces de primes.

1° Une prime d'armement basée sur le nombre d'hommes dont se composait l'équipage des navires armés à la pêche ;

2° Une prime à l'exportation des produits expédiés dans les colonies et les pays étrangers ;

3° Une prime à l'importation en France des huiles et rogues rapportées des lieux de pêche.

Le montant en était fixé comme suit :

Primes d'armement.

50 francs par chaque homme d'équipage envoyé à la pêche avec sécherie, soit à la côte de Terre-Neuve, soit à Saint-Pierre et Miquelon ;

15 francs par homme d'équipage pour les navires expédiés à la pêche sans sécherie sur le Grand Banc de Terre-Neuve, dans les mers d'Islande et au Dogger's Bank.

Cette dernière prime pouvait être gagnée autant de fois que le même navire était expédié sur les lieux de pêche dans le courant de la même campagne.

Primes à l'Exportation

24 francs par 100 kilog. de morue sèche expédiée aux colonies soit de France, soit des sécheries de Terre-Neuve ou de Saint-Pierre et Miquelon ;

12 francs par 100 kilog. de morue sèche expédiée de France à l'étranger (Italie comprise) ;

10 francs par 100 kilog. de morue sèche expédiée de Terre-Neuve ou de Saint-Pierre pour les pays étrangers.

Primes à l'Importation.

10 francs par 100 kilog. d'huile importée en France. 20 francs par 100 kilog. de rogues importées en France.

Il serait trop long de passer en revue toutes les modifications qui furent successivement apportées à ces chiffres avant d'arriver au tarif actuel ; nous nous contenterons donc de noter les changements qui ont intéressé les amateurs de notre port.

C'est ainsi que l'Ordonnance de 1818 a assimilé aux armements directs pour la côte de Terre-Neuve les armements banquais avec sécheries à la côte qui reçurent, dès lors, 50 francs par homme d'équipage, tandis que les banquais sans sécherie continuaient à ne recevoir que 15 francs.

L'Ordonnance du 7 décembre 1829 porta à 30 francs par an et par homme, la prime d'armement pour Islande, quel que soit le nombre des voyages effectués dans la même campagne.

Cette même Ordonnance supprima la prime à l'importation de l'huile de foie de morue.

La loi du 22 avril 1832 porta à 30 francs par an et par hommes la prime d'armement pour les navires banquais sans sécherie, qui, depuis l'origine, était resté fixée à 15 francs par homme et par voyage.

Enfin, l'ordonnance du 25 février 1842 établit le *minimum d'équipage*, en interdisant aux navires banquais d'aller à Saint-Pierre et Miquelon pour y débarquer leur morue, afin de gagner la prime de 50 francs s'ils n'avaient pas un minimum de 50 hommes d'équipage pour un navire de 158 tonneaux et au-dessus ou de 30 hommes pour une jauge inférieure à 158 tonneaux.

Le tarif des primes actuellement accordées à nos pêcheurs a été définitivement réglé par la loi du 22 juillet 1851, successivement prorogée de dix ans en dix ans jusqu'à nos jours.

Voici ses principales dispositions :

Primes d'armement.

50 francs par homme d'équipage, pour la pêche avec sécheries, soit à la côte de Terre-Neuve, soit à Saint-Pierre et Miquelon, soit sur le Grand Banc de Terre-Neuve.

50 francs par homme d'équipage, pour la pêche sans sécherie dans les mers d'Islande.

30 francs par homme d'équipage, pour la pêche sans sécherie sur le Grand Banc de Terre-Neuve.

15 francs par homme d'équipage, pour la pêche au Dogger's Bank.

Primes d'importation.

20 francs par quintal métrique de rogues de morues que les pêcheurs rapportent en France du produit de leur pêche.

Primes d'exportation.

20 francs par quintal métrique, pour les morues sèches de pêche française expédiées, soit des lieux de pêche, soit des entrepôts de France, à destination des colonies françaises de l'Amérique et de l'Inde, de la côte occidentale d'Afrique et des autres pays transatlantiques.

16 francs par quintal, lorsque les mêmes morues sont à la destination des pays européens et des États étrangers sur les côtes de la Méditerranée, moins la Sardaigne et l'Algérie.

12 francs par quintal, lorsque les mêmes morues sont à destination de la Sardaigne et de l'Algérie.

16 francs par quintal au lieu de 20 francs, lorsque les morues sèches, à destination des colonies françaises de l'Amérique, de l'Inde, des côtes occidentales d'Afrique et des autres pays transatlantiques, sont exportées des ports de France sans y avoir été entreposées.

Pour bénéficier de la prime de 50 francs par homme, les armateurs pour la côte, comme pour le Banc, avec sécheries, furent soumis à l'obligation d'un minimum d'équipage qui varia à plusieurs reprises.

En 1892, un décret présidentiel, inséré au *Journal officiel* du 14 février, fixait ce minimum pour les navires armés à la pêche au Banc, avec sécheries à Saint-Pierre ou à Terre-Neuve, à :

25 hommes au moins, si le navire jaugeait 142 tonneaux et au-dessus;

20 hommes au moins pour les navires au-dessous de 142 tonneaux.

Alors, comme tous nos pêcheurs fécampois embarquent

des équipages supérieurs à ce minimum et que tous ou presque tous allaient verser à Saint-Pierre les produits de leur première pêche, les armateurs réclamèrent et obtinrent la prime de 50 francs.

Cette tolérance ou plutôt cette faveur accordée aux banquais sans sécherie, ne devait pas être de longue durée. En effet, le Ministre du commerce décidait, il y a deux ans, que la prime de 50 francs ne peut être accordée qu'aux armateurs qui possèdent réellement, soit à Terre-Neuve, soit à Saint-Pierre, une sécherie où ils préparent leurs produits de pêche.

De tout temps, comme on le comprendra, la question du sel a joué un rôle très important dans une industrie dont les produits, à cause de l'éloignement des lieux de pêche, doivent nécessairement être salés pour pouvoir être rapportés en France et livrés à la consommation.

Or, on sait que sous l'ancienne monarchie, le sel était frappé des plus lourds impôts et coûtait, par suite, fort cher, ce qui constituait, pour les armateurs à la pêche de la morue, une charge très onéreuse et souvent accablante contre laquelle ils ne cessèrent de protester dans l'intérêt même de l'industrie française.

Peu à peu, leurs doléances furent écoutées en haut lieu, et des ordonnances particulières accordèrent l'exonération des droits à quelques ports. C'est ainsi que M. Hautefeuille, dans son *Code de la pêche maritime*, cite l'arrêt du Conseil du 13 janvier 1739, qui accorde la franchise des sels de Bretagne aux armateurs de Granville, un autre arrêt de la même année, accordant la même faveur aux pêcheurs de Renneville, pour les sels de Brouage. Puis la faveur s'étendit et devint presque générale.

La Révolution, en supprimant tout impôt sur le sel, fit rentrer les armateurs dans le droit commun.

Plus tard, lorsque l'Empire rétablit l'impôt du sel qu'il fixa à deux décimes par kilogramme, la loi du 24 avril 1806 affranchit du paiement de cette taxe tous les sels destinés aux pêches maritimes françaises.

Cette décision fut confirmée par l'Ordonnance du 30 octobre 1816.

Mais il ne s'agissait dans tout cela que de sels français qui, suivant l'état de la récolte, coûtaient souvent très cher

Fig. 52. — Navire de Guerre mixte chargé de la surveillance des Pêcheries françaises à Terre-Neuve.

et étaient parfois défectueux pour préparer de bons produits.

Aussi, la législation ancienne était-elle allée plus loin; elle avait permis, aux armateurs de certains ports français, de s'approvisionner de sels en Espagne et au Portugal, tout en admettant leurs produits en franchise de tous droits.

Mais les salines nationales ayant pris un grand développement à la fin du XVIIe siècle, un arrêt du Conseil, en date du 28 mai 1779, révoqua cette autorisation.

La Convention nationale, puis le Gouvernement de Louis XVIII acccordèrent de nouvelles autorisations. Depuis cette époque, la législation, a varié bien des fois et les procès-verbaux des séances des Chambres de commerce maritime sont pleins de réclamations à ce sujet.

La seconde République vint mettre un terme à ce régime de bon plaisir en accordant, par la loi du 22 novembre 1848,

FIG. 53. — Le croiseur « Le Troude » chargé de la défense des intérêts français à Terre-Neuve.

la liberté pleine et entière aux armateurs de s'approvisionner de sels étrangers, moyennant le paiement d'un droit de douane de 0.60 par 100 kilog et 4 p. % du droit principal.

En dehors des encouragements que nous venons de passer en revue et qui, à nos yeux, représentent un strict minimum, le Gouvernement manifeste encore son intérêt pour l'industrie de la pêche à Terre-Neuve en entretenant dans les eaux de cette colonie une division navale chargée d'une double mission.

Elle est d'abord chargée de protéger nos nationaux et de leur assurer le libre exercice de leur profession en même temps qu'elle leur prête son concours le plus dévoué en cas de nécessité dans les cas d'avarie, de maladie ou de manque de vivres; elle transmet leurs correspondances et les réconforte au point de vue moral : on ne saurait croire en effet le bien que produit l'apparition du pavillon national sur des gens restés sans nouvelles du pays et vivant depuis plusieurs mois dans une atmosphère constamment embrumée.

D'un autre côté la division navale de Terre-Neuve exerce sur nos pêcheurs une surveillance aussi active que possible tant au point de vue de l'hygiène du bord qu'à celui de l'observation des règlements édictés pour la sécurité des équipages. Des primes de propreté sont accordées chaque année aux pêcheurs les plus méritants sous ce rapport, tandis que des peines sont édictées contre les capitaines qui ne veilleraient pas suffisamment sur la vie de leurs hommes et négligeraient de munir les doris de compas, de vivres pour trois jours et d'avirons de rechange.

Pour terminer ce chapitre, nous donnerons ici, pour la dernière période décennale qui s'étend de 1889 à 1899, le nombre des navires armés dans les divers ports de France, pour aller pêcher la morue sur les Bancs de Terre-Neuve. Ces chiffres sont extraits d'une petite brochure publiée récemment à Bordeaux par M. H. Hamonet, sur le résultat des arrivages de la morue dans ce port pendant la dernière campagne.

Les ports de Saint-Malo et de Saint-Servan sont réunis depuis la campagne de 1898, ce qui semble rejeter Fécamp au second plan. Il n'en est rien en réalité, et dans l'extension si considérable qu'ont prise les armements terre-neuviers en ces dernières années, les efforts du port de Fécamp ont été tels que nos Normands sont restés à la tête du mouvement. Sous cette réserve, nous suivrons dorénavant la nouvelle classification adoptée par les statistiques.

Les armements locaux de Saint-Pierre et Miquelon se composent de 185 goëlettes, pour lesquelles la colonie a fait venir de France environ 4.000 pêcheurs.

Tableau des armements métropolitains pour la pêche de la morue sur les Bancs de Terre-Neuve, 1889-1899 :

PORTS D'ARMEMENT.	1889	1890	1891	1892	1893	1894	1895	1896	1897	1898	1899
Saint-Malo	31	28	28	27	23	23	28	40	45	62	70
Saint-Servan	11	11	11	9	10	12	11	12	14		
Cancale	9	11	11	11	14	14	14	12	15	15	16
Nantes	»	»	»	»	»	»	»	»	»	3	»
Binic	»	»	»	»	»	»	»	»	1	2	»
Dahouet	»	»	»	»	»	»	»	»	»	1	1
Tréguier	1	1	1	1	»	»	»	»	»	»	1
Granville	34	33	33	35	31	31	27	29	28	30	33
Saint-Valery-en-C.	5	6	6	5	4	3	2	2	2	1	»
Dieppe	1	1	1	1	»	»	»	»	»	»	»
Fécamp	44	43	43	41	37	36	38	42	45	52	57
Légué-saint-Brieuc	»	»	»	»	»	»	»	»	»	»	»
Marseille	1	»	»	»	»	»	»	»	»	»	»
Paimpol	»	»	»	»	»	»	»	»	»	1	1
Brest	»	»	»	»	1	»	1	1	1	»	»
TOTAL	137	134	134	130	121	119	121	138	151	167	179

Voici d'ailleurs le tableau détaillé des armements terre-neuviers pour la campagne de 1900.

ARMEMENTS POUR LA GRANDE-PÊCHE A TERRE-NEUVE

Campagne 1900.

PORT DE FÉCAMP

	Navires pêcheurs	Armé à	Armateurs.
1	Bretagne	30 hommes	A. Bellet et J. Lemétais.
2	Breteuil	36 —	A. Bellet.
3	Gascogne	34 —	
4	Bois Rosé	30 —	H. Chédru.
5	La Liberté	32 —	
6	Automne	34 —	G. Anquetil.
7	Mésange	34 —	
8	Saint-Ideuc	36 —	
9	Baucis	36 —	Friboulet.

10	César	29	hommes	de Chanteloup et Levasseur.
11	Duguay-Trouin	34	—	Gustave Vasse.
12	Gladiateur	35	—	
13	Emilie	30	—	Simon Duhamel.
14	Saint-Simon	34	—	
15	Charles-Gustave	30	—	Veuve Ch. Valin.
16	N.-Dame-de-la-Garde	34	—	
17	Christophe Colomb	35	—	Acher et Fils.
18	Turenne	34	—	
19	Claire et Marie	30	—	Tranq^{le} Monnier.
20	L'Ange	35	—	
21	St-Antoine-de-Padoue	35	—	
22	Lamartine	35	—	
23	Cléta	30	—	Veuve Craquelin et Ledun.
24	Colbert	35	—	H. Monnier et Tubeuf.
25	Louise-Marie	34	—	
26	Richelieu	32	—	
27	Sadi-Carnot	34	—	
28	Duguesclin	35	—	Buisson et Neveu.
29	Suffren	36	—	
30	Duquesne	34	—	Le Borgne et ses Fils.
31	Ernest	31	—	Gosselin.
32	G.-B	32	—	
33	Sainte-Rose	36	—	
34	Europe	32	—	Ladiray et Caron.
35	Ferdinand	30	—	J^{me} Malandain.
36	Guillaume Tell	34	—	
37	Raphaël	30	—	
38	Saint-Pierre	30	—	
39	Jean-Agathe	28	—	P. Le Borgne et Cie.
40	France	32	—	A. Chancerel.
41	Marie	30	—	
42	Mireille	30	—	
43	Patrie	34	—	
44	France et Russie	34	—	Emma Leber.
45	Rollon	34	—	
46	Jeanne d'Arc	36	—	Pierre Monnier.
47	Joséphine-Anna	30	—	Delabrecque.
48	Louise	34	—	Veuve P. Tougard.
49	Para	34	—	
50	Père Jumé	31	—	
51	Magellan	35	—	Rousselin et Letanneur.
52	N.-Dame-de-Lourdes	35	—	A. Joly.
53	Neptune	34	—	Desprez et Glace.

54	Océan	33 hommes	Bard et Savalle.
55	Russie	36 —	Veuve P. Jouette et Cie.
56	Saint-Hubert	36 —	Vandael et Cie.
57	Saint-Louis	35 —	Louis Eudier.
58	Sainte-Marie	35 —	
59	Thémis	30 —	Lion Follin.
60	Saint-Michel	34 —	Pannevel et Godichard.
61	Saint-Jacques	32 —	
62	Chateau-Lafitte	30 —	

PORT DE GRANVILLE

1	Jacques	26 hommes	Riotteau et ses Fils.
2	Junon	25 —	
3	Thérésa	24 —	
4	Albert-René	26 —	
5	Alice	31 —	
6	Manche	31 —	
7	Galatée	21 —	Lepoulone.
8	Léon	26 —	Bosquet.
9	Juanita	26 —	Yvon.
10	Marguerite	25 —	Lemasson.
11	Mathilde	30 —	
12	Océan	25 —	Touquerand.
13	Saint-Nicolas	31 —	Jaquet.
14	Velleda	30 —	
15	Bonne Joséphine	27 —	
16	Corail	30 —	Verne.
17	Victor-Eugène	28 —	Poirier.
18	Narka	21 —	
19	Arago	23 —	Chuinard.
20	Léopold	30 —	Jamin.
21	Dona Luiza	30 —	
22	Etoile des Mers	31 —	
23	Jeune Marie	26 —	
24	Fanelly	31 —	Beust et ses fils.
25	Madeleine	29 —	
26	François-Joseph	35 —	
27	Jeanne-Marie	26 —	Turgot.
28	Marie-Louise	34 —	Le Breton.
29	Marie-Jeanne	32 —	Reynard.
30	Reine-Victoire	25 —	
31	Gabrielle	26 —	Lamusse.
32	Joseph et Rosalie	26 —	Allain.
33	Hirondelle	25 —	

34	César-Jean	26 hommes	Sécheries du Bouc.
35	Henri	24 —	
36	Nod Cowen	24 —	Lapie.
37	François-Charles	32 —	Pannier.

PORTS DE SAINT-MALO ET DE SAINT-SERVAN

1	Fauvette	24 hommes	J. Clément.
2	Rosa	33 —	J.-L. Vincent.
3	Courlis	32 —	
4	Quatre-Frères	28 —	Thomazeau.
5	Joseph-Claude	32 —	
6	Batavia	26 —	B. Gautier.
7	Ernestine	26 —	
8	Union	32 —	J. Chevalier.
9	Railleuse	25 —	
10	Sylvana	34 —	Caujole.
11	Lisette	37 —	
12	Musette	33 —	
13	Yvette	32 —	S.-M. Legasse et Cie.
14	Bernadette	41 —	
15	Prosper-Jeanne	28 —	
16	Madeleine	24 —	J. Legasse.
17	Etincelle	27 —	
18	Jeanne	30 —	C. Huët et Cie.
19	Paimpolais	37 —	
20	Mary	23 —	
21	Pierre	25 —	
22	Casimir-Périer	30 —	E. Houduce.
23	Reine	35 —	
24	Émile	36 —	
25	Tour-d'Auvergne	31 —	
26	Evangeline	22 —	A. Lemoine.
27	Louvois	30 —	
28	Henri	25 —	
29	Liquidateur	51 —	A. Lemoine.
30	Duc	49 —	
31	Walkyrie IV	27 —	Landry frères.
32	Survivor	28 —	
33	Saint-Hubert	36 —	Hubert.
34	Marie-Eugénie	26 —	
35	Haïti	30 —	
36	Georges-René	30 —	G. Monier.
37	Marie-Clémentine	31 —	

38	Charmeuse	35 hommes	G. Monier.
39	Alice	21 —	
40	Calineuse	22 —	
41	Égalité	22 —	
42	Gabrielle	30 —	H. Mignot.
43	Frileuse	28 —	
44	Robinson	29 —	
45	Diamant	32 —	
46	Savoyard	34 —	
47	Java	23 —	Busnel.
48	Saint-Laurent	22 —	
49	Mimosa	35 —	Delacour.
50	Anémone	27 —	J.-B. Legasse.
51	Saint-Ansbert	30 —	Labbé.
52	Mathilda	34 —	Perrigault.
53	Marie-Gabriel	24 —	Hardy.
54	Champagne	27 —	Parrot.
55	Louis	25 —	Laisney.
56	Bassussary	34 —	Vidart et Legasse.
57	Cousins-Réunis	33 —	
58	Navare	33 —	
59	Garonne	24 —	
60	Jeanne d'Arc	30 —	
61	Berthe-Émile	23 —	J. Prenveille.
62	Émilie	24 —	
63	Séa Flower	29 —	Revert.
64	Néerlande	32 —	Saint-Mleux.
65	Briantais	61 —	
66	Victor-Hugo	27 —	L. Mazier.
67	Marie-Emilie-Andréa	24 —	
68	Victoria	28 —	L. Coste et Cie.
69	René	25 —	
70	Agile	29 —	
71	Sans-Peur	37 —	Guibert et fils.
72	Ile-de-Terre-Neuve	33 —	
73	Père-Jacques	32 —	
74	Sans-Souci	71 —	
75	Martin-Pêcheur	45 —	
76	Saint-Joseph	32 —	Lessard.
77	Boeldieu	22 —	Bily.
78	Mignonne	26 —	G. Gautier.
79	Command^t^-Marchand	34 —	
80	Georges-Paul	33 —	
81	Glaneur	32 —	
82	Agatha	28 —	P. Huët.

PORT DE CANCALE

1	Aristide	23 hommes	J. Lessard.
2	Jeanne d'Arc	25 —	
3	Emilia	25 —	Robin.
4	Anna-Maria	25 —	
5	Sea-Bird	22 —	Jacob.
6	Magdeleine-Davoust	25 —	Herclat.
7	Henri	26 —	Pottier.
8	Indiana	26 —	L. Lehoërff.
9	Marie-Augustine	25 —	Girard.
10	Faucon	25 —	Mahé.
11	Gustave-Henri	20 —	Besnard.
12	Croisade	25 —	Clément.
13	Étoile des Mers	25 —	Boscher.
14	Amédée	25 —	J.-M. Lehoërff.
15	Aigle	25 —	Baudouin et Cie.
16	Marguerite	25 —	Perrigault.
17	Saint-Antoine	28 —	Lehoërff aîné.
18	Dacquoise	22 —	Jolivet.

PORT DE DAHOUET

1	Mathilde	28 hommes	Léon Carfantan.

PORT DE BINIC

1	Jeune-Anna	35 hommes	Verry.
2	Gauloise	35 —	

RÉCAPITULATION

Port de Fécamp	62 navires.
— de Granville	37 —
— de Saint-Malo et St-Servan	82 —
— de Cancale	18 —
— de Dahouët	1 —
— de Binic	2 —
Total...	202 navires.

Contre 183 navires en 1899, 177 en 1898, 160 en 1897.

L'armement colonial de Saint-Pierre et Miquelon est de 193 goëlettes contre 184 goëlettes en 1899, 195 en 1898, et 216 en 1887.

Pour la campagne actuelle de 1901, les armements métropolitains ont continué leur gradation ascendante; c'est ainsi que Fécamp a vu sa flottille passer de 62 à 68, en même temps que les équipages deviennent plus nombreux sur chaque bâtiment. Mais nous n'avons pas encore les chiffres complets pour les autres ports.

Les dernières statistiques officielles qui ont été publiées pour l'année 1897 par les Ministères de la Marine, du Commerce et des Finances, tant sur le commerce général de la France, que sur les pêches maritimes, nous fournissent des renseignements précieux qui nous permettent d'établir, par des chiffres exacts, l'importance qu'a acquise de nos jours en France, l'industrie morutière, et la place que Fécamp occupe parmi les ports intéressés à ce commerce.

Importation.

D'après le tableau général du commerce et de la navigation en France pour l'année 1897, le poids total de la morue salée et séchée qui a été importée en France au cours de cette dernière année et provenant tant de l'étranger que des colonies et des lieux de pêche, s'est élevé à 54.971.198 kilog., représentant une valeur de 25.737.039 francs.

La presque totalité de cette énorme quantité de poisson provient des pêcheries françaises qui ont fourni pour leur part 54.925.567 kilog., représentant une valeur de 24.717.405 francs.

Le contingent étranger n'a été que de 43.631 kilog., représentant 19.634 francs et se répartissant ainsi :

Angleterre	22.594	kilos.
Pays-Bas	9.135	—
Autres pays étrangers.. ..	11.902	—

Pendant la même période, le commerce spécial du stockfish, alimenté exclusivement par l'étranger, comprenait à l'importation 382.546 kilog., représentant une valeur de 306.037 francs, et se décomposant comme il suit :

Norwège	143.128 kilos.
Angleterre	22.587 —
Allemagne	144.931 —
Pays-Bas	66.654 —
Autres pays étrangers	5.246 —

Ainsi complétée, l'importation étrangère de la morue en France ne représente pas même un centième du commerce qui se fait de cette denrée.

Cette faible contribution de l'étranger dans le commerce d'importation de la morue en France s'explique facilement par les droits prohibitifs dont les poissons étrangers sont frappés à leur entrée en France. Cette importation ne peut se faire qu'accidentellement.

Au point de vue du transport, c'est encore la marine française qui l'accapare presque entièrement, et cela se comprend d'autant plus facilement, que la plus grande partie de cette morue est rapportée des lieux de pêche, directement en France, par les pêcheurs eux-mêmes.

Voici d'ailleurs les chiffres officiels donnés par l'Administration des douanes, pour 1897 :

Transports par navires français	55.132.223 kilos.
— par navires étrangers	205.634 —
— par terre	15.598 —

L'importation de l'huile de morue pour le même laps de temps a été 2.412.441 kilog., représentant une valeur de 2.050.575 francs, dont la moitié seulement, soit 1.217.306 kilog., provient de la pêche française.

Le contingent étranger qui forme l'autre moitié de l'importation totale, se décompose comme il suit :

Norwège	96.827 kilos.
Angleterre	234.562 —

Fig. 54. — Le « Sultan », capitaine J. Grenier.
Type de Long-Courrier transportant les pêcheurs à Saint-Pierre et emportant les morues en France, 1830.

Allemagne	39.366	kilos.
Pays-Bas	812.790	—
Autres pays étrangers	11.590	—

Bien que ces chiffres aient été pris dans un document officiel dont les auteurs ont isolé les huiles de morues des autres huiles de poisson, nous avons la ferme conviction que la majeure partie des 812.790 kilog., portés ici comme importation des Pays-Bas, n'est autre que de l'huile de hareng. L'industrie morutière hollandaise n'est pas assez développée pour fournir une si grande quantité d'huile de morue, tandis que ce pays fabrique, au contraire, une très grande quantité d'huile de hareng.

La même remarque pourrait être faite pour les autres importations d'huile.

Il en résulterait que la part contributive de la France dans les entrées de l'huile véritable de foie de morue, est relativement beaucoup plus importante que celle qui semblerait ressortir des tableaux statistiques du ministère du Commerce.

Exportation.

Le tableau général du Commerce et de la Navigation, pour 1897 accuse une exportation totale de 22.585.454 kilog. de morue, représentant une valeur de 11.292.427 francs, et 40.355 kilog. de stockfish valant environ 34.302 francs.

Voici, pour ce qui concerne spécialement la morue française, le détail de ce commerce suivant ses différentes destinations :

1° *Pays étrangers.*

Portugal	170.547	kilos.
Espagne	7.272.248	—
Italie	7.688.086	—
Grèce	1.925.051	—

Turquie	133.319	—
Égypte	125.894	—
États-Unis (Océan Atlantique)	110.641	—
Autres pays étrangers	275.816	—

2° *Colonies.*

Algérie	1.464.207	kilos.
Réunion	779.859	—
Guyane française	148.201	—
Martinique	1.665.614	—
Guadeloupe	677.233	—
Autres colonies et pays de protectorats	148.738	—

Le « Némésis », type de navire affrété pour porter du sel à Saint-Pierre et rapportant des morues à Bordeaux, 1900.

Comme nous l'avons déjà vu pour l'importation, le transport de la presque totalité de ce poisson est effectué par les navires français.

Si l'on compare maintenant ces chiffres avec ceux de l'importation, on voit que la France consomme à elle seule plus de la moitié de l'énorme quantité de morue que nos pêcheurs rapportent chaque année de Terre-Neuve, d'Islande et autres lieux de pêche.

Quant à l'huile de morue, elle est livrée presque entièrement à la consommation française ; son exportation pour 1897 n'a été que de 121.260 kilog.

Nous aurions voulu, pour clore cette étude, pouvoir établir la comparaison entre les produits rapportés pendant la dernière saison par les différents ports français qui se livrent à la pêche de la morue, mais les dernières statistiques officielles publiées par le Ministère de la Marine remontent à 1893, et nous n'avons pas pu nous procurer, avec une exactitude suffisante, les chiffres des années suivantes.

Pendant cette période triennale de 1891, 1892 et 1893, le *premier rang* parmi les ports de pêche français était occupé par le port de Fécamp avec un chiffre de produits s'élevant à 3.048.603 francs, représentant exactement le quart de la pêche totale française qui fut de 12.105.057 francs.

Venaient ensuite, par ordre d'importance, le quartier de Dunkerque, avec un produit de 2.454.517 francs ; celui de Paimpol, avec 2.043.492 francs ; et celui de Granville, avec 1.372.407 francs, comprenant, pour chacun de ces quartiers, la pêche totale des navires envoyés sur les différents lieux de pêche où ils exercent leur industrie.

Il est bon de noter que nous ne occupons ici, comme la statistique officielle à laquelle nous empruntons ces chiffres, que des seuls armements métropolitains, laissant de côté les armements Saint-Pierrais dont les contingents étaient compris dans les chiffres reproduits au paragraphe précédent.

CHAPITRE VIII

SAINT-PIERRE ET MIQUELON

On nous pardonnera certainement, en considération de l'importance du sujet, de nous être étendu si longuement sur le chapitre que nous avons consacré à l'industrie de la Grande Pêche de la morue dans les eaux de Terre-Neuve. D'ailleurs, ne nous étions-nous pas proposé de tracer à grands traits *l'histoire des Français dans l'Amérique du Nord?* Nous ne sommes plus au temps où l'Histoire n'était que le récit des faits d'armes, heureux ou malheureux, dont on jugeait l'importance par le nombre des victimes, tués, blessés ou prisonniers, que les chroniqueurs se plaisaient d'ailleurs à grossir ou à rabaisser suivant leurs tendances personnelles, et aujourd'hui, les questions économiques jouent un rôle souvent plus grand et surtout plus important que les questions militaires.

A ce dernier point de vue, nous ne pouvions passer sous silence l'histoire de nos pêcheries de Terre-Neuve, bien que, depuis près d'un siècle, aucun incident militaire n'y soit venu troubler l'exercice pacifique de notre industrie nationale. Si l'on ne voulait envisager que la question d'expansion coloniale avec ses alternatives d'accroissement ou de diminution du domaine territorial, on pourrait dire que l'Histoire des Français dans l'Amérique du Nord se termine au Traité de Versailles de 1783, ou plutôt, en tenant compte de la Louisiane que nous y possédions encore à cette époque et qui fut cédée plus tard par Napoléon aux États-Unis, aux traités de 1815 qui ne nous laissèrent, dans l'Amérique septentrionale, que les îlots minuscules de Saint-Pierre et Miquelon.

Qu'est-ce donc en effet que Saint-Pierre et Miquelon, si on compare leur étendue territoriale et leur population sédentaire aux autres colonies que la France a su se créer au cours de ce dernier demi-siècle en Afrique et en Asie? Un point imperceptible perdu dans les brumes au milieu de l'empire colonial anglais de l'Amérique du Nord.

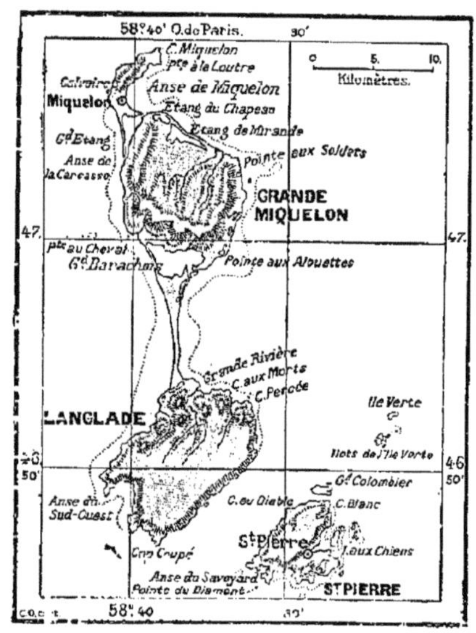

Fig. 56. — Saint-Pierre et Miquelon.

Et cependant quelle activité règne aujourd'hui sur ce point que nous avons pu arracher, on pourrait presque dire par surprise, à la rapacité britannique! Quelle vitalité accusent ces îlots arides que la nature elle-même semblait avoir voués à l'isolement et à la désolation perpétuelle! Quels intérêts commerciaux et économiques s'agitent autour d'eux! Il semble que toute l'activité de la nouvelle France du XVIIIe siècle se soit concentrée sur eux.

Située à 30 kilomètres au sud de la grande île de Terre-Neuve entre les baies de Plaisance et de Fortune par 46° 46° de latitude nord et 58° 30° de longitude à l'ouest du méridien de Paris, la colonie comprend deux petites îles.

La plus petite et en même temps la plus méridionale, est Saint-Pierre dont la superficie totale n'atteint pas 25 kilomètres carrés, même si l'on y comprend sept à huit petits îlots qui en dépendent, et dont les principaux

Fig. 57. — Rade de Saint-Pierre.

sont : le Grand-Colombier, le Petit-Colombier, l'île aux Chiens, l'île aux Vainqueurs, l'île aux Pigeons, l'île Massacre, etc.

C'est dans cette île qu'est bâtie la ville de Saint-Pierre qui sert de chef-lieu à toute la colonie et est reliée à la France par un câble télégraphique.

Au nord-est de cette première terre, se trouve Miquelon dont la superficie atteint 215 kilomètres carrés pour une population de 500 à 600 habitants. Elle est séparée de Saint-Pierre par un petit canal d'environ une lieue de largeur et divisée naturellement en deux parties bien distinctes formant presque deux îles séparées comme elles l'ont été effectivement pendant longtemps; la plus septentrionale, qui est aussi la plus rapprochée de Terre-Neuve, porte le nom de Grande-Miquelon ; celle du sud, vers l'île de Saint-Pierre, est la Petite-Miquelon que l'on nomme plus communément Langlade. Ces deux parties sont actuellement réunies par

Fig. 58. — Entrée de la rade de Saint-Pierre et île aux Chiens.

une dune de sable de 10 kilomètres de longueur qui, en certains points, n'a pas plus de 300 mètres de largeur et que la mer a plus d'une fois emportée.

Dans toute la colonie, il n'existe qu'une seule baie, celle de Saint-Pierre où il ait été possible d'établir un port capable d'abriter les grands navires venant d'Europe ; encore ses atterrissages sont-ils dangereux, surtout par les brumes qui y règnent, pour tous ceux qui ne l'ont pas pratiqué depuis de longues années ; les navires calant plus de 3 mètres sont obligés de rester dans la grande rade ; ceux qui ont un tirant d'eau plus faible peuvent, à marée haute, entrer dans le Barachois, où les 200 goëlettes de pêche appartenant à la colonie trouvent un abri sûr pendant l'hiver

Fig. 59. — Le Barachois de Saint-Pierre pendant l'hiver.

Au sud de la Grande-Miquelon se trouve également un barachois, vaste étang de deux milles de large, qui communique avec la mer par un goulet fort étroit que peuvent seules franchir les goëlettes de faible tonnage. Partout ailleurs, la côte est inhospitalière ou n'offre que des mouillages accidentels, suivant la direction du vent.

Le sol de ces îles, montagneux dans sa plus grande partie, est entrecoupé de vallées, plus ou moins profondes, où viennent se condenser les brouillards, en formant des marécages, plutôt que des étangs. Les végétations qui s'y accumulent les transforment en tourbières, sur lesquelles on ne saurait s'aventurer sans danger. Il n'existe dans ces îles aucune source proprement dite ; ce sont les eaux des pluies qui, en filtrant au travers des débris végétaux des tourbières et des amas de galets qui les retiennent, viennent alimenter les puits qui donnent l'eau potable aux habitants

Fig. 60. — Une rue à Saint-Pierre. Habitations en bois.

et aux navires venant s'y ravitailler. Dans ces conditions, la culture y est à peu près impossible ; la végétation, d'ailleurs, est très pauvre ; on n'aperçoit çà et là que quelques sapins rabougris qui poussent par touffes isolées et atteignent à peine la taille de l'homme, de maigres pâturages qui suffisent à peine à la nourriture des bestiaux qui y vivent.

Bien que la latitude de Saint-Pierre soit sensiblement égale à celle de La Rochelle ou de Nantes, la température moyenne est celle des îles Feroé au nord de l'Écosse, avec un climat excessivement humide. L'été y est sans chaleur à cause des brumes qui s'y montrent presque continuellement en cette saison de l'année. Par contre, l'hiver, n'y est pas trop rigoureux, car les grands froids coïncident précisément avec les beaux jours, un ciel à peu près pur et peu ou point de vent.

Pendant tout le temps que l'île de Terre-Neuve appartint à la France, aucun essai de colonisation n'y fut tenté, les deux îlôts restèrent déserts et nos pêcheurs n'y descendaient que par hasard; ils n'y trouvaient rien en effet qui pût les attirer et fuyaient, au contraire, contre les dangers qu'ils couraient dans leurs parages. En 1713, Saint-Pierre et Miquelon passèrent aux Anglais comme dépendances de Terre-Neuve et sans qu'il fût rien stipulé à leur égard ; les deux parties contractantes n'y attachaient en effet aucune importance. La France conservait encore l'île du cap Breton et le Canada, où nos bateaux pouvaient aller relâcher pour se ravitailler ou se réparer. Mais, quand l'Angleterre mit la main sur ces contrées, pour nous les enlever comme elle avait fait de Terre-Neuve, le gouvernement français dut se préoccuper d'assurer à nos pêcheurs un port de relâche et de ravitaillement à proximité du « French-Shore » et du Banc. C'est alors que par le traité de 1763 le roi de la Grande-Bretagne nous rétrocéda les îlots stériles et déserts de Saint-Pierre et Miquelon, mais à la condition expresse qu'il n'y serait établi aucun ouvrage militaire et que la garnison n'y dépasserait pas 50 hommes.

C'est de cette époque que date la première colonisation de Terre-Neuve. Le 14 juillet 1763, le baron de l'Espérance fut chargé d'aller prendre possession de ces îles au nom de la France, et en 1764 et 1765 se fondaient les premiers établissements français qui consistaient en pêcheries.

En 1778, lors de la guerre de l'Indépendance américaine, les Anglais s'emparèrent des îles Saint-Pierre et Miquelon, dont ils détruisirent de fond en comble toutes les habitations; en même temps, ils forcèrent ses habitants, dont on pouvait évaluer le nombre à 1,200 ou 1,300, à se réfugier en France.

La paix de Versailles du 3 septembre 1783 nous rendit la petite colonie, et, cette fois, la cession se fit sans aucune réserve. Tous les habitants qui avaient été obligés de quitter ces îles y furent ramenés aux frais de l'État, et les habitations

Fig. 61. — Anse à Philibert à Saint-Pierre.

se relevèrent en même temps que l'industrie de la pêche reprenait rapidement.

La guerre de 1792 vint, encore une fois, détruire les espérances des colons ; le 14 mai 1793, les Anglais s'emparaient à nouveau de l'île et en chassaient les habitants qui durent se réfugier une seconde fois en France.

Le traité de Paris du 30 mars 1814 qui restitua à la France ses pêcheries du « French-Shore » de Terre-Neuve, lui rendit en même temps Saint-Pierre et Miquelon que nous n'avons jamais perdus depuis. Le 22 juin 1816, cent vingt des anciennes familles saint-Pierraises, étaient, par les soins du gouvernement, transportées dans nos deux petites îles où elles se répartissaient en deux groupes, Miquelon et

Saint-Pierre ; c'est ce dernier centre seul qui se développa au point de former aujourd'hui une véritable petite cité maritime où l'animation est considérable pendant la saison de pêche.

Fig. 62. — Vue générale de l'Ile aux Chiens.

La seule industrie qui ait pu se développer dans le pays est la pêche et la préparation de la morue, le seul commerce est celui du poisson et des approvisionnements des navires de pêche. On transporte à Saint-Pierre du sel, des chaînes des ancres, des hameçons, des filets, de l'eau-de-vie, du genièvre, etc..., on en rapporte de la morue salée soit verte soit séchée et de l'huile de foie de morue.

Depuis que le tonnage des bateaux métropolitains s'est augmenté de façon à pouvoir contenir les produits de pêche de la saison entière, depuis que nos pêcheurs banquais ne vont plus à Saint-Pierre chercher leur boette, le mouvement des navires a considérablement diminué dans son port.

Les armements qui se font à Saint-Pierre appartiennent à trois catégories qui sont affectées :

Les uns à la pêche au « French-Shore » ;

Les seconds à la pêche en haute mer sur les bancs ;

Les derniers enfin à la pêche côtière.

Fig. 63. — Vue de la rade de Saint-Pierre.
Chaland servant au débarquement des morues.

Nous ne reviendrons pas sur ces modes de pêche que nous avons déjà décrits; notons seulement en passant que le caractère distinctif de ces armements est la goëlette, jaugeant moins de 90 tonneaux et qui est toujours armée avec sécherie. Elle porte généralement 6 doris.

La boette employée par les Saint-Pierrais est le hareng pour la première pêche, le capelan pour la deuxième pêche avec l'encornet quand ils en trouvent. Depuis quelques années, cette boette n'est plus salée. On emploie la glace pour la conserver fraîche.

Chaque année, et surtout depuis que, comme nous l'avons

dit, les conditions de la pêche au Banc ont été changées par la promulgation du Bait-Bill terre-neuvien, l'industrie de la pêche proprement dite, ainsi que la préparation et le commerce du poisson prennent une impulsion plus grande à Saint-Pierre et Miquelon. Le rêve de tous ceux qui arment

FIG. 64. — Goëlettes désarmées dans le Barachois de Saint-Pierre.

pour la pêche est de pouvoir ajouter une goëlette de plus à celles qu'il possède déjà. Aussi le nombre de ces goëlettes atteint-il de nos jours le nombre de 184.

On comprend aisément qu'avec une population aussi restreinte que celle de la colonie, le nombre des marins qui y résident ne peut suffire à la composition des équipages qui doivent monter ces bâtiments, d'autant mieux que, comme elles sont toutes armées pour la pêche avec sécherie, il leur faut, pour bénéficier de la prime, avoir un homme au moins par trois tonneaux soixante de jauge nette. Il faut donc faire venir de France au début de chaque campagne une moyenne de 2.500 à 3.000 marins.

Les modes de pêche employés par ces goëlettes varient avec les lieux où elles vont exercer leur industrie. Sur les bancs, c'est la ligne de fond avec les doris ; le long des côtes de Terre-Neuve et dans le golfe du Saint-Laurent, c'est la ligne à la main ou la faux qui ont la préférence.

Toutes ces goëlettes reviennent souvent au port d'arme-

Fig. 65. — Types de graviers employés pour préparer la morue.

ment, soit pour débarquer le poisson qui a été salé à bord et qui est en partie séché sur les graves et en partie expédié en vert sur Bordeaux, soit pour s'approvisionner de nouvelle boette quand elles ont épuisé leur première provision.

La petite pêche, qui a son importance, se pratique sur les côtes de la colonie soit dans des waris ou doris montées par deux hommes, soit dans des pirogues portant deux hommes et un mousse. Elle s'effectue, soit avec la ligne de main, soit avec la ligne à faux, comme dans les goëlettes se livrant à la pêche errante. La pêche à la faux est surtout employée pendant la saison du capelan quand la morue, repue d'une proie aussi abondante et aussi délicate, ne mord plus à l'hameçon.

La pêche de la boette joue également un grand rôle dans

Fig. 66. — L'anse du Savoyard à Saint-Pierre. Habitations de petits pêcheurs.

ce concert d'opérations : elle est généralement faite le long des côtes par les marins de la petite pêche, ainsi que par les femmes qui s'aventurent dans toutes sortes d'embarcations pour prendre le capelan et l'encornet, aussitôt qu'ils se montrent dans un endroit assez rapproché des centres habités.

CHAPITRE IX

L'ASSISTANCE DES MARINS-PÊCHEURS — ŒUVRES DE MER
CAISSE DE SECOURS AUX MARINS — ASSURANCES, ETC.

Nous avons essayé d'esquisser, au cours du chapitre VII, les conditions matérielles de la vie de nos marins pêcheurs à Terre-Neuve et nous sommes restés bien au-dessous de la vérité. Ce que nous avons dit cependant suffit à montrer combien la situation de ces hardis marins est digne d'intérêt. Parmi tous ceux qui livrent chaque jour le rude combat de la vie, nul au monde n'est aussi déshérité que le marin et surtout le marin de Terre-Neuve.

Ce qu'il y a de plus dur dans le métier de pêcheur de morue, ce n'est pas le travail pénible, quelquefois excessif auquel l'homme se trouve assujetti, surtout quand, par une mer houleuse, il descend dans sa frêle doris pour aller lever les lignes, décrocher le poisson et lutter contre le vent, le courant et les lames pour rentrer à son bord ! Quand on le voit quelquefois soucieux, taciturne, les yeux fixés sur l'épais rideau de brume qui l'enserre à l'étouffer, il ne pense pas aux dangers que lui font courir et les glaces flottantes, que le courant polaire pousse silencieusement vers le sud, balayant tout sur leur passage, et le grand paquebot dont on commence à entendre la sinistre sirène et qui va passer rapide comme une flèche, sans se soucier du modeste voilier qui, retenu au fond par sa chaîne, ne peut rien faire pour l'éviter. Mille fois déjà, il a risqué sa vie, et la peur de la mort ne le connaît pas. Mais il craint la maladie, il frissonne à la pensée qu'il peut tomber malade loin des siens, privé des soins dévoués et intelligents d'une mère ou d'une sœur et dans l'impossibilité de pouvoir faire appel aux lumières d'un praticien qui pourrait lui faire suivre le traitement qui lui convient. Non certes, la vie du marin terre-neuvier n'a rien d'attrayant. Pour lui, le Banc, c'est la lutte continuelle, c'est le combat à outrance contre les éléments déchaînés; c'est le travail acharné pour arracher à la mer les richesses qu'elle ne veut pas livrer sans résistance; c'est la souffrance physique alliée aux tortures morales. Si rien d'anormal ne se produit à son bord, il restera pendant six mois entre le ciel et l'onde, allant de çà de là, suivant les caprices de la morue ou du bulot, se levant avant le jour, se couchant après lui, ne connaissant de repos que les jours de tempête, ne recevant aucune nouvelle du pays et n'en pouvant envoyer qu'accidentellement, quand vient à passer dans ces parages un long courrier compatissant qui consent à s'en charger. Aussi, quand, par malheur, une maladie contagieuse vient à atteindre l'un de ces hommes, la démoralisation ne tarde pas à se mettre parmi eux, et le capitaine, malgré sa bonne volonté, malgré les ressources que lui offre le coffre à médicaments dont il est muni, n'a plus qu'à relever pour aller à Saint-Pierre chercher les soins médicaux dont ses hommes ont besoin. Mais le voyage est souvent long pour aller du Banc à Saint-Pierre, et plus d'un sont morts avant d'arriver, qui auraient pu s'en tirer avec quelques jours de repos, s'ils avaient pu recevoir les soins intelligents d'un docteur.

Ils sont ainsi dix mille marins français sur les Bancs de Terre-Neuve auxquels il faut ajouter les cinq mille Islandais dont le sort est pareil.

Il n'était pas admissible dans un pays comme la France, où l'on se pique de philanthropie, qu'on se désintéressât ainsi de ces déshérités du sort et puisque l'expérience avait condammé les anciens chirurgiens que Colbert avait essayé d'introduire dans nos armements, il appartenait, sinon au Gouvernement, tout au moins aux classes aisées de notre

Fig. 67. — Le « Saint-Pierre », navire-hôpital des Œuvres de Mer.

pays, de leur procurer l'assistance médicale sur les lieux mêmes de la pêche.

C'est dans ce but que s'est fondée en 1895, sous la présidence de M. le vice-amiral Lafont, la société dite des *Œuvres de Mer*, qui a bien voulu mettre à ma disposition un certain nombre de ses clichés sur Terre-Neuve.

Fig. 68. — Les Œuvres de Mer.
Embarquement d'un malade à bord d'un navire-hôpital.

Son but est d'envoyer sur les lieux de pêche, c'est-à-dire à Terre-Neuve comme en Islande, des navires hôpitaux, chargés de visiter, dans des croisières dont l'itinéraire est fixé d'avance, tous les navires pêcheurs qui réclament son assistance, de donner aux malades et aux blessés tous les soins que nécessite leur état et de prendre à leur bord, pour les transporter à l'hôpital de Saint-Pierre ou de Reikiavik, s'il s'agit de l'Islande, ceux, plus gravement atteints, qui ne pourraient sans danger être laissés aux soins des capitaines et patrons de pêche. Ayant, comme nous l'avons dit, un itinéraire fixé à l'avance, les navires hôpitaux des Œuvres de Mer peuvent toujours être rencontrés par les navires qui en ont besoin, et bien peu s'en désintéressent car, en outre des soins médicaux, ils portent à nos marins les lettres qui leur sont adressées de France à Saint-Pierre et ils se chargent de celles que les pêcheurs veulent envoyer à leurs familles : c'est une sorte d'assistance morale jointe à l'assistance médicale.

FIG. 69. — Les Œuvres de Mer.
Pêcheurs convalescents à bord d'un navire-hôpital.

Chaque navire hôpital comprend, dans son personnel, un aumônier, un médecin et un infirmier ; un hôpital de six lits est aménagé à l'avant ; ce serait assurément insuffisant en cas d'épidémie, comme on en a malheureusement quelquefois à déplorer sur le Banc ; mais alors on pourrait transformer en seconde chambre d'hôpital une autre salle de même dimension, située à l'arrière.

Le premier de ces navires hôpitaux, le *Saint-Pierre*, était lancé en 1896 ; le 20 avril, il appareillait de Saint-Malo et le 10 mai, il était sur le banc de Terre-Neuve, où il commençait l'accomplissement de l'œuvre pour laquelle il a été construit et armé. Depuis, il n'a jamais failli à cette haute mission, et nombreuses sont déjà les victimes qu'il a arrachées à la mort.

Les premiers bateaux-hôpitaux des Œuvres de Mer, le *Saint-Pierre* et le *Saint-Paul*, étaient de fins voiliers, excellents marcheurs, mais ils n'en étaient pas moins soumis aux

Fig. 70. — Les Œuvres de Mer.
Construction du navire-hôpital « Saint-François d'Assises ».

caprices des vents et ne pouvaient pas aller toujours où ils l'auraient désiré ; ils étaient exposés à des pertes de temps considérables. La Société ne tarda pas à se convaincre de cette défectuosité et elle mit tout en œuvre pour y apporter remède. Elle a fait construire, l'an dernier, un navire mixte, le *Saint-François d'Assises*, qui partait en avril 1901 de Saint-Servan pour nos pêcheries d'Amérique.

Il ne faudrait pas croire, en voyant la date si récente de la fondation de Œuvres de Mer, que nous nous soyons, jusqu'à cette époque, désintéressés du sort des marins terre-neuviers. Sur plusieurs points du littoral, et notamment à Dunkerque

Fig. 71. — Les Œuvres de Mer.
Le lancement du navire-hôpital « Saint-François d'Assises ».

et à Fécamp, il s'était fondé, il y a quinze ou vingt ans, des sociétés de secours qui, si elles ne pouvaient assister les marins sur les lieux de pêche, les indemnisaient des chômages auxquels ils pouvaient être condamnés par suite d'accidents survenus en mer ou maladies contractées pendant la campagne. Les veuves et les orphelins de ceux qu'on n'avait pu arracher à la mort étaient également secourus par elles.

C'est ainsi qu'en 1873, M. Houlbrèque, qui était alors président de la Chambre de commerce de Fécamp, fondait dans notre port, sur le modèle de celle qui existait déjà à Dunkerque en faveur des marins islandais, une société de secours mutuels, entre les marins pêcheurs de Fécamp.

Cette Société, autorisée par arrêté préfectoral du 25 juin 1873, reçut le nom de *Caisse de secours des marins de Fécamp*, et elle ne tarda pas à justifier son nom par les secours qu'elle n'a pas cessé de prodiguer, depuis sa fondation, aux nombreuses familles éprouvées chaque année par des sinistres maritimes. Son dévoué président est aujourd'hui M. Emile Gilles, président du Tribunal de commerce et armateur à la grande pêche.

FIG. 72. — Les Œuvres de Mer.
Le « Saint-François d'Assises », premier navire-hôpital à vapeur envoyé sur les bancs de Terre-Neuve en 1901.

Nous ne pouvons mieux faire, pour bien préciser le but philanthropique qui a présidé à sa fondation et règle toujours ses actes, que de citer textuellement quelques articles des statuts dont voici la teneur :

ARTICLE 4.

Chaque année, à l'issue de la campagne de pêche, les secours ci-après déterminés seront payés sur les fonds de la caisse aux familles des marins présumés avoir péri, ou morts avant la revue de désarmement, des suites de maladies contractées ou de blessures reçues après le départ du navire :

1° *Pour chaque marin qui laisse une veuve avec ou sans enfants.*

500 francs pour la veuve, plus autant de fois 100 francs qu'elle aura d'enfants âgés de moins de 10 ans, et 50 francs pour chaque enfant âgé de 10 à 13 ans ou impotent.

2° *Pour chaque marin qui laissera seulement des enfants.*

200 francs pour chacun des enfants âgés de moins de 13 ans ou impotents. Cette allocation sera payée à la personne qui se chargera du soin de ces enfants, ou il en sera fait, au profit de ceux-ci, tel emploi que le Conseil d'administration jugera le plus avantageux. S'il n'y a qu'un enfant, l'allocation sera portée à 300 francs.

3° *Pour chaque marin qui laissera une veuve et des enfants de plusieurs lits.*

500 francs pour la veuve, plus autant de fois 100 francs qu'il y aura d'enfants âgés de moins de 10 ans, et 50 francs pour chaque enfant âgé de 10 à 13 ans ou impotent. La dotation de 500 francs n'appartiendra pas, dans ce cas, exclusivement à la veuve, mais elle sera divisée en autant de parts égales qu'il y aura de lits, chaque part s'ajoutant aux allocations personnelles de chacun des groupes d'orphelins. Le Conseil d'administration statuera sur l'emploi à donner aux fonds attribués aux orphelins; il pourra les abandonner à la veuve, si celle-ci se charge du soin de tous les enfants de son mari.

4° *Pour chaque marin qui ne laisse ni veuve, ni enfants.*

500 francs aux père et mère, ou, en cas de prédécès de l'un d'eux, au père ou à la mère qui aura survécu.

5° *Pour chaque marin qui ne laissera ni veuve, ni enfants, ni père, ni mère.*

200 francs pour chaque ascendant survivant, sans que le total, réparti entre les divers ascendants, excède 500 francs.

6° *Pour tout marin qui ne se trouve dans aucune des catégories ci-dessus.*

Une allocation facultative de 400 francs au plus à toute personne qui aurait reçu de lui habituellement des secours, à la condition : 1° Qu'elle soit dans le besoin; 2° Qu'elle ait élevé le décédé, ou qu'elle soit âgée de moins de 13 ans et qu'elle ait été élevée par lui ou qu'elle soit sa parente au 2e ou au 3e degré.

Au cas où la perte réelle ou présumée, dans la même saison, de deux ou un plus grand nombre d'hommes, conférerait, en vertu des trois derniers paragraphes, des droits à la même personne, les secours seraient cumulés jusqu'à concurrence de 1.000 francs.

. . . .

ARTICLE 6.

Les marins qui, dans le cours de la campagne, auront contracté des maladies graves ou reçu des blessures dont les suites rendraient encore impossible, lors de leur débarquement, l'exercice de leur profession, pourront si le fait de leur invalidité a été constaté à leur arrivée, obtenir une indemnité de chômage qui sera fixée par le conseil d'administration et ne pourra excéder la somme de 200 francs.

S'ils meurent dans les six mois de leur retour, des suites de ces maladies, les personnes qui ont avec eux les liens de parenté ou d'adoption prévus par l'article 4, pourront, snr la décision du conseil, être admises à recevoir, à titre de secours, outre le montant intégral de la partie non encore payée de ladite indemnité, une nouvelle somme de 200 fr. qui ne devra jamais être dépassée.

S'ils meurent, dans le même espace de temps, de blessures reçues pendant le voyage, et dûment constatées, leurs ayants-droit toucheront le complément des secours déterminés à l'article 4, pour les marins morts à la mer.

Pour remplir ce vaste programme, la caisse de secours

des marins de Fécamp ne réclame de ses adhérents qu'un modique prélèvement de 1 pour 100 sur leurs salaires, et seulement sur la partie de ces salaires qui est payée au bureau de l'inscription maritime.

Il faut y joindre les cotisations des armateurs qui, tous, tiennent à honneur d'apporter leur obole à cette œuvre de solidarité et de bienfaisance.

Puis viennent les dons particuliers et, enfin, des subventions annuelles parmi lesquelles il nous faut citer celle du Conseil général de la Seine-Inférieure, de la ville de Fécamp, du Syndicat des armateurs, auxquelles viennent s'adjoindre des allocations obtenues du Ministère par l'intermédiaire de la Chambre de commerce dans la répartition des fonds provenant de la retenue de 4 °/₀ sur les primes à la marine marchande.

Grâce à ces générosités, la Caisse de secours des marins de Fécamp a déjà soulagé bien des infortunes, atténué bien des maux, et, par l'habile direction que lui imprima son fondateur, M. Houlbrèque, ancien président de la Chambre de commerce de Fécamp qui resta huit ans son président et que continuèrent son successeur, M. Buisson, et son président actuel, M. Emile Gilles, au dévouement desquels nous sommes heureux de rendre un hommage public, la Société se trouve aujourd'hui dans une situation sinon brillante, tout au moins très satisfaisante.

Voici d'ailleurs son bilan dont les chiffres sont assez éloquents par eux-mêmes pour dispenser de tout commentaire. Le compte rendu des opérations de la Caisse de secours des marins de Fécamp, pendant l'année 1900, nous donne les renseignements suivants.

Le nombre des marins participants qui s'élève actuellement à près de 3.000, se décomposait ainsi pour la dernière campagne écoulée.

Pêche de la morue à Terre-Neuve	1.935	inscrits.
— en Islande	26	—
Pêche du maquereau	319	—
Pêche du hareng	403	—
Long cours, cabotage et petite pêche	104	—
Total	2.787	inscrits.

Au cours de cette même campagne, il a été alloué à 31 familles des marins morts, soit à bord, soit à terre, des suites de maladies ou de blessures reçues en mer, et laissant dans la gêne :

20 veuves, 11 ascendants, et 33 orphelins	18.512	50
Pour indemnité de chômage à des marins débarqués malades	2.420	»
Total des allocations	20.932	50
Les dépenses diverses s'élèvent à	1.789	20
Total des dépenses pour 1900	22.721	70

Pendant la même période, les cotisations des armateurs et des marins ont produit :

Pendant cette même année	20.872	85
Les subventions, dons et quêtes	3.393	65
Les intérêts des capitaux placés	3.180	68
Total des recettes pour 1900	27.447	18

En comparant les chiffres qui viennent d'être cités, on voit que, grâce au grand nombre des adhérents, les seules cotisations des armateurs et des marins participants auraient presque suffi à couvrir les allocations ; mais il est des années plus malheureuses encore que 1900, quoique 31 familles aient déjà eu à pleurer la perte d'un des leurs.

Si l'on songe que le seul port de Fécamp envoie à la pêche plus de 3.000 marins dont 2.787 faisaient partie en 1900 de la Caisse de secours, la proportion des sinistres n'est que de 1 %, chiffre relativement satisfaisant ; quelle est donc la manufacture ou l'usine où, annuellement, il ne disparaisse pas, par maladie ou accident, un ouvrier sur 100.

Mais quand un navire de 30 à 36 hommes est coupé par un vapeur, défoncé par une banquise ou englouti par un cyclone et vient à se perdre corps et biens, le nombre des assistés est aussitôt doublé, et les allocations dues par la Caisse passent bientôt de 20.000 francs à 40.000 francs. C'est alors que les administrateurs s'adressent à la générosité du public ainsi qu'à la bienveillance du Gouvernement et des corps élus qui ne lui ont jamais fait défaut en la circonstance.

Aussi, au 31 décembre 1900, la Caisse de secours avait encore à son actif une réserve disponible de 89.750 francs.

Et cependant, depuis sa fondation en 1873, la Caisse de secours aux marins, de Fécamp a assisté 1.659 personnes, auxquelles elle a distribué 397.041 fr. 35.

C'est un bel exemple de mutualité de la part des pêcheurs et d'assistance de la part des armateurs : nous sommes heureux de constater qu'il n'a pas tardé à être suivi par les populations maritimes des autres centres de pêche, Saint-Valery-en-Caux, Granville, Saint-Malo, etc. Aujourd'hui il existe, sur le littoral français, plus de cinquante sociétés se rapprochant de près ou de loin à la Caisse de secours des marins de Fécamp, dont nous venons d'exposer le fonctionnement.

Ce n'est pas tout encore.

A Fécamp, l'œuvre de la Caisse de secours est complétée par un Orphelinat ouvert en faveur des enfants de marins morts à la mer et qui reçoit les jeunes orphelins jusqu'à l'âge de onze ans.

D'autres ports ont créé des Maisons du Marin à la fois hôtels, bureaux de placement et lieux de réunion, où le marin qui attend un embarquement loin de sa famille peut se procurer à peu de frais le logement, la nourriture et des distractions honnêtes sans crainte d'être exploité comme il l'est si souvent chez la plupart des marchands d'hommes et des hôtesses où il avait pris l'habitude d'aller autrefois perdre en quelques jours et quelquefois même en une seule nuit tout l'argent qu'il avait gagné dans toute sa campagne.

Fécamp n'a pas sa Maison du Marin, et cela peut paraître,

Fig. 73. — Le premier port d'armement en France pour la pêche de la morue.
Fécamp. — Le bassin Bérigny avec ses terre-neuviers pendant l'hiver.

au premier abord, singulier de la part du port si fier du premier rang qu'il occupe parmi les grands ports de pêche français : mais si l'on considère que les marins qui montent ses bateaux appartiennent presque tous au quartier même et qu'à leur arrivée, ils retrouvent aussitôt leurs familles, on sera vite convaincu que le besoin de cette institution si utile et presque indispensable ailleurs ne s'y est pas encore fait sentir. La Chambre de commerce, dont on connaît tout le dévouement pour les intérêts maritimes, a étudié la question de cette création qu'elle a jugée sans objet pour l'instant.

Saint-Pierre possède une Maison du Marin fondée par les Œuvres de Mer et où les équipages des navires relâcheurs, ainsi que les convalescents qui y ont été amenés par les navires-hôpitaux, peuvent se réunir et passer leur temps à jouer ou lire des journaux, revues et brochures publiés en

Fig. 74. — Le premier port d'armement en France pour la pêche de la morue.
Fécamp. — Le sas éclusé pendant l'hiver.

France. On cherche en effet, par tous les moyens possibles, à faire acquérir à nos marins le goût des lectures ; des sociétés se sont même fondées dans ce but et il existe à Fécamp une *Bibliothèque du Marin*. En dehors de son rôle moralisateur par le choix judicieux des publications mises à la disposition du marin, la lecture parviendrait peut-être à l'arracher du cabaret où il gaspille son argent et sa santé. On ne saurait donc trop encourager ces tentatives.

Trois autres institutions ont été créées en ces dernières années par la Chambre de commerce de Fécamp, en faveur des marins pêcheurs : ce sont l'École d'hydrographie, l'École des pêches maritimes et le Musée industriel des pêches et du commerce maritimes.

L'École d'hydrographie a pour but de former des capitaines pour commander les grands et beaux voiliers que nos armateurs envoient faire la pêche sur le Grand-Banc de Terre-Neuve. On a déjà vu que sous l'empire des Ordonnances de Colbert, une École nationale d'hydrographie avait été créée à Fécamp en 1745. Cette première école fonctionna sans interruption pendant 130 ans et fournit toute une pléïade de capitaines expérimentés et de vaillants corsaires. En 1876, sous prétexte d'économies budgétaires, le Gouvernement décida la suppression d'un certain nombre d'écoles d'hydrographie parmi lesquelles furent comprises celles de Dieppe et de Fécamp, comme étant trop rapprochées de celle du Havre; par contre il conservait celles de Granville, Saint-Malo, Paimpol et Saint-Brieuc sur la côte bretonne et qui se trouvaient dans la même situation relative que celles qu'il avait jugées inutiles.

Les événements ne tardèrent pas à montrer que la mesure prise à l'égard de nos deux écoles normandes était contraire aux intérêts des populations maritimes, et, successivement, les deux Chambres de commerce de Dieppe et de Fécamp créèrent dans leurs circonscriptions des Écoles libres d'hydrographie qui montrèrent, par les succès qu'elles remportèrent depuis, que ces institutions étaient réellement utiles, pour ne pas dire indispensables au développement des armements et de la vie maritime.

Privée des ressources qui lui étaient nécessaires pour assurer ce service et payer les modestes traitements des professeurs, la Chambre de commerce de Fécamp dut faire appel à la bonne volonté de tous : le Syndicat des armateurs à la Grande Pêche de Terre-Neuve, comme le Comité des armateurs à la pêche du hareng et du maquereau, répondirent à son appel, le Conseil municipal voulut bien compléter les crédits nécessaires et en 1892, les cours étaient réouverts sous le patronage de la ville et de la Chambre de commerce.

Les débuts furent modestes et difficiles en même temps ; les crédits n'étaient que provisoires et l'on pouvait se demander si cet essai d'École libre pourrait se transformer un jour en un Établissement permanent. Le dévouement des professeurs entraîna la confiance des candidats et des pouvoirs publics. Le conseil général de la Seine-Inférieure inscrivit à son budget un crédit annuel de 1.000 francs et le Ministère du commerce la comprit dans la liste des établissements qui bénéficient de la retenue des 4 % sur les primes à la marine marchande. En même temps, le Ministère de la Marine lui donnait une consécration officielle en l'inscrivant dans la liste des ports où la commission d'examen de la Marine marchande tient chaque année ses assises.

Pouvait-il en être autrement d'ailleurs pour un port qui s'honore d'être le premier en France pour la pêche de la morue où il envoie actuellement 70 grands navires, et le second pour la pêche du hareng et du maquereau.

De 6 qu'il était en 1892, et 13 en 1893, le nombre des candidats inscrits à ces cours augmenta progressivement d'année en année et il dépasse aujourd'hui le chiffre de 50. En même temps l'École étendait son programme et devenait un établissement de plein exercice.

Mais cette École ne s'adressait qu'aux pêcheurs de Terre-Neuve et à un petit nombre d'entre eux seulement; l'œuvre fut complétée en 1899 par la création de l'École de pêches maritimes qui, cette fois, s'adressait à tous les pêcheurs sans exception depuis les patrons jusqu'aux simples mousses qui y viennent compléter ou acquérir les notions d'instruction élémentaire qui leur manquent et où des maîtres dévoués travaillent activement à leur relèvement moral et intellectuel tant par des cours réguliers que par des conférences publiques et gratuites sur les différentes questions qui peuvent les intéresser dans la vie, et notamment sur les dangers de l'alcoolisme.

N'est-ce point là faire véritablement œuvre d'assistance envers tous ces braves marins que de chercher à leur inculquer l'amour du travail intellectuel et de les détacher du cabaret en leur faisant prendre le chemin de l'école ! C'est tout au moins ce qu'a pensé la Chambre de commerce de Fécamp en créant ses deux établissements avec le concours si dévoué de M. Louis Gautier, qui s'est chargé de leur organisation et dont le succès a jusqu'à ce jour couronné les efforts.

Qu'il me soit permis, pour terminer ce chapitre consacré aux différentes œuvres en faveur des marins pêcheurs, d'y ajouter le *Musée industriel des pêches et du commerce maritime de Fécamp* que je créai en 1899 avec la même collaboration et auquel la Chambre de commerce voulut bien attacher son nom. Depuis longtemps j'avais eu la pensée de réunir pour l'instruction des marins comme pour la curiosité des chercheurs tout ce qni se rapportait de près ou de loin aux grandes pêches de la morue, du hareng et du maquereau. Puisque Fécamp y occupe un rang si important, il était tout naturel qu'il cherchât à faire revivre le passé, à montrer, dans le rapprochement des engins et appareils employés par les pêcheurs aux différentes époques de leur histoire, toute l'importance des améliorations déjà apportées dans cette indnstrie et a en provoquer de nouvelles. L'inauguration de l'École des pêches maritimes et sa participation à l'Exposition de 1900, où elle occupe une si large place, fut l'occasion de mettre mon projet à exécution.

Aujourd'hui, l'École d'hydrographie, l'École des pêches maritimes et le Musée industriel des pêches et du commerce maritimes, placés sous une direction unique, sont gentiment installés dans un même immeuble loué par la Chambre de commerce à l'extrémité du quai de la Vicomté, en face des chantiers de construction : c'est notre Maison des marins à nous.

CONCLUSION

LE MAINTIEN DE NOS DROITS AU « FRENCH-SHORE » DE TERRE-NEUVE

Maintenant, une conclusion s'impose qui expliquera pour quelles raisons, dans une étude consacrée à l'Histoire des Français dans l'Amérique du Nord, nous avons fait une si large part à l'industrie de la Grande Pêche de la morue à Terre-Neuve, tandis que nous n'avons pas dit un seul mot des descendants de nos anciens colons de la Nouvelle France dont les familles, devenues étrangères par le fait brutal de la conquête et de l'annexion, sont restées françaises de cœur et de langage.

Les limites que nous nous étions tracées dans l'ouvrage que nous livrons aujourd'hui au public ne nous permettaient pas d'aborder l'histoire, à la fois si intéressante et si réconfortante pour notre patriotisme, de ces Canadiens français qui ont gardé religieusement dans la vallée du Saint-Laurent, où ils restent en majorité, toutes les traditions de la mère patrie. Cette étude, d'ailleurs, a déjà été faite, et des voix plus autorisées que la nôtre se sont, à diverses reprises, élevées en faveur de nos frères d'outre-mer. Un courant de relations nouvelles tend actuellement à s'établir entre eux et nous depuis l'Exposition de 1900; et l'un de nos amis, M. Siegfried, ancien ministre du commerce et de l'industrie française, vient de faire parmi eux une série de conférences dont il y a lieu d'espérer les meilleurs résultats.

Nous nous sommes placé à un tout autre point de vue et n'avons voulu envisager, pour l'instant, que les intérêts de ceux qui sont restés sous l'action directe de la France, soit qu'ils soient habituellement domiciliés dans la métropole, soit qu'ils appartiennent à des colonies restées françaises.

Dans cet ordre d'idées, nous avons d'abord vu les Basques français découvrir le Nouveau Monde plus de cent ans avant Colomb, et y établir des stations de pêche, où, sans s'y installer à demeure, ils allaient chaque année chasser les poissons à lard, faire avec les indigènes quelques échanges insignifiants à l'origine, puis y tenter la pêche à la morue. Ce fut la première étape, le premier pied mis par les Européens sur le continent américain qu'ils ne devaient pas tarder à envahir complètement pour s'y établir à demeure en en faisant disparaître progressivement les races autochtones. Mais la grande invasion qui produisit ces effets néfastes ne suivit pas la route des Basques et si nous revendiquons pour les nôtres l'honneur d'avoir été les pionniers de la première route commerciale transatlantique, nous sommes heureux de pouvoir rejeter sur d'autres peuples, moins scrupuleux dans le choix des moyens, l'horreur de la destruction presque complète aujourd'hui de toute une race d'hommes dont les écrivains impartiaux se plaisent à reconnaître l'honnêteté, la douceur et la générosité.

Pendant plusieurs siècles, les pêcheurs français, car les pionniers Basques avaient été suivis par les Bretons et les Normands, nos nationaux, se contentèrent de relâcher dans les havres qu'ils avaient découverts pour y exercer leur pacifique industrie et entretinrent des relations cordiales avec les indigènes qu'ils ne cherchaient ni à soumettre ni à refouler pour s'installer à leur place.

Mais quand la fièvre des conquêtes lointaines vint agiter

notre vieux monde, les Français profitèrent de leur situation privilégiée sur les côtes des Terres-Neuves pour se tailler, dans le vaste continent qui s'étendait devant eux, un immense empire colonial dont la richesse ne tarda pas à exciter la convoitise de nos rivaux.

Il s'ensuivit un siècle de luttes acharnées et de guerres meurtrières, à la suite de quoi il ne nous restait plus en toute propriété que deux îlots rocheux et arides, ainsi que le droit de pêcher sur une partie du littoral de l'île de Terre-Neuve devenue anglaise par droit de conquête.

On aurait pu penser que l'Histoire des Français dans l'Amérique du Nord se serait terminée là et cependant, si nous jetons un coup d'œil impartial sur le tableau des relations maritimes de la France avec ses colonies, nous voyons que nulle part ailleurs le mouvement n'est plus actif. Il semble que la majeure partie de notre activité maritime se soit portée de ce côté. C'est qu'en effet, à côté des deux misérables coins de terre que nous avons pu sauver à grand peine de la rapacité britannique et qui constituent aujourd'hui nos seules possessions dans l'Amérique du Nord, s'agitent des intérêts considérables que nous ne saurions trop mettre en évidence pour jeter un peu de lumière dans ces questions de Terre-Neuve dont tant de personnes parlent et que si peu connaissent.

Ce n'est point pour satisfaire un vain amour-propre d'armateur que nous nous sommes étendus aussi longuement sur la grande pêche de la morue sur le banc de Terre-Neuve; mais il nous a semblé que pour mettre la question au point, il était indispensable d'en exposer d'abord les détails pour arriver à des chiffres sur lesquels nous ne reviendrons pas ici mais dont l'importance a dû frapper le lecteur.

En résumé, on ne saurait trop se garder de porter sur nos possessions de l'Amérique du Nord un jugement trop rapide, et surtout de vouloir en baser l'importance sur leur étendue territoriale, car si Saint-Pierre et Miquelon sont de minuscules points de relâche dont la population sédentaire est aussi restreinte que le sol qui la porte, il existe, non loin de là, une vaste colonie restée française par le fait même de la vitalité de notre industrie morutière, colonie dont le sol, recouvert de 80 à 100 mètres d'eau, produit, au lieu de céréales, du poisson en abondance et est, huit mois sur douze, sillonné, labouré et fauché par les lignes de nos pêcheurs. Cette colonie sous-marine, qu'aucun traité international ne nous a spécialement attribuée, mais dont les pêcheurs de Fécamp, Saint-Malo, Granville et autres terre-neuviers ont su nous conserver les revenus, rapporte annuellement à la France plus de 25 millions de francs de produits. C'est elle surtout qui continue la tradition française en Amérique : c'est elle que nous devons défendre contre la concurrence étrangère qui la menace.

Saint-Pierre et Miquelon n'auraient plus aucune raison d'être, et cette colonie ne tarderait pas à disparaître si la pêche à Terre-Neuve venait à péricliter ; mais l'avenir de la pêche au Banc dépend lui-même du maintien de nos droits sur le French-shore de l'île de Terre-Neuve.

Dans un des premiers chapitres de cette étude, nous avons établi, par l'exposé des documents originaux, la solidité et l'imprescriptibilité de nos droits sur cette côte de Terre-Neuve d'où les Anglais font tous leurs efforts pour nous déloger.

Certes, nous avouerons volontiers qu'il doit en coûter à l'amour-propre britannique de voir sur une terre devenue anglaise par droit de conquête, ses propres nationaux exclus d'une jouissance qui nous est réservée et qui nous est garantie par des traités authentiques exclusive de toute concurrence anglaise. Nous comprenons aisément que le Parlement de Saint-Jean se résigne difficilement à faire respecter des clauses qui l'empêchent de mettre en exploitation près des deux cinquièmes de son littoral sur lequel il est interdit d'établir le moindre port et de faire aboutir la moindre ligne ferrée qui puisse mettre les colons de Terre-Neuve en communication directe avec leurs compatriotes du Canada ou du Labrador, dont ils sont ainsi séparés comme par une barrière.

Leur exaspération est d'autant plus grande que, d'année en année, nos pêcheurs semblent déserter de plus en plus les baies qui nous ont été concédées et où ils ne vont presque plus exercer leur industrie.

Il semblerait ainsi que nous abandonnons en fait l'usufruit dont nous sommes bénéficiaires et que les intéressés eux-mêmes considèrent comme étant devenu complètement inutile, de sorte que la revendication des droits dont nous n'usons plus, n'a pas d'autre but que celui de gêner les Terre-Neuviens dans leur développement industriel et commercial sans qu'il nous en revienne le moindre profit.

Dans ces conditions, nous serions les premiers à conseiller l'échange du « French-Shore » désormais inutile à la France contre des avantages dont nos nationaux pourraient tirer profit sur d'autres points du globe.

Mais il ne faut pas s'en tenir aux apparences pour juger sainement cette question des droits de la France à Terre-Neuve.

Ce n'est pas pour une vaine gloriole que nous voulons nous maintenir sur le « French-Shore » ; ce n'est pas davantage pour nuire aux intérêts des Terre-Neuviens ni pour tirer d'eux une petite vengeance pour toutes les tracasseries qu'ils nous ont suscitées depuis près de deux siècles. Nous nous élevons au-dessus de toutes ces mesquineries, et le seul mobile qui nous fait agir dans la circonstance est la défense des intérêts supérieurs de l'industrie morutière française.

Le « French-Shore » de Terre-Neuve est la pierre d'achoppement de nos pêcheries d'Amérique, la base fondamentale et *sine qua non* sur laquelle repose l'avenir de notre industrie morutière, dont nous avons suffisamment montré l'importance pour qu'il soit nécessaire d'y revenir.

Nous n'apportons ici que deux arguments à l'appui de cette thèse ; mais ils sont décisifs et indiscutables.

Le premier est relatif à la morue elle-même ; le second repose sur la question de boëtte sans laquelle la pêche deviendrait impossible.

Au point de vue de la morue, nous avons dit que ce poisson, sans être migrateur, est essentiellement voyageur. Il a, en ces derniers temps presque complètement disparu du « French-Shore » et c'est précisément cette disparition qui a provoqué notre abandon progressif des baies où nos pêcheurs allaient autrefois le chercher. Qui donc peut nous assurer que, par un phénomène contraire, il ne viendra pas à abandonner les Bancs où nous exerçons actuellement notre industrie pour retourner sur les côtes qui nous sont concédées ?

Que feraient alors nos Terre-Neuviers si nous abandonnions nos droits au « French-Shore » sous prétexte qu'ils ne nous servent actuellement à rien et que nous n'en usons pas ?

Abordons maintenant la question de la boëtte. Nous avons dit comment le Parlement de Terre-Neuve a interdit formellement à ses nationaux de vendre aux pêcheurs français l'appât qui leur est nécessaire pour amorcer leurs lignes. A cette époque, nous avons pu trouver, sur le Banc même, le bulot qui nous a permis de parer aux conséquences de cette interdiction. Mais le bulot commence déjà à diminuer, et il faut prévoir dans un avenir très rapproché la disparition complète de ce coquillage.

Que prendra-t-on pour le remplacer ?

Si l'on ne trouve rien sur le Banc, nos pêcheurs ne seront-ils pas forcés de retourner dans les Baies du « French-Shore », y pêcher eux-mêmes le hareng et le capelan que les Terre-Neuviens refusent de leur vendre ?

Il est donc absolument indispensable que nous conservions le French-Shore et tout le French-Shore. Sa rétrocession aux Anglais amènerait infailliblement la ruine complète et à bref délai de notre industrie.

Aucun des avantages que pourraient nous offrir les sujets

du roi Édouard en échange de la renonciation aux droits séculaires de la France à Terre-Neuve ne saurait compenser le désastre qui en résulterait pour notre pays et qui ruinerait du même coup et les grands ports de pêche de la Manche et notre marine nationale.

Les anciens gouvernements l'avaient si bien compris qu'en 1814 quand le Gouvernement britannique donna à choisir à nos plénipotentiaires entre l'île Maurice et le « French-Shore », nos hommes d'État ne balancèrent pas un instant. Ils gardèrent les pêcheries de Terre-Neuve laissant entre les mains du vainqueur, tout surpris de la préférence, la riche île africaine, à laquelle il attachait, à cette époque, un bien plus grand prix.

Pourquoi donc leur abandonnerions-nous aujourd'hui, en pleine paix, un patrimoine qu'ils n'ont pas osé nous arracher quand, écrasés par la coalition européenne, nous nous trouvions à leur merci ?

Si les Terre-Neuviens veulent exploiter les mines qu'ils prétendent exister sur cette côte, s'ils veulent y faire aboutir un chemin de fer, y établir des appontements pour les relier au Canada par une voie commerciale plus économique et plus courte, il ne serait certainement pas impossible de s'entendre pour un arrangement réciproque en leur octroyant, moyennant une juste compensation, certains points à déterminer par une commission internationale, de manière à nuire le moins possible à l'exercice de nos droits.

Mais quant à abandonner nos droits, même en partie, il n'y faut pas songer.

Mieux vaudrait leur livrer notre flotte nationale tout entière car nous pourrions encore penser à sa réfection, tandis qu'en abandonnant Terre-Neuve, il ne faudra plus songer à trouver des marins pour monter les bâtiments qui assurent notre défense nationale.

C'est par l'industrie de la grande pêche que nous nous sommes implantés les premiers dans les Terres-Neuves de l'Amérique du Nord ; c'est pour défendre cette même industrie que nous y devons rester coûte que coûte.

L'intérêt supérieur de notre pays l'exige.

TABLE DES MATIÈRES

MACON, PROTAT FRÈRES, IMPRIMEURS

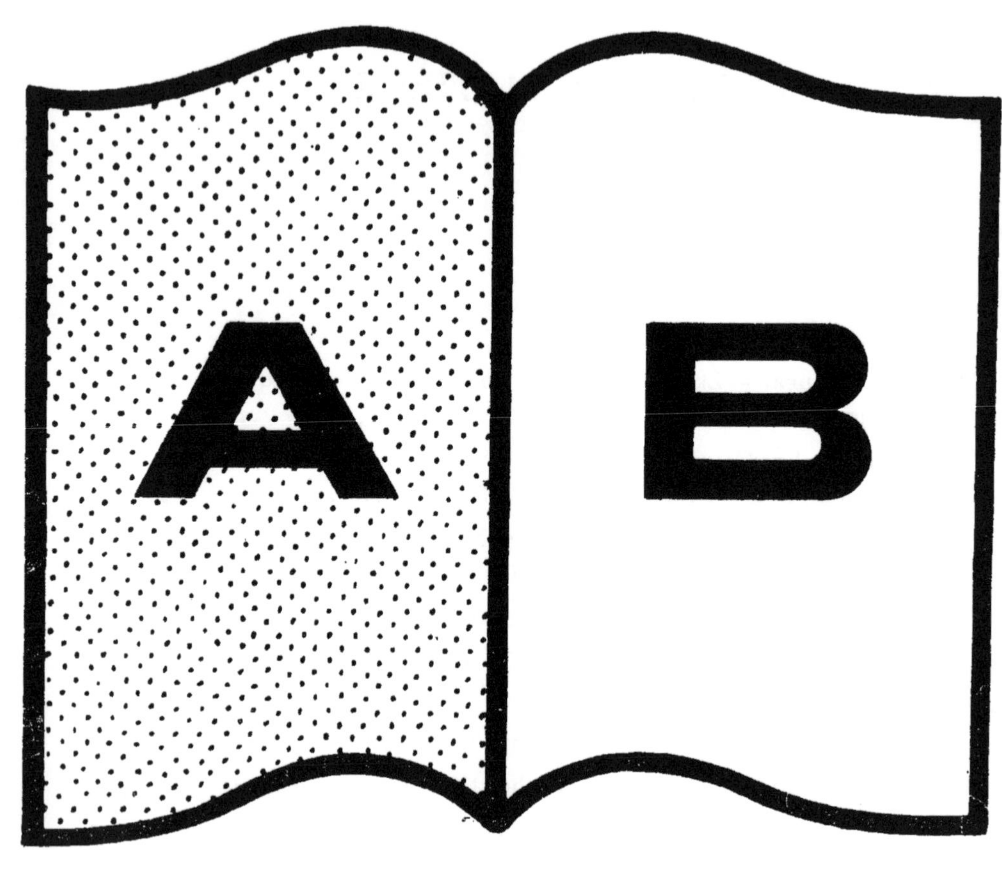

Contraste insuffisant

NF Z 43-120-14

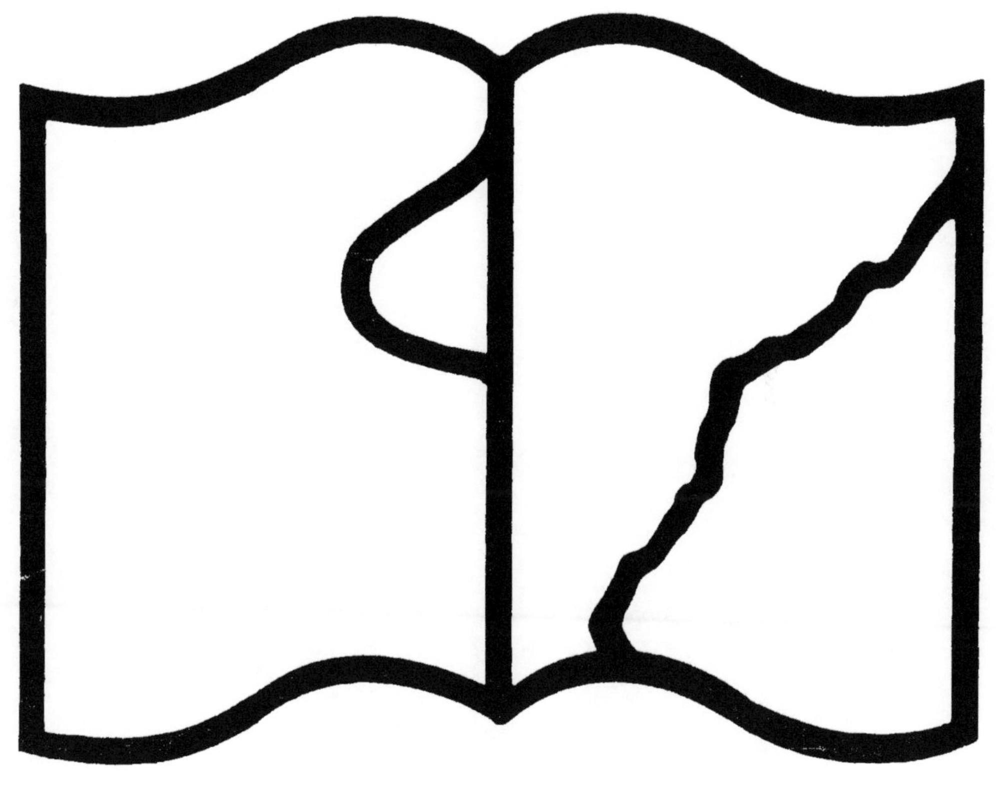

Texte détérioré — reliure défectueuse

NF Z 43-120-11

www.ingramcontent.com/pod-product-compliance
Ingram Content Group UK Ltd.
Pitfield, Milton Keynes, MK11 3LW, UK
UKHW012200240726
13966UKWH00002B/467

9 782013 494533